JN243614

新しい ファイナンス手法

プロジェクトファイナンス／シンジケートローン／
知的財産ファイナンスの仕組みと法務

第2版

THE TECHNIQUE OF
NEW FINANCE
2ND EDITION

西村あさひ法律事務所［編］

一般社団法人 金融財政事情研究会

第2版の刊行にあたって

平成27年3月31日に、民法の一部を改正する法律案（以下「民法改正法案」という）が国会に提出されている。ご参考までに、本書の関連する箇所において、この改正法案の内容にも言及している。

本書の第2版が初版と同様に、先進的なタイプの金融取引に携わる融資担当者の方々にとって多少なりともお役に立てば幸いである。

最後に、一般社団法人金融財政事情研究会出版部の伊藤洋悟氏には、本書第2版の出版に際して大変お世話になった。ここに心から感謝の意を表したい。

平成27年7月

（執筆者を代表して）
西村あさひ法律事務所
パートナー弁護士

上野　正裕

はしがき

　今日のわが国の金融取引の分野において、いわゆるストラクチャード・ファイナンスの発展には目をみはるものがある。また、民法、会社法、証券取引法等の分野において法令の頻繁な制定・改正が行われるようになり、これらの法改正の多くは金融取引にも大きな影響をもたらし、新たなタイプの取引の進展を支えている。本書は、新金融実務手引シリーズの１冊として、こうした新しい金融取引のうち、プロジェクトファイナンス、シンジケートローンおよび知的財産権ファイナンスの３類型の取引について、解説を試みようとするものである。執筆は、西村あさひ法律事務所の野本修（第１章）、上野正裕（第２章）および寺本振透（第３章）の３名のパートナー弁護士が分担した。（なお、革新的な金融取引の大きな柱である資産流動化・証券化については、本シリーズの他の書籍を参照されたい。）

　新たなタイプの金融取引の１つとしては、いわゆるノンリコースローンをあげることができる。ノンリコースローンとは、返済原資が一定の資産、プロジェクト、事業ないしそこから生じるキャッシュフローに限定される融資手法を指す言葉である。クロスボーダーの案件ではノンリコースローンは必ずしも目新しいものではないが、国内の取引としてノンリコースローンが本格的に行われるようになったのは、1990年代になってからのことである。わずか10年ほどの間にノンリコースローンは急速に普及してきたわけであるが、ノンリコースローンの融資契約の内容は一般的なコーポレートローンの契約とは異なり、複雑な規定を含むものとなっている。本書の第１章で取り扱うプロジェクトファイナンスは、工場、道路、テーマパークなどの特定のプロジェクトから生み出されるキャッシュフローを返済の引当てとして融資を行う手法であり、ノンリコースローンの典型例である。第１章では、プロジェクトファイナンスの特徴・問題点を分析しており、ノンリコースローン

の1類型としてのこのようなファイナンス手法の特色をご理解いただけるのではないかと思う。

第2章では、一般的なコーポレートローンを念頭に置いてシンジケートローンについて説明を行っている。ただ、ノンリコースローンにおいてシンジケートローンが用いられることも多いことから、随所でノンリコースローンにも簡潔に言及している。なお、第1章および第2章ともに融資契約を題材にしていることから、（ノンリコースローンに関する詳細な説明は第1章でなされているのであるが）融資契約の基本的かつ共通の部分については説明事項が一部重複しているようにみえる箇所もあるかもしれないが、それぞれ独立した章としてお読みいただけることを配慮してのことであるので、ご了承いただきたい。

第3章では知的財産権ファイナンスを取り扱う。特許権、実用新案権、意匠権、商標権、著作権などの知的財産権には他の財産権とは異なるさまざまな特色があり、こうした特色を正確に理解することが、そのファイナンスに取り組むうえで必要となる。また、最近では、信託業法の改正により信託銀行等が知的財産権の信託を受託できるようになるなど、知的財産権ファイナンスの発展を支える法制度の改正も進んできている。第3章では、知的財産権の特色およびそのファイナンス手法における留意点を分析し、多様なファイナンスのスキームの可能性について説明を加えている。

本書が新たなタイプの金融取引に携わる融資担当者の方々にとって、多少なりともお役に立てば幸いである。最後に、社団法人金融財政事情研究会出版部の竹崎巌氏および谷川治生氏には、本書の出版に際して大変お世話になった。ここに心から感謝の意を表したい。

平成20年4月

西村あさひ法律事務所　パートナー弁護士

上野　正裕／寺本　振透／野本　修

野本　修（のもと　おさむ）

第1章担当

昭和63年　慶應義塾大学法学部大学院民事法学科修士課程修了（法学修士）

平成2年　第一東京弁護士会登録、法律事務所勤務

平成7年　コロンビア大学ロースクール卒業（LL.M.）

平成16年　（現）西村あさひ法律事務所入所

〔主な論文・書籍〕

「廃棄物PFIにおける公共側弁護士の役割」（都市清掃56巻254号、2003年）

「スワップ契約とネッティング」（共著、金融法務事情1386号、1994年）

「インパクト・ローンの期限の猶予をめぐる一考察・大分地4・10・22によせて」
（金融法務事情1363号、1993年）

「〈事例研究〉インパクト・ローンの貸付先の倒産と実務対応」（共著、金融法務事情1342号、1993年）

『ファイナンス法大全アップデート』（共著、商事法務、2006年）

上野　正裕（うえの　まさひろ）

第2章担当

昭和59年　東京大学法学部卒業

昭和61年　弁護士登録（第一東京弁護士会所属）、（現）西村あさひ法律事務所入所

平成3年　ペンシルベニア大学ロースクール卒業（LL.M.）

〔主な論文・書籍〕

「不動産の流動化に関する法規制上の諸問題」季刊債権管理93号（2001年）

『M&A法大全』〔共著〕（商事法務、2001年）

「MBO（マネジメント・バイアウト）」ジュリスト1218号（2002年）

『ファイナンス法大全（下）』〔共著〕（商事法務、2003年）

『ファイナンス法大全アップデート』〔共著〕（商事法務、2006年）

佐藤　義幸（さとう　よしゆき）

第3章担当

平成4年　京都大学法学部卒業

平成6年　弁護士会登録（大阪弁護士会。平成9年東京弁護士会登録替）

平成12年　（現）西村あさひ法律事務所入所

平成13年　ニューヨーク大学ロースクール卒業（LL.M.）

平成15年　ニューヨーク州弁護士登録

〔主な論文・書籍〕

『IT法大全』〔共著〕（日経BP社、2002年）

『ファイナンス法大全（下）』〔共著〕（商事法務、2003年）

『ファイナンス法大全アップデート』〔共著〕（商事法務、2006年）

『解説　新信託法』〔共著〕（弘文堂、2007年）

『知財デューデリジェンス』（商事法務、2010年）

『解説　改正著作権法』〔共著〕（弘文堂、2010年）

『クラウド時代の法律実務』〔共著〕（商事法務、2011年）

「クラウド・コンピューティング関連法の実務的諸問題」NBL976・981号（2012年）

『知的財産法概説〈第5版〉』〔共著〕（弘文堂、2013年）ほか。

深津　拓寛（ふかづ　たくひろ）

第3章担当

平成13年　東京大学大学院理学系研究科生物化学専攻修士課程修了

平成13年　株式会社シーエーシー入社

平成21年　弁護士登録（第一東京弁護士会所属）、西村あさひ法律事務所入所

平成26年　経済産業省特許庁制度審議室　法制専門官就任

〔主な論文・書籍〕

『解説　改正著作権法』〔共著〕（弘文堂、2010年）

『クラウド時代の法律実務』〔共著〕（商事法務、2011年）

『持続可能な社会を支える弁護士と信託―医療クラウド、産学連携、まちづくり』〔共著〕（弘文堂、2012年）

「クラウド・コンピューティング関連法の実務的諸問題」NBL No.976・981号（2012年）

『知的財産法概説〈第5版〉』〔共著〕（弘文堂、2013年）

「特許法等の一部を改正する法律の施行に伴う関係政省令の改正の概要」NBL1045号（2015年）

目　次

第1章　プロジェクトファイナンス

第2章　シンジケートローン

第3章　知的財産ファイナンス

第 1 章

プロジェクトファイナンス

平成11年に施行されたPFI法によるプロジェクト案件の実施が地方自治体にも普及し、主要行（都市銀行）はもとより、地域金融機関やノンバンクなどにおいても、プロジェクトファイナンスによる資金提供が無視できなくなってきた。プロジェクトファイナンスはキャッシュフローファイナンスの一類型であるが、ファイナンスの諸条件が個別プロジェクトの内容に深くかかわっており、その内容を簡易に理解することはむずかしい。本章では、プロジェクトファイナンスの基本的な考え方や、その特徴を検討することにより、その内容を浮き彫りにした後、具体的な融資契約の実際について検討することとしたい。

プロジェクトファイナンスとは何か

1 プロジェクトファイナンスの定義と意義

　一般に、プロジェクトファイナンスは、特定のプロジェクト（事業）に対するファイナンスであって、そのファイナンスの利払いおよび返済の原資を、原則として当該プロジェクト（事業）から生み出されるキャッシュフロー／収益に限定し、またそのファイナンスの担保をもっぱら当該プロジェクトの資産に依存して行う金融手法と定義されている（小原克馬『プロジェクトファイナンス』（金融財政事情研究会、1997年）2頁）。

　他方、プロジェクトファイナンスの本質は、「あるプロジェクトに係るリスクを、事業主と銀行がいかに分担するか」というところにあると理解し、議論を進める見方もある（西川永幹／大内勝樹『プロジェクト・ファイナンス入門』（近代セールス社、1997年）12頁）[1]。

　プロジェクトファイナンスの定義としては、おそらく前者が適当であると

1　プロジェクトファイナンスについては、PFI法によるプロジェクト実施の普及もあり、数多くの文献がある。一般的な概説書としては、本文中にある小原、西川／大内のほか、横井士郎ほか『プロジェクト・ファイナンス』（有斐閣、1985年）、第一勧業銀行国際金融部編『PFIとプロジェクトファイナンス』（東洋経済新報社、1999年）、柏木昇監修『PFI実務のエッセンス』（有斐閣、2004年）、エドワード・イェスコム（佐々木仁訳）『プロジェクト・ファイナンスの理論と実務』（金融財政事情研究会、2006年）、加賀隆一編著『プロジェクトファイナンスの実務』（金融財政事情研究会、2007年）などがある。本稿は、本書シリーズの編纂方針をふまえ、これから初めてプロジェクトファイナンスに取り組む担当者を念頭に置き、できるだけわかりやすく、簡潔に、具体例をあげながら、取りまとめたものである。それゆえ、さらに進んで検討を行いたい読者は、上記の概説書やそこに引用されている文献をご覧願いたい。また、本稿も、それらの概説書や文献など、先人の業績に負うているが、本稿に関する責任はすべて筆者にある。

考えられる。他方、後者は、融資銀行と事業主はリスク分担が可能になるというプロジェクトファイナンスの性格に着目し、これを目的としてこのファイナンス手法を意図的に採用しているように思われる。すなわち、プロジェクトファイナンスの意義ないし機能からみた性格づけである。この定義と、意義ないし機能をつなぐ内容を明らかにすることにより、プロジェクトファイナンスの性格が浮き彫りになるように思われる。もっとも、プロジェクトファイナンスを誰もが理解できる平易かつ端的な言葉で説明することはほとんど不可能であろう（柏木昇監修『PFI実務のエッセンス』（有斐閣、2004年）271頁）といわれており、各解説書でも、さまざまな説明の工夫がなされている。ここでは、仮想の産業廃棄物処理事業者を例として、特にコーポレートローンとの対比から、プロジェクトファイナンスの内容を具体的に検討したい。

いま仮に、日本国内で多数の中間処理プラントを有する産業廃棄物の中間処理を業とする事業会社（仮にXYZ産廃処理とする）を想定する。このXYZ産廃処理が、今回、産業廃棄物の処理需要が確定的に見込める地方に、新たに産業廃棄物の中間処理施設を建設し、中間処理事業を行うことを決定したとしよう。また、XYZ産廃処理は、すでに所有し運営する施設については、一般的な会社に対する融資、いわゆるコーポレートローンで調達しているとする。

一般的なコーポレートローンでは、事業主であるXYZ産廃処理の有する事業全体の収益が、返済の原資となる。つまり、XYZ産廃処理の新設施設の建設等に要する資金を融資する金融機関にとっては、コーポレートローンで融資している限り、XYZ産廃処理の産廃処理事業全体の収益状況や財務状況が悪化する場合でなければ、その返済が滞ることはない。

たとえば、貸付金で建設された新設施設が、なんらかの理由により予定の処理量を処理しきれない、あるいは想定していた産業廃棄物が集まらず、見込んでいた処理委託費を得られない場合でも、XYZ産廃処理が有する他の

【図表1－1】　コーポレートローンの仕組み

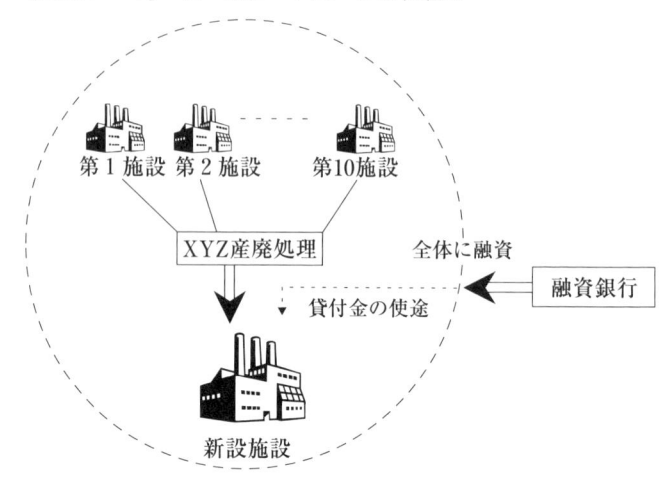

　施設の収益で、新設施設の建設等のための借入れの返済が賄われる。これは、このようなコーポレートローンの仕組みでは、新設施設の建設等のための貸付金の返済原資が、融資対象の新設施設の運営による収益に限られていないからであり、新設施設に係る融資も、XYZ産廃処理が他の産廃処理施設の建設等のために借り入れた融資と同順位の一般債権となるからである[2]。逆に、XYZ産廃処理の有する他の産廃施設の収益が悪化した場合、新設施設の収益の一部が、収益の悪化した施設に関する借入金の返済に充てられることになる（図表1－1参照）。

　これに対して、新設施設の建設等の資金を、いわゆるプロジェクトファイナンスで調達した場合はどうなるだろうか。プロジェクトファイナンスで調達するということは、新設施設の建設等に必要な資金の借入れの弁済原資を、新設施設の運営から生じるキャッシュフロー／収益に限ることを意味す

---

[2]　なお、実務上は、貸付金で建設した施設に抵当権を設定することもありうるが、本項ではプロジェクトファイナンスとの対比で典型的なコーポレートローンを想定したため、そのような抵当権設定等の状況は捨象している。

る。

　仮にXYZ産廃処理が新設しようとしている施設は、技術的にも安定しており、また長期にわたって一定の量の産廃処理を委託する意図を有している優良な事業者が1社ないし複数あり、長期にわたる一定量の産廃受入れが確実と見込まれ、かつ中間処理の結果生じる副生成物の最終処分を引き受ける企業が確保できるとする。この場合、新設施設単体でみた場合は、その運営によって十分な収益が期待でき、その建設等のために銀行が融資した貸付金の返済も確実と予想できる。

　ところが、もしXYZ産廃処理所有の他の産廃処理施設の運営が悪化し、十分な収益をあげることができなくなると、たとえ新設施設単体の運営と収益状況が良好であっても、XYZ産廃処理の全体の財務状況が悪化することになる。この場合、もし、新設施設の建設等の資金を前述したコーポレートローンで調達していたとすると、事業全体の財務状況悪化の影響が新設施設にも及び、その融資の返済に支障をきたす可能性が生じることになる。

　このような場合、新設施設に係る融資の返済原資を新設施設の運用から生

【図表1-2】　プロジェクトファイナンスの仕組み

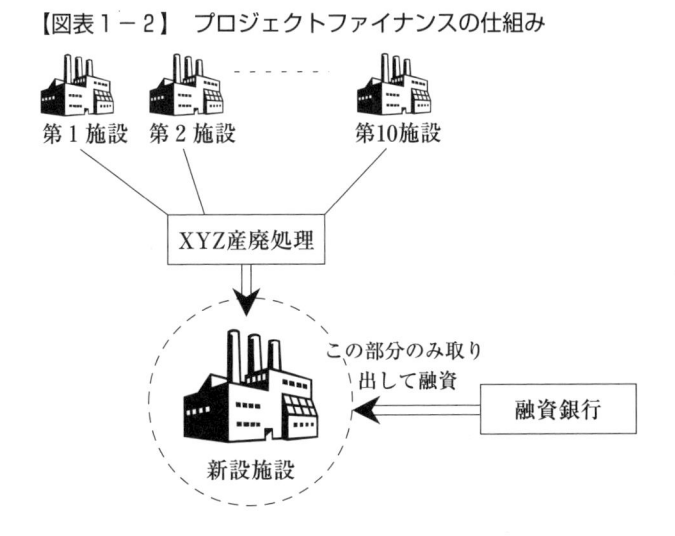

第1施設　第2施設　　　第10施設

XYZ産廃処理

この部分のみ取り
出して融資

融資銀行

新設施設

じる収益に限定し、新設施設の運営をXYZ産廃処理の所有し運営する他の産廃処理施設の運用状況から分離することにより、新設施設建設等のために借り入れる資金の返済の確実性が増すことも考えられる。こうしたケースにおいて、プロジェクトファイナンスの方法による資金調達が、選択肢の1つとして事業主と融資銀行の視野に入ってくることになる（図表1－2参照）。

2　契約スキームとリスク分担

　それでは、プロジェクトファイナンスはどのような仕組みをもつのであろうか。実はその理解も、融資に係る返済原資を当該プロジェクトのキャッシュフロー／収益に限定するという、プロジェクトファイナンスの目的から出発する。

　すなわち、プロジェクトファイナンスにおいては、当該プロジェクトの実施のみを目的とする法人（通常は商法の株式会社を想定し、また目的が限られることから「特別目的会社」とかSPC（Special Purpose Company）などと呼ばれている）を設立し、この特別目的会社が資金を借り入れ、事業を運営するというスキームが一般的である。

　たしかに区分会計や銀行口座の区分、あるいは融資契約に規定するコベナンツ等により、特定の事業から得られるキャッシュフロー／収益を、当該事業のための費用や貸付の返済のみに充当し、他の目的には使用しないことを規定することは可能である。しかし、たとえば上記のXYZ産廃処理を例にとると、既存の産廃処理施設の運営状況の悪化が同社全体の財務状況に影響を与え、最悪の場合、倒産に至るときは、仮に新設施設単独の運営が好調だったとしても、その影響を受けざるをえない。そこで、このような状態を避けるために、プロジェクトファイナンスでは、融資対象に関する事業を、当該事業の実施のみを目的とする会社に行わせることが必要となってくるのである。このような方法は一般に「倒産隔離」と呼ばれ、証券化など、いわ

ゆるストラクチャードファイナンスの分野で、広く行われている。

　特別目的会社の設立主体は事業主であり、上記の例でいえば、XYZ産廃処理である。したがって、特別目的会社の株式は事業主であるXYZ産廃処理が保有することが多い。しかし、事業主として資本効率の観点から融資のオフバランス化を希望する場合には、特別目的会社との連結決算を避けつつ、株式保有以外の融資銀行の満足する方法・内容で、プロジェクトファイナンスに係る事業に関する実効的な支配と責任を確保する必要がある。

　このような特別目的会社は、あくまでもプロジェクトファイナンスに係る事業のために新たに設立された法人であって、事業を実施できるような実体を備えているわけではない。新規設立会社が事業を実施できる実体を単独で備えるためには、多大な時間と費用が必要である。そのため、通常は事業の実施に必要なサービスを他の事業会社から調達する。また、プロジェクトファイナンスの対象に係る事業を実施するのであるから、当該事業に係る初期費用の借入れも行う。ここでも前述の産廃処理のプロジェクトファイナンスを例にとれば、図表1－3のような事業スキームが考えられる。

【図表1－3】　プロジェクトファイナンスにおけるサービスの流れ

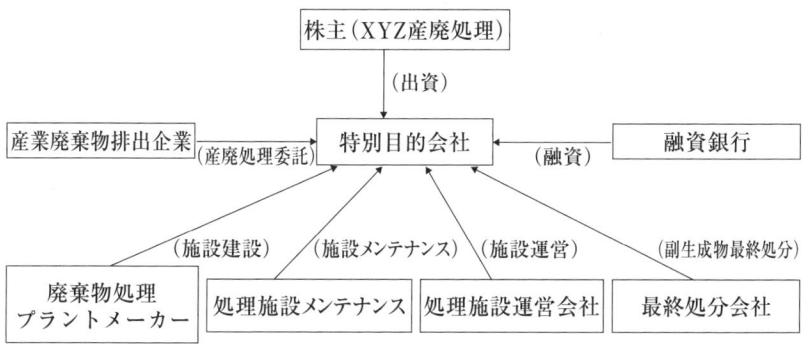

※図の「→」は、サービスの提供方向を表す。矢印の先の当事者がサービスの受け手であり、反対側の当事者がサービスの提供者である。

図表1-3のなかで「→」が示しているのは、株主からの出資以外の、契約で規律された特別目的会社と主なサービス提供者との関係である（このほかの契約については第2節を参照）。この図からわかることは、金融機関の融資契約は、これら特別目的会社が規律される契約関係に依拠していることである。すなわち、特別目的会社をめぐる各種の契約関係が明確に定まり、かつ、確実な履行が想定されなければ、プロジェクトファイナンスによる融資が拠り所とするキャッシュフローも確定できない。つまるところ、契約関係が不明確な場合、特別目的会社の信用力を判断できないことから、そもそも融資を行うことが不可能ということになる。そのため、特別目的会社とサービス提供会社との契約は、提供されるサービスの内容や支払条件のほか、想定されるリスクに係る事象が発生したときの契約関係を明確に定めることが求められる。このため、プロジェクトファイナンスにおけるサービス提供の契約は、より詳細なものになることが多い。

　特別目的会社をめぐる事業スキームについて、もう1つ重要な点は、プロジェクトの関係当事者との契約は、私的自治の原則の枠内で当事者が自由にその内容を合意・決定することができるが、その内容によっては、プロジェクトファイナンスによる貸付金の返済確実性を大きく左右するということである。言葉をかえると、プロジェクト関連契約の内容により、事業主と融資銀行との間で、当該事業に係るリスクを分担することが可能となるのである。

　このことを具体例で考えてみよう。図表1-3で示した産廃事業のプロジェクトファイナンスにおいて、関係当事者間で問題となりうるのが、産業廃棄物排出企業が行う産廃処理委託の内容である。図表1-3でわかるとおり、特別目的会社が施設の運営によって得る収入は、原則として産業廃棄物排出企業が支払う処理委託料である[3]。そして、その処理委託料によって、産廃処理施設の運営経費（委託会社への委託料、水光熱費など）や、融資銀行への借入金の返済資金を賄うという資金の流れになる（図表1-4参照）。

【図表1－4】 プロジェクトファイナンスにおける資金の流れ

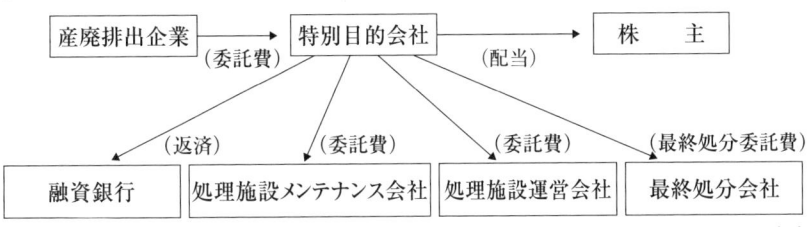

※図の「→」は、資金の流れを表す。矢印の先の当事者が資金の受領者で、反対側が資金の支払者。

　ところが、産業廃棄物排出企業と特別目的会社間の産業廃棄物処理委託契約が、いわゆる単価契約[4]のときには、産業廃棄物排出企業が長期にわたりコンスタントに産業廃棄物を持ち込まなければ、特別目的会社の収入が減り、施設の運営経費や融資銀行からの借入金の返済にも支障をきたすことになる。このような状態が長引けば、やがて特別目的会社は、施設の運営を満足に行うことができなくなり、ついには倒産に至ることになる。

3　ただし、多くの廃棄物中間処理施設では、中間処理（廃棄物の焼却）により発生する余熱を利用した発電や蒸気・温水等を需要家に供給して、副次的な収入を得ることが行われている。また、場合によっては、焼却により発生する副生成物（スラグや金属など）を有価で販売することもある。ここでは、問題点をわかりやすくするために、そのような特別目的会社の副次的な収入は捨象している。なお、太陽光、風力、地熱、バイオマス、廃棄物処理施設の焼却余熱などの再生可能エネルギーを利用した発電事業は、電気事業者による再生可能エネルギー電気の調達に関する特別措置法の制定（平成23年度）で再生可能エネルギー電気の固定価格買取り制度が実施されたことにより、多くのプロジェクトが組成されており、プロジェクトファイナンスによる資金調達が検討ないし実施されている案件も少なくない。ただし、平成26年9月に北海道電力、東北電力、四国電力、九州電力が、再生可能エネルギー発電設備の接続申込みに対する回答をしばらく保留する旨を公表し、また、同月に沖縄電力が、再生可能エネルギー発電設備の接続申込みの接続可能量の上限に達した旨を公表している（資源エネルギー庁のホームページより）。経済産業省が再生可能エネルギー電気の固定価格買取り制度の抜本的見直しに入ったとの報道もあり（日本経済新聞平成26年10月16日付）、再生可能エネルギーによる発電事業は、先行きに不透明感が出てきている。その後、経済産業省が再生可能エネルギー固定価格買取制度の見直しに着手したとの報道がなされている（日本経済新聞平成27年6月8日付）。

4　産業廃棄物の重量当りの単価のみを決め、実際の処理委託料は、施設に持ち込まれた産業廃棄物の量に単価を乗じた金額とする契約。

特別目的会社が倒産状態に陥れば、融資銀行が貸付金を100％回収することはむずかしい。プロジェクトファイナンスの一般的な説明では、このような状態を、「融資銀行が産業廃棄物の処理量減少リスクをとっている（またはリスクを負担する）」という。融資銀行としては、このようなリスクの負担は避けたいであろう。なぜなら、産廃排出企業を選定したのは事業主であり、融資銀行が新設施設に持ち込まれる産業廃棄物の量や持ち込み企業を決定しているわけではないので、当該リスクの発生をコントロールできないからである。

　そこで、このようなリスクの負担を避ける方法としてまず考えられるのは、特別目的会社に安定した収入を得させるため、産業廃棄物排出企業が、特別目的会社による借入金の返済期間中、一定量の産業廃棄物を持ち込むことを約束することである。

　もしくは、特別目的会社に持ち込まれる産業廃棄物の量が一定量に満たず貸付金の返済に支障をきたした場合に備えて、事業主から一定のサポート（特別目的会社の増資による新株の引受や、融資などによる特別持ち株会社への現金の注入、あるいは特別目的会社から委託を受けている業務の委託料支払の免除や猶予など）の約束を取り付けるという方法もある。あるいは特別目的会社自身に手持ち現金（リザーブ）を準備させて、処理委託料からの収入だけでは借入金の返済に不足する場合には緊急の返済原資とすることを、融資契約で規定しておくことも考えられる。このような方法により、融資銀行団は、産業廃棄物の処理量減少リスクの負担を、その全部とはいえないまでも、一定限度において回避することが可能となる。ただし、このような事業主によるサポートが強ければ強いほど、経済的な実態としてコーポレートローンに近づくことになる。

　これらはすべてプロジェクトファイナンスに係る経済的な条件であり、融資のプライシングにも影響する事項である。つまり、融資銀行、事業主、その他の関係当事者間の交渉事項に属するので、それぞれの主体がどのような

リスクを負担しているかは、個別案件によって異なる。しかしながら、ここで注目すべき点は、プロジェクトファイナンスでは、コーポレートローンと異なり、交渉によって融資銀行と事業主または他のプロジェクト関連の当事者との間でリスクの分担が可能になるということである。すなわち前述したコーポレートローンで新設の処理施設の建設費等の資金を調達する場合は、事業主であるXYZ産廃処理の一般的な信用力に依拠した融資であり、新設施設の運営により生み出されるキャッシュフロー／収益と融資の返済に結びつきがなかった。その結果、新設施設に持ち込まれる産業廃棄物の量の減少リスクは、結果的に融資銀行との関係ではすべて事業主であるXYZ産廃処理が負担する。これに対してプロジェクトファイナンスの場合は、融資銀行と事業主のどちらかが100％のリスクを負担するという一刀両断的な解決だけではなく、一定程度までは事業主または融資銀行の一方が負担し、それを超えたものは他方が負担するといった、いわば定量的な解決も交渉により可能となる。これが、プロジェクトファイナンスの最も重要な意義であり、機能である。

　こうしたプロジェクトファイナンスの意義や機能が、その本質を「あるプロジェクトにかかわるリスクを、事業主と金融機関がいかに分担するか」とする、本章の冒頭で紹介した見解をもたらしている。事業主が新規事業を行う場合に、事業遂行から生じるリスクをすべて負担して借入れを返済することが容易ではなく、融資銀行とリスクの分担を行うことを志向する場合、その目的達成のためにプロジェクトファイナンスが利用されるのだとすれば、まさにその本質は、事業主と融資銀行とのリスク分担による資金調達といってもよいだろう[5]。プロジェクトファイナンスにおけるリスクについては、次項で、さらに検討したい。

3 プロジェクトファイナンスにおけるリスク

　上記のように、関係当事者間で事業にかかわるリスクを分担することができるというのがプロジェクトファイナンスの1つの大きな特徴である。では、プロジェクトファイナンスにおいては、どのようなリスクが存在するのであろうか。いうまでもなく、プロジェクトにかかわるリスクは、個別プロジェクトごとによって異なり、到底ここでその全貌を明らかにすることはできない。国内プロジェクトファイナンスで議論されるリスクとしては、次のものがあげられる。

【プロジェクトの全般にかかわるリスク要因】

① 法令変更

② 許認可の取得、更新および変更

③ 環境要因、周辺住民の反対など

④ 不可抗力

【プロジェクトに係る施設の完工前（運営開始前）のリスク要因】

① 完工遅延

② 施設の瑕疵、仕様未達

③ 建設等の資材調達の遅延、価格上昇

④ 設計変更等による費用増額

⑤ 設計、建設企業の倒産

5　借入れにあたって、事業主が返済責任を負うもの、言い換えれば事業主が借入れについて完全に遡及（リコース）することが可能なものを「フル・リコース・ファイナンス」といい、事業主が限られた範囲でなんらかの責任や義務を負担するものを「リミテッド・リコース・ファイナンス」という（加賀・前掲7頁）。本編で説明するコーポレートファイナンスはフル・リコース・ファイナンスである。プロジェクトファイナンスでは、貸主と事業主のリスク分担が前提であり、「リミテッド・リコース・ファイナンス」である。プロジェクトファイナンスという場合、特定のプロジェクトに向けてのファイナンス一般を指すと誤解されるおそれもあることから、「リミテッド・リコース・ファイナンス」の用語を使ったほうがよいとの指摘もある（加賀・前掲同頁）。

【プロジェクトに係る施設の完工後（運営開始後）のリスク要因】

① 事業主の事業遂行意思

② 需要変動

③ 金利変動

④ 資金調達（事業期間中の資本的支出の場合など）

⑤ 技術革新

⑥ 業務受託企業の債務不履行、倒産

⑦ 運営費用の増加

(1) プロジェクトの全般にかかわるリスク要因

　まず、プロジェクトの事業期間の全般を通じて、リスクの要因となりうるものとして、①法令変更、②許認可の取得、更新および変更、③環境要因、周辺住民の反対など、④不可抗力、が考えられる。

① 法令変更は、変更される法令によって異なるが、大別すると、当該プロジェクトまたは当該プロジェクトと同種の事業に直接かかわるものと、一般的な法律の変更により当該事業の内容も影響を受けるものに大別される。また、一般的な法律の変更でも、税制に関するものとそうでないものに大別される。法令変更により、たとえばプロジェクトに係る施設や運営の仕様が変更を余儀なくされる場合には、プロジェクトコストの増加の問題となりうるし、税制の変更による内部コストの上昇が適正に特別目的会社が提供するサービスの対価に反映されない場合は、期待した収益が得られない状況が生じうる。融資銀行は、これらの事業を継続するうえでのコスト上昇が生じた場合でも、当該増加分を特別目的会社が提供するサービスの対価に上乗せできる仕組みが構築されているなど、キャッシュフロー／収益に影響が及ばないような方法がとられていることを確認する必要がある。

② 特別目的会社が事業を実施するために許認可が必要な場合は、この許認

可を取得し、事業期間中これを維持することが必要である。広い意味では、特別目的会社が施設を建設する場合の建築基準法による建物の建築確認、都市再開発関係の種々の許認可等もこれに該当する。また、廃棄物処理施設の設置の場合、「廃棄物の処理及び清掃に関する法律」(廃掃法) 15条1項による都道府県知事の許可が必要である。これらの許認可取得は、事業主側で取得すべきものが多く、この許認可取得を融資の実行条件にするなどして (50頁参照)、許認可が得られないリスクに対処することは可能である。

③　その運営による環境負荷が高いような施設については、施設の建設の事前調査として、環境アセスメントなどの環境調査が求められることがあり[6]、また、許認可の条件として、周辺住民の合意などが必要な場合がある。事業の実施に必要な土地に化学物質による汚染が発見されたり、あるいは環境悪化等を原因とする周辺住民の反対などが提起されたりした場合、風評などにより施設の円滑な運営が阻害されることがありうる。このような環境リスクやいわゆる住民リスクは特に、集客施設の運営事業の場合に重大であり、施設の設置場所に環境問題がないことや、周辺住民の反対のないことなどを融資の実行条件にするなど (52頁参照)、対策を講じなければならないことがある。

④　不可抗力は、それ自体の発生がキャッシュフロー／収益に影響を及ぼすことはないが、不可抗力に該当する事由の発生により、施設の建設工期の延長が生じたり、施設の運営が一時中断したりする、あるいは地震や風水害のために施設の一部が損壊し、補修が必要となることによる追加コストが生じるなどして、事業の円滑な実施が阻害され、想定したキャッシュフロー／収益を特別目的会社が得られない可能性がある点でリスク要因とされる。自然災害などの不可抗力については、その一部を保険でカバーする

ことは可能である。しかし、たとえば地震保険をとってみても、常に災害の全部がカバーされるわけではないので、事業主と融資銀行との間のリスク分担が問題となる。なお、不可抗力のなかには、国家レベルの戦争や内乱、革命などのいわゆる政治リスクも含まれるが、筆者の経験した範囲内では、国内プロジェクトにおいてそのリスク分担が深刻な問題となったことはなく、このリスク分担が原因で交渉が決裂した例は知らない[7]。

⑵ プロジェクトに係る施設の完工前（運営開始前）のリスク要因

次に、プロジェクトに係る施設完工前（運営開始前）のリスク要因としては、①完工遅延、②施設の瑕疵、仕様未達、③建設等の資材調達の遅延、価格上昇、④設計変更等による費用増額、⑤設計、建設企業の倒産などがある。施設の完工前と完工後でリスクの内容が異なるのは、施設の建設期間はいわばキャッシュフロー／収益を生み出すための準備期間であるのに対し、完工後は、完成された施設を利用して事業運営を行い、借入れの返済原資に充てられるキャッシュフロー／収益を生み出す期間であり、特別目的会社の行う業務の内容がそれぞれの期間で異なるからである。

① 完工遅延の原因は施設の建設を請け負う建設企業の理由による場合もあれば、行政側の理由による施設建設に係る許認可の遅延、不可抗力など、事業の関係当事者の責任により生じたとはいえないものもある。建設企業の事由による場合は、建設企業の負担が問題になるだけで、リスク分担そのものが問題となることはないが、不可抗力のように建設企業やその他の関係企業の責任とはいえない場合のリスク分担については、事業主と融資

---

7 ただし、後述するPFIの事業では、いわゆる政権交代により国家公務員宿舎の建替えが民主党政権（当時）によって見直されることとなり、公務員宿舎朝霞住宅のPFI事業が中止とされ、すでに締結ずみの事業契約が解約された。これに伴い、融資銀行とSPCとのプロジェクトファイナンスもキャンセルされた。これは、不可抗力ではなく、いわゆる政治リスク（ポリティカル・リスク）が顕在化した事例で、国内プロジェクトファイナンスの案件としては、珍しいケースと思われる。

銀行との間でリスク分担の協議が深刻なものとなる。施設の建設工期が長引けば、その分だけ施設の運営開始が遅れ、想定されていたキャッシュフロー／収益に影響が及ぶことに加えて、施設完工を条件とする融資実行と返済のスケジュールを変更する必要が生じる。いずれの場合も追加費用の負担や事業スケジュールの見直しなどが問題となる。

② 施設の瑕疵、仕様未達は、施設の設計や建設工事に問題があることが多い。施設の完工を融資実行の前提条件とし、想定どおりの運営が可能であることを確認したうえで融資の実行を行うこと、あるいは施設の完工を条件として、建設期間中にコーポレートファイナンスのベースで行われた融資をプロジェクトファイナンスのベースに変更することは、プロジェクトファイナンスでは通例である。特に、施設がプラントである場合は、施設が物理的に完成した後（これを特に機械的完成（Mechanical Completion）ということがある）、一定の期間の試運転を経て、当該施設が当初想定の能力や性能を発揮できるかどうか確認することを、完工時の融資実行の条件とすることが多い（本章第2節2(3)・48頁参照）。

施設の能力や性能が想定以下である場合、施設の運営により当初想定された量のサービスの提供が困難であるため、施設が一定の能力を発揮できることが、プロジェクトファイナンスの融資実行の必須の条件となる。たとえば、前節で想定例としてあげた産廃処理施設のプロジェクトで、仮に1日当りの処理可能量を100トンと想定して産業廃棄物の受入れを予定していたところ、施設の処理能力が日量50トンしかなかった場合、処理可能な産業廃棄物の量がそれだけ低下することから、特別目的会社が想定するキャッシュフロー／収益を得ることができず、施設運営の費用や借入金の返済に必要な資金を賄えないということになる。

このようにプラント施設の運用によるキャッシュフロー／収益に基づくプロジェクトファイナンスの場合、施設の物理的な完成のみならず、試運転等により当該施設が想定の能力を発揮できるかどうかを確認することが

重要となるし、場合によっては、技術アドバイザー等による専門家の完工確認を融資実行の要件とすることもある。また、施設がプラントでない場合でも、施設の完工はなんらかの手続によって確認することが通常であるが、完工時の検査では発見できない「隠れたる瑕疵」の場合、その存在は運営開始後に不具合が顕在化することにより明らかになるのが普通である。建設企業は、施設の建設請負契約において瑕疵担保責任を負うのが通例であり（民法634条）[8]、融資銀行としても、建設企業の瑕疵担保責任に依拠することが原則となる。ただし、その場合でも、瑕疵の補修は瑕疵担保責任で対処でき、特別目的会社の費用増加にはつながらないが、当該瑕疵によって施設の稼働ができなくなり、予定していたキャッシュフロー／収益が得られなかった場合の損失補償まで建設企業に負担してもらう必要があるため、特別目的会社との建設工事請負契約で、瑕疵担保によりカバーする範囲をあらかじめ明らかにしておくことが必要となる。

③ 資材調達リスクについては、施設建設に必要な資材が調達できないために施設の建設が困難になったり建設工事が遅延したりする場合と、主な資材の原材料価格が市場の急激な変化により高騰し建設コストを押し上げるという、2つの場合が考えられる。前者の場合は、施設建設に特別な資材や部品を使用せず、一般的に市場で入手可能なものを使用することによりリスクのヘッジは可能であるが、特別な材料や部品を使用せざるをえない場合、そもそもそのような施設仕様を設定した事業者側のリスク負担（代替品を使用することによる設計変更に基づく建設コストの増加分の負担）とされることが多いであろう。建設資材の原材料の価格上昇については、建設

---

[8] 平成27年3月31日に国会提出された「民法の一部を改正する法律仮案」（以下、この法律案により改正された民法を「民法改正法案」という）でも、仕事の目的物が種類または品質に関して契約の内容に適合しないものであるときは目的物の修補を請求できるとしている（民法改正法案636・637条）。なお、注文者が不具合を知った時から1年以内に請負人に請求しないときは権利が失効するとされ（民法改正法案637条）、5年または10年の瑕疵担保期間を定めた民法638条は削除された。

資材の調達に関する価格変動は、建設企業が特別目的会社から施設建設を請け負った時から早めに資材調達を手配することで対処可能であるので、そのような状況になっても施設の建設費は変わらないという仕組みにより対処が可能である[9]。

④　設計変更については、事業主側の都合による場合は、事業主側のリスク負担となろう。しかし、設計変更の原因が法令の変更に基づくものであったり、不可抗力のような関係当事者のいずれの責任も問えないような事由が原因であったりする場合は、原因の性質により、個別にリスク分担を考える必要がある。また、施設の設計変更は、建設コストの増減を生じさせるだけでなく、設計変更の内容によっては、施設完工後の運営コストの変動を生じさせうることに注意が必要である。設計変更が施設の整備費や運営コストの変更をもたらす場合には、事業期間を通じた収支計画の変更となるので、融資銀行の同意が必要な事項とされる。

⑤　設計企業・建設企業の債務不履行や倒産については、そもそも設計企業・建設企業は事業主により選択される関係当事者であることから、融資銀行がリスク負担を求められることはない。設計企業や建設企業の履行状態が悪い、あるいは設計企業や建設企業が倒産し履行を続けることができない場合、当該設計企業や建設企業との契約を終了し、他の設計企業や建設企業に交代させて、履行を続けることが必要である。その前提で、たとえば設計企業、建設企業の業務履行について履行保証保険をかけるなどの方法により、当該リスク要因の発生による追加コストの上昇などのリスクに対処することが考えられる。

9　ただし、たとえば昨今の人件費の極端な上昇による建設費の高騰は当事者間でも想定できなかったものであり、資材のようにあらかじめ調達することが性質上困難なため、このような例外的な状況については、費用増加分を特別目的会社の提供するサービスの価格に上乗せしたり、その他の方法により事業計画を見直したりするなど、別途の協議がなされることがあろう。

(3) プロジェクトに係る施設の完工後（運営開始後）のリスク要因

プロジェクトに係る施設完工後（運営開始後）の主なリスク要因として
は、①需要変動、②金利変動、③資金調達（事業期間中の資本的支出の場合な
ど）、④業務受託企業の債務不履行、倒産、⑤運営費用の増加、などが考え
られる。

① 需要変動リスクとは、特別目的会社の提供するサービスに対する需要の
　変動（特に減少）により、想定したキャッシュフロー／収益が得られない
　リスクである。このリスクに対して、特別目的会社のサービスの需要家と
　の間で長期で一定量、一定価格のサービス提供の契約（XYZ産廃処理の例
　でいえば長期の産業廃棄物処理委託契約）を締結する方法がとられることが
　ある[10]。ただし、その場合は契約期間が長期にわたるため、価格は固定金
　額ではなく、適当なインデックスを定め、これに応じて変動させるなどの
　方法により、同様サービスの市場価格やインフレ等に対応することが通常
　である。一般的には、特別目的会社の提供するサービスの価格が変動（特
　に低下）する場合、特別目的会社の費用も変動させる（たとえば、サービス
　の価格が低下する場合に、特別目的会社が委託する業務の委託料も同様に減額
　する）といった方策を検討する必要がある。

② 金利変動リスクとは、特別目的会社の借入金の金利が変動することによ
　り、事業運営に係る費用が増大するリスクである。プロジェクトファイナ
　ンスの場合、対象施設は社会インフラ、プラント、大規模商業施設といっ

---

[10] このような場合、いわゆるテイク・オア・ペイ（take or pay）の契約が最も効果的
　である。テイク・オア・ペイとは、特別目的会社の提供するサービスの需要家（需要家
　を「オフテイカー」ということがある）が、一定量のサービスを購入するか（take）、
　それとも一定の金額を支払うか（pay）、という内容の契約である。需要家が特別目的
　会社のサービスを購入しない場合には一定金額を特別目的会社に支払うことになり、特
　別目的会社にとっては最低限のキャッシュフロー／収益が保証されているのと同じこと
　になる。PFI（本節6で後述）において、発注者（政府・自治体等）が支払う料金を基
　本料金と従量料金の二部料金制とし、特別目的会社からのサービス購入の量の変動にか
　かわらず基本料金収入のキャッシュフロー／収益を確保させようとする発想と同じであ
　る。

た大型案件が対象となることが多く、借入金額も大きくなることから、借入金の返済期間も長期にわたるのが通例である。したがって、変動金利が原則であるが、長期の金利変動リスクを負担することは、借主側にとっても過度な負担となることが多いであろうし、融資銀行側としても収支予測の確実性が阻害されるとの懸念が生じると思われる。そこで、事業の内容などから金利変動リスクのヘッジが必要な場合は、別途、融資銀行と協議のうえ、スワップ契約を締結するなどして、金利を固定化する必要がある。

③　資金調達によるリスク要因とは、運営期間中でも施設について資本的支出を伴う修繕や設備更新、大規模修繕により資金が必要な場合に、これを調達することに伴うリスクである。必要な設備更新や修繕が行われないと、経年劣化等により施設の性能が落ち、施設の稼働率が低下する結果、特別目的会社が想定したキャッシュフロー／収益を得られないおそれが生じることになる。特別目的会社で、このような修繕等のために積立をすることでリスクを回避することができるが、かかる積立金の課税対象からの控除が税法上認められない場合は、法人税の対象となり、資金的な効率が低下することに留意する必要がある。また、更新や修繕について、その時々の新たな資金調達を想定している場合は、当該資金調達に係るリスク（金利リスクや調達予定先の倒産リスク）も新たなリスクとして検討する必要が生じてくる。

④　業務受託会社の債務不履行や倒産については、建設企業の債務不履行や倒産と同様に、最悪の場合は、既存の業務受託会社との業務委託契約を終了させ、新たな受託会社に業務を委託して、事業の継続を図ることが必要となる。業務受託会社が同時に事業主であれば、特別目的会社への出資金をあらかじめ相当の金額にする、あるいは追加の出資義務等を負担させることなどにより（本節4(4)・25頁参照）、事業に対するコミットメントの強さを確認することができるが、当該業務受託会社の倒産に対しては融資銀

行として対処のしようがなく、業務受託会社の交代という方法でリスクを回避せざるをえない。

⑤　運営費用の増加は、本節3「(1)　プロジェクトの全般にかかわるリスク要因」のところで述べた不可抗力や法令の変更によって生じるほか、一般的なインフレによっても生じる。インフレなどの理由による運営費用の増加に対しては、何よりも業務受託会社の工夫や努力によって対応すべきことではあるが、特別目的会社が提供するサービスの価格が、適正な運営費用の増加を反映できる仕組みになっていることが、本来は望ましい。これができない場合は、融資銀行は、事業主から一定のサポートを得ることが必要になる場合があろう。また、運営費の増加は、それがプロジェクトからの収入を超えるときは、直ちに特別目的会社の資金不足を招くほか、それに至らない場合でも利益の減少が生ずるときは、事業者側の事業遂行意思の低下の一因となることに留意すべきである。

4　デフォルトを避ける工夫

プロジェクトファイナンスは、本章冒頭にみた定義のとおり、特定の事業のキャッシュフロー／収益に依存するファイナンスである。このため、プロジェクトファイナンスの借り手である特別目的会社が想定したキャッシュフロー／収益を得られない場合は、直ちに、借入金の弁済や業務受託会社への委託料支払のための原資が不足する事態に陥ってしまう。

プロジェクトファイナンスの借入れは長期であり、期間中には想定した事象はもとより、想定外の事象も含めてさまざまな事態が生じうる。この場合、キャッシュフロー／収益不足が予想できるのであれば、各種事態への対処方法をあらかじめ事業主やその他の関係当事者と協議することができる。また、仮にキャッシュフロー／収益不足の事態が生じたとしても、一定金額の余剰金をリザーブしておくなどの方法により、直ちに借入金の返済ができ

ない状況を防ぐことで、融資銀行は事業主や関係当事者と協議する時間的な余裕ができる。このような目的から、融資契約には、以下にみるような、さまざまな仕組みが規定されている。

(1) 特別目的会社のモニタリング

　特別目的会社が想定のキャッシュフロー／収益を得るためには、事業が適正に運営されていることが前提である。このため、融資銀行としても、借り手である特別目的会社の財務状況を把握することは当然のこととして、事業の実施状況そのものを把握することもきわめて重要である。これらのモニタリングを行うため、特別目的会社に対し、事業期間中を通じての決算書類等、建設期間中の監理報告書、運営期間中における月間および年間報告書、次年度の業務計画や収支予測といった各種書類の写しの提出が義務づけられることが通常である。また、事業に影響を及ぼすおそれのある事象の発生は、適宜の報告事項とされる。こうしたモニタリングによって、融資銀行は、事業の運営状況や特別目的会社の財務状況を把握し、特別目的会社のキャッシュフロー／収益が悪化する懸念を早期に知ることが可能となる。

　このモニタリングの関係で、事業の経済的な状態を判断する指標として、DSCRという指標が使われることがある。DSCRとは"Debt Service Coverage Ratio"（デット・サービス・カバレッジ・レシオ）の略であり、特別目的会社が実施する事業の収入から事業実施に係る経費[11]や公租公課を控除した額と、借入金の元利返済額との割合である。

$$DSCR = \frac{（特別目的会社の収入）-（経費や公租公課）}{借入金の元利金返済額}$$

　通常は、特定の期間を区切って、当該期間内のDSCRを算出して、借入金

11　業務の委託先企業に対する支払、原材料の購入代金、電力などのユーティリティの料金、保険料などが含まれる。キャッシュフローファイナンスであるため、施設の減価償却費などの帳簿上の損金は問題にしない。

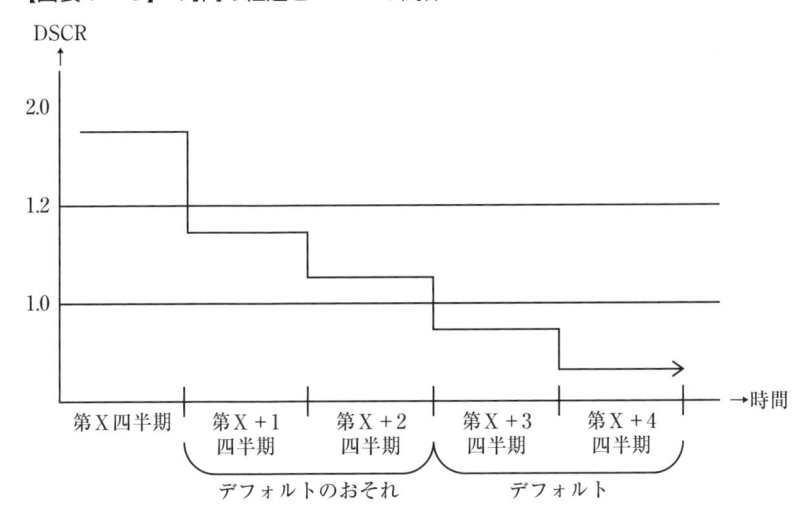

【図表1−5】 時間の経過とDSCRの関係

の元利金の弁済が確実であるかどうかを判断する。たとえば、四半期ごとに算出するのであれば、ある四半期の総収入から当該四半期の経費等を控除した金額を、当該事業年度の元利金返済の金額の総和で割ることにより算出する[12]。DSCRが1.0を割り込むということは、特別目的会社の収入から費用などを控除した額では元利金の返済に不足するということであり、後述する返済充当積立金口座の積立金を取り崩したり、スポンサー・サポートによる資金拠出の必要が生じたりしうることを意味する。また、DSCRが1.0を下回らない場合でも、過去の実績が右肩下がりという場合は、特別目的会社の収入が少なくなっているか、あるいは経費が上昇しているかのいずれかであり、融資銀行にとっては好ましくない兆候である。一般的には、DSCRのレベルを定め、これを下回る場合は期限の利益喪失事由とされ、融資銀行が事

---

12 四半期以上の頻度でしか発生しない収入や経費は、各四半期に合理的に割り付ける（たとえば、年度ごとに生じる経費は4等分して各四半期に割り付ける）などの工夫が必要である。

前に対処できるように規定されている（図表1－5参照）。

⑵　資金の流れの管理

特別目的会社の収益は、事業の運営によるものに限られている。したがって、融資銀行としては、この「限られた」収入が事業運営のために適切に使われることを確保する必要がある。

このため、2つのことを決めなければならない。

まず、最初に決めるべきことは、費用項目の特定とその費用の支払の順序である。特別目的会社は定められた特定の事業しか実施しないため、事業運営に係る費用の種類や支払先があらかじめ特定できる。このため、特別目的会社の収入から、どの費用をどの順序で支払うかを決めるのが一般的である。費用支払の順序は、当該費用の重要性や内容（たとえば、租税は支払わないと滞納処分の可能性があるため、最も優先される）、費用支払請求権の順位（当然のことながら、劣後債権の支払は一般債権の支払よりも後順位になる）によって規定される。次節2⑻・70頁に例示する。

次に決めるべきことは、口座管理についてである。上記の費用の支払順序を確保するために、特別目的会社の内部での資金操作は、融資契約であらかじめ詳細に規定されている。

まず、特別目的会社の収入については、特定の口座に入金することが規定される。この口座は、特別目的会社名義の口座であることが多い。また、特別目的会社の支出についても、主要な支払先は業務受託会社や原材料供給会社、融資銀行など、あらかじめ特定できるので、特定の口座から支出することが求められる。そして、この口座間の資金の移動が規定され、特別目的会社の資金の流れが規定されることになる。具体的な例は、次節2⑻・68頁に示す。

(3) 積立金口座

　前述したように、プロジェクトファイナンスは長期の事業実施を前提とするものであるため、想定しない事象の発生により、特別目的会社の収入や支出が影響を受けることがある。たとえば、第三者の故意または過失により施設が毀損し、一定の期間中施設の稼働を中断した場合、中断した期間の収入は得られないことになるし、施設の損傷を補修するための時間と費用が必要となる。仮に、この場合に補修費や中断中の収入が保険でカバーされるにしても、保険金の請求および支払には時間がかかるので、一時的に特別目的会社のキャッシュフロー／収益に不足が生じる。このような場合に、借入金の返済が滞らないように、一定の金額を特別目的会社内で積み立てておくことが、プロジェクトファイナンスでは一般的である。このような積立金を積み立てる口座を返済充当金積立口座などと呼んでおり、通常は特別目的会社名義の口座で、融資銀行のために担保権が設定される。また、この返済充当金積立口座の積立金を取り崩すことは、融資銀行の承諾事項とされ、こうした積立金口座の取崩し、あるいは取崩し後一定期間内に積立金の金額を回復できないことは、融資の期限の利益喪失事由とされる。

　このほか、常に必要ではないが、将来または一定期間ごとに支払が生じる費用の支払に備えて積立金を設定することもあり（たとえば、公租公課の支払のために公租公課積立金を、施設の大規模な修繕のために修繕積立金を、それぞれ設定して積み立てることがある）、また、特別目的会社のサービス提供について、そのサービス水準の低下や中断等において違約金の定めがある場合に、これに備え違約金の積立金を設定することもある。いずれも一時的な資金需要により事業の円滑な実施が阻害されないように設定される積立金である。

(4) スポンサー・サポート

　スポンサーは、ここでは借主の特別目的会社の株主（スポンサー）をい

う。スポンサーは、特別目的会社に出資し（議論を単純化するため、特別目的会社が株式会社と想定すると、株式出資となる）、取締役等の役員を派遣して、特別目的会社を支配し、事業を実施する。出資の金額は事業に係る資金調達の内容により定められるが、株式出資は特別目的会社からみると金利のかからない出資であるため、また出資の金額が多いほど当該スポンサーの事業へのコミットメントが高いと考えられることから、融資銀行から一定額以上の出資が求められる[13]。また、スポンサーが出資の全部または一部を譲渡することは、当該事業へのコミットメントが弱くなると考えられるので、出資すなわち特別目的会社の株式の譲渡は原則禁止で融資銀行の承諾が必要とされる[14]。この譲渡禁止も、広い意味でのスポンサー・サポートといえる。これに加え、融資のデフォルトを避けるための方策として、事業主やその他の特別目的会社の株主に対し、一定のスポンサー・サポートを求める場合がある。これまでもみてきたリスク分担の一環として、プロジェクトについての事業主等のリスク負担を限定したうえで、一定のサポートを求めるのである。リスク負担の限定は、負担するリスクの範囲を限定することと、サポート金額の上限を定めることのいずれか、またはその両方の方法により規定される。

13　このスポンサーの出資（普通株式の引受のほか、次のaで検討する普通株式以外の出資の合計）と融資銀行からの借入れの割合をデット・エクイティ比率（"D／E ratio"と表記されることが多い）という。この割合は、上記のとおり、キャッシュフロー／収益の安定性、ひいては事業の安定性の評価に重要な意味を有する。また、施設完工後の運営期間においては、融資の返済が進むため、エクイティの比率が高くなる。そのため、特別目的会社に余裕金がある場合、スポンサー・サポートで要求される劣後ローンの返済も可能であり、一定のデット・エクイティ比率が確保される範囲で、劣後ローンの返済が認められることがある（第2節2(4)c ・55頁参照）。
14　なお、本節6で後述するPFIでは、平成25年の契約ガイドラインの改訂により、スポンサーについて、事業期間の全部にわたり特別目的会社の株式の保有を義務づけるのは過度な負担となりうるので、優先株の譲渡は原則自由とし、あるいは普通株式の譲渡についても、発注者が譲渡をする要件を事前に明確にし、またはその他の方法により、譲渡の制限を緩和すべきとされた。これは発注者とスポンサーの関係について規定するものであるが、PFI事業のプロジェクトファイナンスでの融資銀行とスポンサー間の関係にも影響を与えるものと思われる。

プロジェクトファイナンスで求められる主なスポンサー・サポートは、次のものが考えられる。

a　株式の引受以外のエクイティの拠出

　通常は、劣後融資や匿名組合契約による出資が多い。また、場合によって、優先株の引受となることもある。劣後融資[15]、匿名組合契約による出資や優先株の配当は、特別目的会社の返済順序からすると一般債務の弁済に順位劣後するので[16]、融資銀行からみると、普通株式による出資と同様ととらえることができる。このスポンサー出資が大きければ大きいほど、プロジェクトの初期経費における融資金額の割合が少なくなり、また事業継続に対するスポンサー側のコミットメントの強さも確認できるため、融資の返済も確実なものと判断できる。その半面、スポンサー側の出資の利回りが圧迫されることもあり、出資の規模については、常に融資銀行と事業主との交渉ポイントとなる。

　なお、この融資銀行の融資金額（元本金額）とスポンサーの出資金額の割合をデット・エクイティ比率と呼び、融資契約上、一定の割合が定められることがある。劣後融資や匿名組合契約による出資は、当事者間の契約関係であるため、当事者が合意する場合は、期限前の返済や出資金の返還も可能であるが、これを無制限に認めてしまうと、借入れはスケジュールどおり返済されているにもかかわらず、余剰金で劣後融資や匿名組合出資が返済ないし

15　スポンサーの特別目的会社に対する融資については、平成26年の貸金業法および関係政省令の改正により、20％以上の持ち株比率のスポンサーについてセーフ・ハーバーが設けられたことに留意する必要がある。

16　このように、完全な返済義務があるローンには劣後するが、返済義務のない出資（普通株式への出資）よりは返済順位が上位にあるものを「メザニン」または「メザニンファイナンス」と呼んでいる。これに対比して、返済義務のあるローンを「シニア・ローン」と呼ぶことがある。メザニン部分はスポンサーが出資することが多いが、シニア・ローンよりも返済順位が劣後するため、想定される金利ないしリターンはシニア・ローンよりも高いものとなる。そのため、スポンサー以外の者もメザニンへの出資に興味をもつことがあり、メザニンファイナンスは増加しているといわれている（加賀・前掲195頁）。

出資金返還されてしまうので、そういう事態を避けるための1つの指標として規定されることがある。

　b　キャッシュ・デフィシエンシィ・サポート

"Cash Deficiency Support" の頭文字をとって "CDS" とも呼ばれる。これは、一般的には、特別目的会社の手持ち現金が、費用や借入金の支払に不足する場合に、スポンサーが一時的に必要な資金を特別目的会社に提供することを指す。これも、融資銀行と事業主とのリスク分担の一環であって、どのような事由が原因のキャッシュ不足についてこのサポートが発動されるか、特別目的会社に提供すべき金額の上限はいくらか、提供した金額の返済順位はどうなるのか、その他このサポートに関する事項は、融資銀行と事業主との交渉事項である。

　c　委託費等の支払の劣後

これも、特別目的会社のキャッシュフロー／収益が、運営費用や借入金の返済に不足する場合で、特別目的会社の株主が特別目的会社の業務受託企業でもある場合に、当該業務委託に係る業務委託料の支払を、借入金の支払に劣後させて、借入金の支払を滞らせないようにする手法である。上記のCDSと同じく、融資銀行と事業主とのリスク分担の一環であり、どのような事由によるキャッシュ不足の場合に、支払が劣後するか、劣後する金額の上限と期間はどのくらいか、支払劣後の結果支払われなかった委託費の返済はどうなるのかなど、このサポートに関する事項は、融資銀行と事業主との交渉事項となる。

5 　担保の考え方

プロジェクトファイナンスにおける担保の考え方も、プロジェクトファイナンスが文字どおり特定のプロジェクト（事業）に対するファイナンスであって、そのファイナンスの元利金返済の原資が、当該プロジェクト（事

業）から生み出されるキャッシュフロー／収益に限定されるという原則から出発する。

(1) 担保設定の対象

　担保設定の対象は、特別目的会社の有する資産すべてに及ぶのが原則である。すなわち、特別目的会社の有するすべての資産は、特別目的会社が事業を運営し、キャッシュフロー／収益を生み出す道具・手段として必要なものであって、第三者からの干渉を排除するため、融資銀行が優先的な権利をもつことが必要と考えられるからである。通常、特別目的会社は融資契約上、事業の実施に必要のない資産を保有することを禁じられているので、このことからも、特別目的会社の保有する資産はすべて事業の運営に必要なものと考えてよい。なお、ここでいう「資産」とは、動産、不動産などの有形資産のほか、契約上の権利などの無形的なものを含む趣旨である。

　特別目的会社の有する資産およびこれに対する担保権としては、一般的には次のものが考えられる。

① 有形的な資産に対する担保権
・特別目的会社が所有する土地、建物に対する抵当権
・特別目的会社が所有する設備および備品、購入ずみの原材料および商品の在庫等に対する質権や譲渡担保権
② 無形的な資産（契約上の権利など）に対する担保権
・特別目的会社との業務委託契約上の権利に対する質権や譲渡担保権
・特別目的会社を被保険者とする保険契約の保険金請求権への質権や譲渡担保権
・特別目的会社が開設した銀行預金口座に対する質権
・特別目的会社のサービス提供に対する対価支払請求権への質権や譲渡担保権[17]

(2)　ステップ・イン方式

　このように、プロジェクトファイナンスにおける担保権の対象は、特別目的会社の資産すべてに及ぶが、これだけでは不十分と考えられている。というのも、前述したとおり、特別目的会社の資産は、借入金の返済原資となるキャッシュフロー／収益を生み出す手段・道具でしかなく、これらの資産は事業の運営と結びついて、はじめて価値を有するものと考えられるからである。

　たとえば、前述のXYZ産廃処理の仮想例でいえば、新設施設は、施設に産廃を持ち込む産業廃棄物排出企業があり、施設を稼働させて産業廃棄物の中間処理を行い、副生成物を処分することができて、はじめてキャッシュフロー／収益が生まれる。つまり、施設の稼働を前提としない施設の価値は、プロジェクトファイナンスの観点からは実質"ゼロ"であり、担保目的物の換価と換価代金の被担保債権への充当を目的とする伝統的な担保の考え方だけでは不十分である。プロジェクトファイナンスでは、事業が適正に運営されず、その結果想定したキャッシュフロー／収益が得られず、借入金の返済が滞る場合は、事業の適正な継続や立て直しを図り、想定のキャッシュフロー／収益を回復することが、まず最初に検討される。

　もちろん、このような事業の立て直しは、事業主自らが実施するのが本来の姿である。しかし、事業主自身が倒産状態に陥っているなどの事情により、これがむずかしい場合は、融資銀行が自ら特別目的会社の事業運営について指図したり、融資銀行が選定する第三者に特別目的会社の経営を委ね、事業を立て直すことを考えざるをえない。このように、融資銀行自らが、特

17　特別目的会社のサービス提供に対する対価支払請求権は、サービスの提供が将来にわたるときは、その対価支払請求権も将来債権となる可能性がある。将来債権や、銀行預金の預金債権に対する譲渡その他の処分については従来から議論があったところであるが、民法改正法案は、預金債権および将来債権の譲渡性について有効性を明記しており（466条の5第1項、466条の6第1項および2項）、これらに対する担保権の設定には言及されていないものの、同様であると考えられる。

別目的会社の事業に介入することを"ステップ・イン（step-in）"と呼び、介入する権利のことを"ステップ・イン・ライト（step-in-right）"と呼んでいる。このステップ・イン・ライトは、広い意味で担保権として認識されている。

　ステップ・インの具体的な方法としては、融資銀行が特別目的会社の株式（議決権付きの普通株式。以下同じ）を取得したり、または当該株式を融資銀行が指定する第三者に取得させて、特別目的会社の取締役の選任権やその他の事業運営の権利を得て、事業の立て直しを図ったりすることが考えられる。このため、スポンサーが保有している特別目的会社の株式に対して、融資銀行のために質権ないし譲渡担保権が設定されるとともに、実行方法として、法定の方法によるほか、担保権者たる融資銀行が任意に処分できることが、担保権設定契約において規定される。

　また、その際、想定のキャッシュフロー／収益が得られない原因が、特別目的会社の業務委託先の企業にあると考えられる場合には、業務委託先の企業を変更することが必要となってくる。このため、特別目的会社と業務委託先企業との間の業務委託契約について、地位譲渡予約権の設定が行われることがある[18]。この地位譲渡予約権とは、一種の形成権であって、融資銀行の予約権行使により、業務委託契約上の受託者の地位が、融資銀行が指定した第三者に自動的に移転することを内容とする。この場合のステップ・インの具体的なイメージは、図表1－6に示すとおりである。

　業務受託企業の交代は、既存の業務委託契約を解除し、新たな業務受託企業と新たに契約を締結してもよいが、事業の継続という観点からは、既存の契約をそのまま引き継いでもらったほうがよい場合もある。また、交代対象の業務受託企業が同時に特別目的会社の株主の場合は、新たな業務受託企業

---

[18]　契約上の地位の譲渡について、現行民法では規定がないが、解釈上認められている。また、民法改正法案では、地位譲渡について規定が設けられている（民法改正法案539条の3）。

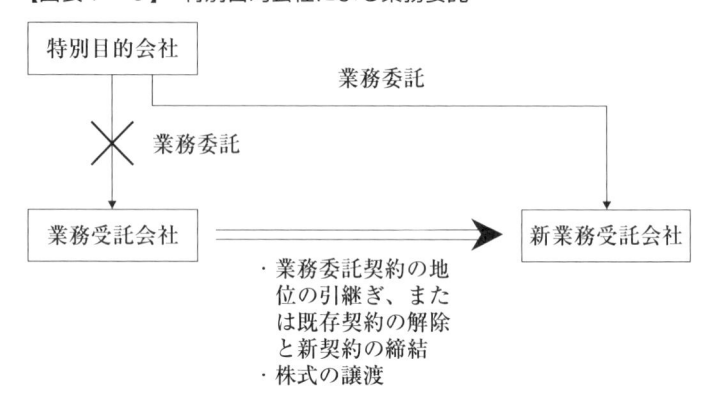

【図表1－6】 特別目的会社による業務委託

が株式を譲り受けて、特別目的会社の株主となることが予定されるであろう。

　ところで、特別目的会社の業務委託先の企業が倒産等の理由により業務の継続が困難である場合や、その提供するサービスの質が低下し相当期間内の回復の見込みが乏しい場合、特別目的会社あるいは事業主は、事業の継続のため、業務受託企業の交代を検討せざるをえない。いわゆるストラクチャードファイナンスにおいてバックアップ・サービサーを設定し、いつでも当該業務の実施主体を交代できるようにする手法がしばしば利用されている。

　もちろん、プロジェクトファイナンスにおいても、このようなバックアップ・サービサーをあらかじめ決めておくことは可能である。しかしながら、プロジェクトファイナンスの場合は、運営期間が長期にわたるため、長年固定されたバックアップ体制の実効性に疑問が生じることも少なくない。むしろ、このような業務受託企業のバックアップを市場に求めるほうが、効果的だという考え方もある。このことは、業務受託企業の長期の信用リスクを市場でヘッジしているということにほかならず、プロジェクトファイナンスは、この意味で、市場経済を前提とする金融取引ということができるであろう。

なお、代替のサービスを市場で調達する際には、当該サービスが汎用的なものであり、サービスの供給者側に特別な技術、特許等の取得が不要なこと、また、当該サービスの提供に係る対価が合理的なものであることが前提になる。特別目的会社の業務実施において、ある特定の業務受託企業の業務実施が不可欠であったり、あるいは当該業務委託の委託料が不合理に廉価であったりする場合は、代替のサービスを市場から調達することは困難である。こうしたケースは、プロジェクトファイナンスといえども、融資銀行からみると、当該特定の業務受託企業の信用に大きく依存した貸付であることを十分に認識したうえで、具体的案件の検討を行うべきであろう。

6 プロジェクトファイナンスとPFI

(1) PFIの基本スキーム

平成11年に「民間資金等の活用による公共施設等の整備等の促進に関する法律」(以下「PFI法」という)が施行されて以降、平成25年までに300を超えるPFI法にのっとった事業が実施されている。PFI法1条にあるとおり、PFIは、民間の資金や経営能力、技術的能力を活用した公共施設の整備を目的とした制度であるが、その具体的な事業スキームは、PFI法上で明らかにされているわけではない。しかしながら、PFIは民間資金の活用ということが1つのキーワードであり、民間事業者が事業実施に必要な資金を調達することが要求される事例がほとんどである[19]。

PFIの主な目的は、公共施設の整備である。公共施設の整備は、大型案件が多いため、事業期間も長期化する傾向にある。このため、民間が調達した資金の返済に見合う金額を、公共がPFI事業実施のサービス対価の支払とい

---

[19] 施設完成・公共への引渡し時に施設の整備費用を一括して支払う案件としては、東京都の多摩の病院の案件、北九州市のサッカースタジアムの案件などがあるが、数としては多くない。

うかたちで支払う期間も長期化する。そこで事業者としても、事業実施の全部についてリスクを負担することはできず、リスク分担が可能なプロジェクトファイナンスによる資金調達が志向されることになる。

　これを具体例でみてみよう。次の例は、東京都がPFI法施行前に公募した、東京都水道局金町浄水場常用発電PFIモデル事業[20]の事業概要である。

　この案件では、民間事業者が東京都水道局の金町浄水場内に、都市ガスを燃料とするコージェネレーションシステムを設置し、事業期間中これを運用して、金町浄水場に電力と蒸気を供給することを内容とする事業である。事業期間は施設の共用後20年であり、事業者は金町浄水場に供給した電力と蒸気の量に応じ、電力料金および蒸気料金の支払を受ける。電力料金と蒸気料金は、基本料金と従量料金の二部料金制が採用されており、コージェネレーションシステムの設置・建設費用は、基本料金の積算内容の一部とされていた。つまり、施設の設置・建設費用は、20年にわたる事業の運営期間で、均等に支払われるわけである。

　このような内容の事業の公募手続について、筆者らは東京都水道局側の法務アドバイザーとして関与したが、当時は、PFIは日本においてなじみが薄く、また、公共サイドとしても特別目的会社を設立して、この特別目的会社と契約することの経験もさほど豊富ではなかった。そこで、事業者の募集にあたり、特別目的会社の設立は応募者の任意に任された。図表1－7は、民間事業者側が実際に特別目的会社を設立して組成するであろう事業実施のスキームを、事業の発注者の側から想定した事業スキームであるが、前記のXYZ産廃処理が特別目的会社を設立して事業を行う場合に酷似していることがわかる。すなわち、一般的なプロジェクトファイナンスと対比すると、特別目的会社の提供するサービスの購入者が公共となったものということが

---

[20]　本件は、PFI法の施行前に事業者公募が行われた事案で、PFI法の適用はなかったが、PFIということを意識して民間事業者が公募された、日本で最初の記念碑的な事業である。

【図表1－7】 想定される契約スキーム

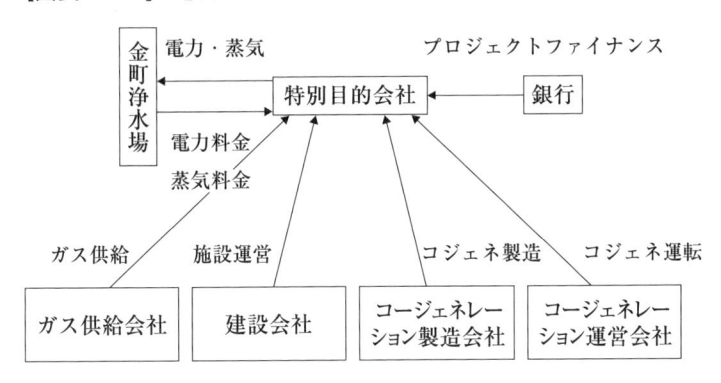

できよう[21]。

　現時点では、ほとんどのPFI案件で、落札者ないし優先交渉権者が特別目的会社を設立し、この特別目的会社と公共が事業契約を締結するスキームが採用されている[22]。したがって、特別目的会社が事業主体として事業を実施し、また施設の整備費等の借入主体となることができることから、結果として、PFIにおいては、プロジェクトファイナンスの手法による資金調達が活発に行われている。

21　施設利用者からの利用料金のみで事業実施の費用を賄う案件（いわゆるPFI事業のうち独立採算型のもの。北九州市のひびきコンテナターミナルPFI事業、東京国際空港国際線地区旅客ターミナル整備・運営事業ならびに同貨物ターミナル整備・運営事業、いくつかの駐車場整備運営事業、国管理空港の公共施設等運営事業権を設定する事業など、全体からみてごくわずかである）については、特別目的会社のサービスの提供を受ける（したがってサービスの対価を支払う）のは公共ではないから、そのような案件については、ここに記述した考察は当てはまらない。

22　国のPFI案件として最初の、財務省の国家公務員宿舎整備事業（平成14年度の公務員宿舎駒沢住宅（仮称）および池尻住宅（仮称）整備事業と公務員宿舎赤羽住宅）においては、金町浄水場の案件と同様、特別目的会社の設立を落札者の任意としていた。しかし、いずれの案件の落札者も特別目的会社の設立を前提とする提案で、特別目的会社を設立しない提案が落札提案に選ばれた実績がなかったため、平成17年度募集の公務員宿舎清水町住宅（仮称）整備事業および公務員宿舎亀岡住宅整備事業では、落札者による特別目的会社の設立を条件とするに至っている。

　PFIは、PFI法1条に定めるとおり、「民間の資金、経営能力及び技術的能力を活用した公共施設等の整備等の促進を図る」ものであり、「効率的かつ効果的に社会資本を整備する」ためのものである。そのため、もともとPFI法が想定したのは、民間資金によって施設が新たに整備され、または老朽化した施設の更新等が行われる事業である。しかしながら、民間の経営能力や技術的能力を活用できるのは、新設施設には限られない。既存の公共施設についても、民間事業者に自由度の高い運営を行うことを認め、もって民間の経営能力や技術的能力を活用し、国民に対してよりよいサービスを提供することは可能である。これは、従来、公物（国や地方自治体が有し管理する財産）について、包括的な委託や地方自治法の指定管理者の制度を活用して行われてきたことであるが、平成25年のPFI法の改正により、利用料金の徴収を行う公共施設等について、当該施設の運営を行う権利（公共施設等運営権）を民間事業者に設定することを認め、民間事業者が公共施設の運営を、高い自由度をもって行うことが認められた。

　従来は、それぞれの公物管理法[23]に従って、国や地方自治体などが管理していた公共施設について、民間事業者が高い自由度をもって管理することで、より効率的で、国や地方自治体では行えないような効率的な管理が可能になり、また、当該公共施設に係る運営上のリスクを民間事業者に移転することが可能となる。さらには、民間事業者が利用料金を徴収し、その収入を公共施設の運営の費用に充当できることになるため、国や自治体に適用ある予算の制約もなく、自由度の高い施設の運営や維持管理が可能となることが期待される。

---

[23]　国または地方自治体などが所有する財産の管理を定める法律の総体を公物管理法と呼んでいる。「公物管理法」という一般法があるのではない。たとえば、道路については道路法、港湾施設については港湾法、下水道については下水道法などの個別法があり、それら公物の管理にかかわる法律を公物管理法と呼んでいる。

【図表1-8】 公共施設等運営事業の事業スキーム

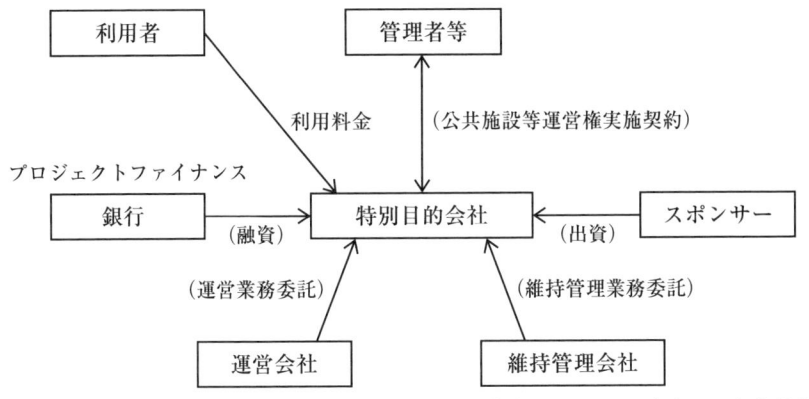

(注) 一般の PFI と同様、運営会社または維持管理会社がスポンサーとなることも想定される。

　この公共施設等運営権が設定される対象の公共施設は、個別の公物管理法がない施設はもとより、個別の公物管理法の適用がある施設も含まれる[24]。そのなかでも、国管理空港については、航空法、民間の能力を活用した国管理空港等の運営等に関する法律により、公共施設等運営事業権の設定に伴う法律の適用や読替えが整備され、第1号案件[25]の公募が開始されるに至っている。

　この公共施設等運営権が設定されるPFI事業が想定するスキームを図表1-8に示す。基本的なスキームは、従来のPFIと異ならない。異なる点は、従来のPFIではすでに述べたとおり施設の新設を民間資金で行う（そのため、民間事業者側で資金の調達が必要である）ことが前提であったが、公共施設等運営事業では、既存の施設を対象とするため、施設の新設資金を調達する必

24　ただし、道路整備特別措置法の道路および廃棄物の処理及び清掃に関する法律の産業廃棄物処理施設は対象外とされる。
25　仙台空港特定運営事業等。なお、関西国際空港は国管理空港ではないが、大阪国際空港と一体化のうえ、PFI法の公共施設等運営事業の規定を適用して、新たな民間事業者による運営を実現するための公募が開始されており、実施方針が公表されている。

要はない。しかし、公共施設等運営事業では、民間事業者が公共施設の利用料金を徴収して施設を管理できることになるため、その対価としての「運営権対価」を民間事業者が管理者等に支払うことが想定されている。この運営権対価の支払時期は施設の管理者等と民間事業者との合意により決定されるとされているが[26]、運営権対価を運営開始当初に一括して支払う場合は、そのための資金調達が必要である[27]。海外のいわゆるコンセッション案件（公共施設等運営事業と同様の海外事業案件）では、コンセッション対価の資金調達にプロジェクトファイナンスが用いられることが多い[28]。

　この公共施設等運営権の導入により、従来は公共が独占していた分野に民間が参入できる機会が創出されるものとして、期待されている。さらに、ファイナンスの観点から特筆されることは、公共施設等運営権が物権として規定されていることである（PFI法24条）。同条によれば物権としての公共施設等運営権は不動産に関する規定が準用されるため、これに抵当権を設定することが可能であり、公共施設等運営権の設定、移転、消滅、それへの抵当権の設定等は登録簿に登録される（同法27条）。したがって、融資銀行は、施設そのものには担保権を設定できない[29]が、借入人が設定を受けた公共施設等運営権に抵当権を設定して登録することが可能であるため、融資も円滑に行われることが期待されている。

(3)　PFIとプロジェクトファイナンスの相違点

　このように、PFIとプロジェクトファイナンスの深い関係について議論さ

26　公共施設等運営権及び公共施設運営事業に関するガイドライン20頁。
27　また、国管理空港案件では、旅客ターミナルビルや貨物ターミナルビルは国所有ではなく、いわゆる三セク等の民間企業が保有しており、それらのターミナルビルを所有者から譲り受ける資金の調達も必要である。
28　海外のPPP/PFI市場とプロジェクトファイナンスの適用状況については、加賀・前掲52頁以下が詳しい。
29　公共施設等運営事業の目的たる施設は管理者等が所有する行政財産であることが想定され、原則として私権の設定ができない（国有財産法18条1項、238条の4第1項）。

れることが多いが、PFIと、一般の民間プロジェクトにおけるプロジェクトファイナンスは、完全にイコールではない。主要な相違点をあげると、次のとおりである。

a　公募方式が原則

まず、民間プロジェクトにおけるプロジェクトファイナンスは、基本的に、当事者間の交渉によって物事が決められる。民間同士の取引なので、強行法の範囲内で契約の条件を決めることができる。これに対して、PFIの場合は、民間事業者は原則として公募により選定しなければならない（民間資金等の活用による公共施設等の整備等に関する事業の実施に関する基本方針「第2」参照）。入札によるか、あるいはプロポーザル方式の公募によるかは、法律の規定[30]や、募集をかける公共の考え方によるが、いずれにしても、公募が原則である。

公募においては、公共側であらかじめ条件を提示して提案を募ることになるが、応募提案受付後の条件変更は、応募者間において不公平となるため、公共側でこれを強く避ける傾向にある。この結果、いったん公表された募集の条件（募集手続中の質問回答や変更を経た最終的な条件）の変更は通常はありえず、公共が示した条件に沿って、事業者側の契約内容を協議する必要がある。融資契約も同様であり、公共と特別目的会社間の事業契約の条件に沿って融資条件を決め、融資契約を作成する必要がある。

融資契約条件の協議は、民間のプロジェクトファイナンスでは、案件の組成時からプロジェクトファイナンスを前提とした協議が行われることもあれば、建設期間が長期にわたるため、ある程度、事業者側で施設の整備に着手した後から、ファイナンスの協議が行われることもある。

一方、PFIの場合は、落札者が決定されないうちは、当該応募者が事業を実施するかどうかも不明であることから、資金調達のための銀行団との協議

30　たとえば、国の場合は、随意契約による場合が極端に限られている（予算決算及び会計令99条参照）ので、入札による募集にならざるをえない。

も落札者または優先交渉権者決定以後となる。もっとも、通常のPFIの事業者選定においては、金融機関の関心表明書の応募書類への添付が義務づけられているか、または審査の際の加点事由とされているため、融資銀行としても、応募者から依頼がある場合は、事業の内容や当該応募者の提案内容を検討し、関心表明書の発行が認められるかどうかを判断する必要がある。

この点、最近の傾向として、関心表明書に融資のタームシートを添付するものも多くみかけるが、応募提案書提出時点でコミットメントベースのタームシートを提出できるわけでもなく、また、発注者サイドとしても、そのようなものとしてとらえてはいない。そもそも、提案書に金融機関の関心表明書の添付を要求する理由は、当該提案内容について金融機関による検討がなされ、その結果として関心表明書が出されているということを確認することが一義的な目的であって、金融機関からみても融資に関心をもつくらいの提案である、ということが確認できればよいのである。いずれにしても、提案書提出時点で融資の条件が合意に至っているはずもなく、融資の条件の協議は、落札者または優先交渉権者決定後となる。

b　リスク分担主体

相違点の2つ目は、プロジェクトファイナンスの本質は事業主と融資銀行とのリスク分担にあるという見解があることを前述したが、PFIの場合は、それよりも以前に、公共と民間事業者とのリスク分担があるということである（例として、準天頂衛星システムの運用等事業のリスク分担表[31]（図表1－9）を引用する）。この表では、リスク発生の要因となる事実の発生について、公共側リスク負担、民間事業者側リスク負担、双方リスク負担のいずれかになることが記載されている。リスク負担の詳細は、入札公告時または募集要

---

[31]　このリスク分担表は、平成24年11月13日に公表された変更版である。本件はGPS衛星の運営に係る地上設備の整備と衛星の運営を民間事業者の主要な業務とするもので、リスク分担に係る事項が宇宙空間で発生する事項も含んでいるため、当初に公表されたリスク分担表について、民間からの意見等も参考にして、一部変更したものである。PFIの公募手続での発注者と市場との対話が実際に行われた結果である。

項公表時の事業契約書（案）を待たなければならないものの、これにより、おおまかなリスク分担は把握できることになる。そして、この分担表により、民間事業者の負担とされたリスクについて、民間事業者側で負担の協議をすることになるのである[32]。

この、PFIにおける公共と民間事業者のリスク分担については、当該リスクを最もよくコントロールできる当事者が負担すべきとされており（前掲・基本方針「第3　2(4)」ほか参照）、また、民間事業者側で対応できないリスク[33]については公共負担とされることが多い。このため、まったくの最初から協議が始まる民間のプロジェクトファイナンス案件とは異なり、いずれの当事者の責任も問えないような、たとえば不可抗力事由発生時のリスク分担について、あらかじめ公共がリスクを負担する内容が事業契約において定められていることも少なくない。このようなPFIに関するリスク分担に関する事業主と融資銀行との協議は、民間のプロジェクトファイナンス案件の場合よりも、深刻度がいくぶんかは軽減されているといえよう[34]。

---

[32] もっとも、ある事象の発生について公共のリスク負担とされている場合でも、民間事業者が当該事象の発生によってはまったく影響を受けないとは言い切れない。たとえば不可抗力についての公共負担を考えてみると地震で施設の一部が損壊した場合、不可抗力については公共のリスク負担であり、事業者が補修に要した費用を公共が支払うという仕組みであったとしても、公共は補修費の支払について予算を組む必要があるので、常にすぐに対処できるというわけではない。公共の費用支払がすぐには行えないとすると、事業者側での一時的な費用の確保の必要が生じるわけで、公共がリスクを負担するからといって、事業者側がまったく影響を受けないわけではないことに注意が必要である。

[33] たとえば、不可抗力のうち、戦争などの国家行為は保険免責事由とされるので、公共がリスクを負担すると規定されることが多い、など。

[34] このため、逆に、PFIのプロジェクトファイナンスはコモディティ化の方向に進んでいるというのが筆者の認識である。

【図表１－９】 準天頂衛星システムの運用等事業におけるリスク分担例

発生段階	リスク分類	リスク項目	No	内　　容	リスク分担 国	リスク分担 SPC
共通	法制関連リスク	法令等の変更	1	本事業およびPFI事業のみに影響を与える法令等の変更	○	
			2	地上システムを構成する建物の開発・整備に影響を及ぼす法令等の変更（事業者による増加費用の発生の防止手段を合理的に期待できないと認められる場合に限る）	○	
			3	その他の法令等の変更	△	○
		税制の変更	4	消費税率の変更		○
			5	その他の税制変更		○
		許認可の取得	6	国または他の政府機関が実施する許認可の取得等の遅延に関するもの	○	
			7	上記以外の許認可の取得等の遅延に関するもの		○
	不可抗力リスク	人為的リスク	8	戦争、放射能、テロ等の人的災害によるもの（軽微な範囲および保険の付保が可能な範囲）		○
			9	戦争、放射能、テロ等の人的災害によるもの（上記以外）	○	
		地球上の自然災害	10	天災（大地震、大噴火等）に起因するもの（軽微な範囲および保険の付保が可能な範囲）		○
			11	天災（大地震、大噴火等）に起因するもの（上記以外）	○	
		宇宙空間の災害	12	宇宙空間の自然現象もしくは障害物に起因するもの（軽微な範囲および保険の付保が可能な範囲）		○
			13	宇宙空間の自然現象もしくは障害物に起因するもの（上記以外）	○	
	社会リスク	近隣対策	14	国有地に対象施設、設備を設置すること自体に関するもの	○	
			15	上記以外のもの		○
		環境対策	16	開発・整備、運用、維持管理上の環境への悪影響		○
		第三者賠償	17	国の提示条件・指示を直接の原因として第三者に損害を与えた場合の賠償責任	○	
			18	上記以外の事由を原因として第三者に損害を与えた場合の賠償責任		○
	債務不履行リスク	事業の中断、中止	19	国の指示または政策変更によるもの	○	
			20	国が別途実施する衛星製造事業およびロケット打上げ事業に起因するもの	○	
			21	上記以外のもの		○
		要求水準への不適合、未達成	22	国が別途実施する衛星製造事業およびロケット打上げ事業に起因するもの	○	
			23	上記以外のもの		○
		従業員等	24	SPCの従業員等または協力会社に起因するもの		○
		SPC構成員	25	SPCの構成員に関すること		○

段階	リスク	細目	No	内容	国	事業者
		支払遅延・不能	26	国からのサービス対価支払の遅延・不能によるもの	○	
	性能リスク	要求水準の変更	27	国の提案に基づく要求水準の変更による費用の増加	○	
			28	事業者の提案に基づく要求水準の変更による費用の増加		○
	経済リスク	資金調達	29	必要な資金調達に関すること		○
		金利	30	割賦手数料の変動（事業契約締結から基準金利確定日までの金利変動によるもの）	○	
			31	割賦手数料の変動（基準金利確定日以降の金利変動によるもの）		○
		物価変動	32	開発・整備期間中の物価変動	△	○
			33	運用、維持管理期間中の物価変動（事業契約で定めた水準以内）		○
			34	運用、維持管理期間中の物価変動（上記を超えるもの）	○	
	「みちびき」に関するリスク	「みちびき」に係る情報提供	35	「みちびき」に係る資料提示の遅延、不備等	○	
			36	提示資料に基づき開発・整備された施設・設備の不具合等		○
		「みちびき」の欠陥、不備等	37	「みちびき」に係る衛星製造事業者の瑕疵によるもの	○	
契約前	応募リスク	入札公告関連	38	提示資料の内容の変更に関するもの	○	
		応募費用の負担	39	応募費用に係るリスク		○
	契約締結リスク	契約の未締結、遅延	40	国の責任により契約が未締結または遅延となった場合	○	
			41	上記以外の事由により契約が未締結または遅延となった場合		○
設計段階	設計リスク	設計変更	42	国の指示によるもの	○	
			43	上記以外の事由によるもの		○
		技術等の欠陥	44	技術等の欠陥による費用増加または遅延		○
開発・整備段階	用地取得リスク	用地の未確保	45	事業者が提案した用地取得の失敗によるもの		○
	開発・整備リスク	施設、設備開発・整備の遅延	46	国の指示によるもの	○	
			47	国有地において国が与条件として明示していない土壌汚染や地中障害物の処理等によるもの	○	
			48	上記以外の事由によるもの		○
		施設、設備開発・整備の変更	49	国の指示によるもの	○	
			50	国有地において国が与条件として明示していない土壌汚染や地中障害物の処理等によるもの	○	
			51	上記以外の事由によるもの		○

段階	リスク		No.	内容		
運用段階	施設・設備性能リスク	運用開始の遅延	52	国の指示または政策変更によるもの	○	
			53	国が別途実施する衛星製造事業およびロケット打上げ事業に起因するもの	○	
			54	上記以外のもの		○
		施設・設備の欠陥、不備等	55	事業者が開発・整備・調達した施設、設備に関する瑕疵によるもの		○
		障害の発生	56	国の指示に起因するもの	○	
			57	国が別途実施する衛星製造事業およびロケット打上げ事業に起因するもの	○	
			58	自然現象もしくは障害物に起因するもの（不可抗力を除く）		○
			59	上記以外のもの		○
		衛星の損傷、消失	60	国の指示に起因するもの	○	
			61	事業者に起因するもの		○
			62	原因不明のもの	○	
	運用関連リスク	運用体制の維持・管理	63	運用に必要な人員の確保、体制の構築に関すること		○
			64	機密保持に関すること		○
	維持管理リスク	設備等の陳腐化	65	設備等が技術的に陳腐化したことへの対応		○
		施設等の維持・管理・修繕等	66	設備の維持管理に関すること		○
			67	不正なソフトウェアへの対策に関すること		○
			68	情報漏洩に関すること		○
	商業利用関連リスク	第三者に対するサービス供給契約の不履行、中止等	69	国の指示または政策変更によるもの		○
			70	国が別途実施する衛星製造事業およびロケット打上げ事業に起因するもの		○
			71	上記以外		○
	利用拡大方策関連リスク	事業契約で定めた事業者による利用拡大方策の不履行	72	国の指示または政策変更によるもの	○	
			73	国が別途実施する衛星製造事業およびロケット打上げ事業に起因するもの	○	
			74	上記以外		○
事業終了段階	終了手続関連リスク	施設の性能確保	75	事業終了時における施設の性能確保に関するもの		○
		終了手続	76	事業終了時の手続に関する諸費用		○

融資契約の実際

1 融資契約の構成

　プロジェクトファイナンスにおいて、特別目的会社（融資契約では借入人と呼称されることが多いので本稿でも、以下「借入人」という）に対する資金の貸付は、融資契約において規定される条件によって行われる。この融資契約は金銭消費貸借契約であるが、プロジェクトファイナンスにおいては、すでにみたとおり、借入金返済の支払の原資が特定のプロジェクトから生み出されるキャッシュフロー／収益に原則として限定されるため、融資契約において、単純な金銭の貸し借り以外のさまざまな事項が規定されることになる。

　標準的なプロジェクトファイナンスの融資契約の内容は、おおむね次のとおりである。

①　前文および定義

②　貸付規定（貸付枠および貸付約束）

③　貸付の実行

④　利息および元利金の返済

⑤　公租公課、手数料、費用、および市場混乱などの諸規定

⑥　支払および債務の証拠

⑦　表明および保証

⑧　誓約事項

⑨　保険契約

⑩　期限の利益喪失事由

⑪　遅延損害金

⑫　貸付人およびエージェント

⑬　譲渡

⑭　通知、準拠法、裁判管轄等の雑則

　このような構成の融資契約は、プロジェクトの内容に応じて、具体的にカスタムメイドで規定されるものもあれば、国内プロジェクトでほぼ共通した内容が規定されるものもある。以下では、上記項目ごとに、どのような内容が規定されるかを概略的に検討し、国内プロジェクトに共通な内容のもので可能なものは実例を示すかたちで検討したい。

2　融資契約の内容

⑴　前文および定義

　前文は、プロジェクトの内容や、融資契約の締結に至った経緯などが簡潔に記載されることが多いが、最近では契約の内容と関係がないこともあり、省略されることもある。また、用語の定義は、融資の内容が複雑になるに従い増えるものであり、定義に使用される用語の表記も含めて、案件ごとに多様である。定義規定は契約の一部であり、それ自体重要であるが、定義されている用語が使用されている規定との関係で検討すべきものであり、定義自体の独立した検討は意味がない。

⑵　貸付規定（契約書例1.1）

　多くのプロジェクトファイナンスの融資契約では、貸付のための貸付枠の設定が行われる。つまり、限度融資契約とされる。これは、施設の建設段階において、設計変更等により、施設の建設工事費などが変動する可能性があるからである。ここで規定された金額の枠内で、貸付が実行される。この貸付枠は、一度使用されたときは、復活することはなく、また、一定の貸付枠の使用期間が規定され（この期間を「アベイラビリティ・ピリオド」(availability period）ということがある）、この期間の経過とともに貸付枠も自動的に消滅すると規定されるのが一般である。

　複数の金融機関の協調融資の場合は、各金融機関ごとに、貸付枠が定められる。この場合、各金融機関の責任は個別であり、連帯責任ではなく、個別責任であることも規定される。

【契約書例1.1】

> 第○条（貸付枠）
> 　各貸付人が借入人に供与する貸付枠の上限は、それぞれ次のとおりである。
> A銀行　　　　　　　　　　　金○○円
> B銀行　　　　　　　　　　　金○○円
> C銀行　　　　　　　　　　　金○○円
> 第○条（貸付約束）
> 　各貸付人は、引出可能期間中に、本契約に従い、第○条の貸付枠を上限として金銭を貸し付けることを約束し、借入人はこれを借り入れることを約束する。
> 第○条（貸付枠の減額または消滅）
> 　本件貸付が実行されるたびに、当該貸付の実行をもって貸付枠から当該貸付実行に係る金額が減額されるものとし、理由のいかんにかかわらず、減額された貸付枠は復活しないものとする。
> 第○条（各貸付人の個別責任）
> 　各貸付人の本貸付契約上の権利義務は、それぞれ独立であり、借入人の債務は、各貸付人に対して個別に負うものである。本契約に基づく貸付人の義務は、貸付人がそれぞれ借入人に対して負担する別個独立の債務であり、特定の貸付人が自己の義務を履行しないことをもって他の貸付人がこの義務を免れることはなく、また、いずれの貸付人も他の貸付人の義務につき責任を負うことはない。
> 第○条（貸付枠の自動解約）
> 　本契約の貸付枠のうち、引出期間満了時点で引出未了の金額については、全額が自動的に解約されるものとする。
> 第○条（資金使途）
> 　第○条の貸付枠に基づく貸付による資金は、本件プロジェクトコストの支払のみに使用し、その他の目的に使用してはならない。

また、同時に資金の使途も規定される。通常、プロジェクトコストの定義がなされ、貸付枠を使った貸付による資金はプロジェクトコストの支払のみに使用する旨が規定される。プロジェクトコストの内容は定義規定ないし別紙等で詳細に規定される。

(3) 貸付の実行

貸付約定の規定に続き、貸付の実行手続を定めた規定が続く。一般的には、借入人が借入実行を希望する旨を融資銀行に通知し、金融機関側で貸付実行の前提条件が満たされたことを確認して、貸付が実行される。貸付実行を希望する通知は書面で行うことが必要とされ、その通知書の様式は融資契約に添付されるのが通常である。この通知書には、貸付実行希望日、貸付希望金額などが記載され、貸付実行条件が満たされていることを証する書面や証拠書類が添付される。

貸付実行の条件を定めるのは、貸し付けた資金が確実に返済されるため、つまり貸付債権の確保のために、重要な事項を確認することにある。これには、借入人が適式に設立されているか、関係書類が権限ある者により適式に成立されているかといった手続的なものから、事業実施に必要な条件が整っているかという実態的なものまで、多様な事項が含まれる。貸付実行の条件とされる主な事項は、次のとおりである。

a 借入人の設立および権原に属する事項

借入人が適法に設立され、想定する事業を実施する権原があることを、借入人の商業登記、定款、取締役会決議等により確認する。

b プロジェクト関連契約

事業に関連する契約（借入人が提供するサービスの受け手との契約、施設の建設契約、借入人と業務受託者との業務委託契約、原材料の供給契約、保険契約など）が、貸付人が満足する内容において適正に締結されていることを、契約書の写し、関連する取締役会決議などで確認する。

c　担保関連契約

融資契約で規定されている担保権設定契約が、貸付人が満足する内容において適正に締結されていることを、契約書の写し、関連する取締役会決議などで確認する。また、担保権の設定に第三者の承諾（銀行預金口座の質権設定についての口座開設銀行の承諾や、債権質の設定に関する第三債務者の承諾など）が必要であったり、あるいは対抗要件の具備が必要なものについては、当該第三者の承諾や対抗要件の具備を、承諾書の写しや登記、通知書の写しなどで確認する。

d　対象施設に関する事項

事業の実施に必要な施設の完工を条件とする一括実行の場合は、施設が完工していることを、建築基準法による主事の検査済証、不動産登記、建設工事請負人または工事監理者の検査報告書などで確認する。なお、ここでいう施設の完工は、物理的な完工ではなく、施設運営によりキャッシュフロー／収益が得られる状態になっていることを意味する（このように、融資の実行ができる程度に施設がハード面およびソフト面で完成していることを、機械的完成との対比で、ファイナンシャル・コンプリション（Financial Completion）ということがある）。そこで、施設の運営体制が整っていることを、事業者の運営体制確認書などで確認することが必要である。また、施設がプラントである場合は、一定の性能を備えることが必要であるために、試運転の結果報告書や、技術アドバイザーによるエンジニアリング・レポートなどにより、施設の完工を確認することもある。

貸付実行が、施設完工時の一括実行ではなく、建設状況に応じて段階的に行われる場合は、施設建設の監理報告書などにより、工事の進捗状況を確認することが必要である。施設の出来高割合を超えて貸付が実行されることはない。なお、プロジェクトファイナンスにおける対象施設は、貸付金の返済原資となるキャッシュフロー／収益を生み出す道具・手段であって、施設完成後に運営することにより収益を生み出すようになるまでは、価値は実質

"ゼロ"と考えられる。したがって、建中に融資が実行される場合は、コーポレートローンのベースで貸し出して、完工を条件としてプロジェクトファイナンスに切り替えるか、またはスポンサーが完工保証[35]などを差し入れて、コーポレートローンに近い内容で貸し出されることが多い。ただし、PFIの場合は、そもそも公共施設の整備が目的であって、施設自体は公共のニーズによるものであることから、施設の建設途中で事業者が債務不履行に陥った場合でも、公共側が建設途中の出来形を検査のうえ買い取ることもおおいに想定される。このため、PFIでは、建設途中からプロジェクトファイナンスベースで貸付実行が行われることも多くみられる。

対象施設の敷地の権利についても、登記簿謄本や土地借地権設定契約の写しなどで確認することが必要である。

e 許認可の取得

借入人が、施設を運営するために行政上の許認可が必要な場合は、これを得ていることが貸付実行の条件となる。許認可がなければ施設運営はできず、キャッシュフロー／収益を得ることができないからである。なお、この許認可は、借入人自身が取得することが必要な場合もあれば、借入人から業務の委託を受けている業務受託企業が取得または備えていればよい場合もある。業務の内容によっては、包括的な第三者委託が禁止される場合があり、その場合は借入人自ら許認可を取得する必要があることに留意する必要がある。

f 借入人の財務状態

借入人の財務状態に問題がないことを、直近の借入人の財務書類により確認する。また、公認会計士や監査法人の意見書を求めることもある。

---

[35] 借入人の株主であるスポンサーが、施設の完工を保証するもの。内容は案件によりさまざまであるが、施設整備に係る増加費用の負担（追加出資などの方法による）、完工遅延により生じる借入人の損失の補てん、場合によっては融資の返済の補償を含む内容となる。

g 事業計画の内容の確認

借入人の事業計画の内容が貸付人の満足する内容であることを、事業計画書等の写しで確認する。プロジェクトファイナンスの対象事業の内容および収支見込みについては、借入人と貸付人がすでに融資条件合意時に合意しており、貸付実行時には、その内容について合意時と変更がないことを確認することが目的である。また、モニタリングの手法としてDSCR（前節4(1)・22頁参照）を用いる場合は、各対象期間のDSCRが事業計画上一定の数値を下回っていないことを確認することが必要となる。

h 期限の利益喪失事由、表明保証事項の違反がないこと

期限の利益喪失事由が貸付実行時に存在しないことは、貸付実行の必須の要件である。また、表明保証事項の内容は貸付人による融資そのものの前提であり、表明保証の違反が存することはその前提を欠くことになるため、表明保証違反のないことを確認することが必要である。期限の利益喪失事由が存しないことや、表明保証事項の違反がないことは、具体的に融資銀行が書面等で確認できないことも含まれるため、そのような表明項目については借入人の代表者の証明書をもって確認することも多い。

i プロジェクト関連口座が開設されていること

プロジェクトファイナンスにおいては、借入人の資金の流れを管理することが重要である。このため、特定の銀行口座の開設が事業運営開始の要件であり、かつ貸付実行の条件となる。

j 株式の引受による出資金が払い込まれ、劣後融資等（主としてスポンサー・サポートの一環として貸し付けられるもの）が実行されていること

出資金や、株主の劣後融資等も、金融機関からの借入れと同様、プロジェクトコストに充当されるものであり、また、それらの一般債権に順位劣後する金額の払込みは、スポンサーの事業に対するコミットメントの強さを確認する手段ともなる。この意味で、株式の払込みやスポンサーの劣後融資など

が実行されていることは、融資の前提条件であり、貸付人がこれらを確認することが必要である。

k　融資契約締結後、事業の実施に重大な悪影響を及ぼす事象が存在していないこと

融資契約の締結と貸付実行には、時間的なずれがある。たとえば完工後一括実行で、建設期間が1年とすると、融資契約締結から実行まで1年以上の期間が経過することになる。この期間に事業に重大な悪影響を及ぼす事象が発生した場合、事業計画の見直し等の必要が生じ、借入金の返済スケジュールにも影響が及ぶことがありうるので、そのような事象が発生していないことが、貸付実行の前提条件となる。たとえば、集客施設で、事業用地に環境問題が発見された、あるいは周辺住民に強い反対運動が生じているといったことは、施設運営に重大な悪影響を及ぼす事由となりやすい。このような事象は、外部からの調査ではわからないことが多く、借入人の代表者の証明書をもって確認することが多い。

l　法律意見書

上記の確認事項のうち、法律に係る事項について、弁護士の意見書を求めるのが通常である。プロジェクトファイナンスにおいては、プロジェクト関連契約や担保設定契約の内容も複雑になるため、法律意見書で、法律上問題がないということを確認することが一般的に行われている。

(4)　利息および元利金の返済

貸付実行の規定の次に、貸付金の利息および元利金の返済に関する規定が置かれる。この規定は、貸付規定と一体となって、諸成的消費貸借契約[36]の

36　プロジェクトファイナンスの融資契約は、契約締結後に実行条件が確認されて融資実行がなされるので、諸成的消費貸借契約である。諸成的消費契約は解釈上認められているが、改正法案では書面でするものについて、諸成的消費貸借契約が認められる（民法改正法案587条の二第1項）。

中心的な要素を構成する。また、元利金の返済については、当初スケジュールによる支払のほか、期限前弁済の規定も置かれる。

a 金　利

　金利については、プロジェクトファイナンスは返済期間が長期にわたるので、原則は変動金利となるが、事業主側で、プロジェクトのキャッシュフロー／収益が確実に見込め、固定利率を望む場合は、別途金融機関とスワップ契約を締結し、金利の固定化を図る必要がある。実際の金利は、"LIBOR"や "TIBOR" など、市場で利用可能な指標を使い、これにマージンをプラスしたものが金利として設定される。変動金利の場合、金利期間を定め、遅くとも金利期間の開始までには、融資契約の定める指標の値に基づき当該金

【契約書例1.2】

第○条（利息）
 １．利息の支払
　　　借入人は、本件貸付につき、本契約の規定に従って利息を支払う。
 ２．利率
　　本件貸付に適用される利率（年率）は、LIBOR／TIBORに○％を加えて算出した利率とする。貸付人は、本項により決定された利率が適用される金利期間の開始日の前日までに借入人に通知する。
　　＊LIBOR／TIBORは、たとえば、金利期間の２営業日前のLIBOR／TIBORなどと定義される。
 ３．計算および支払
　　　利息は、金利期間の初日から最終日までの実経過日数に基づき、１年を360日として計算するものとする。利息は、１日単位で発生し、各利払日に後払いされる。
 ４．金利期間
　　　金利期間については、初回の金利期間は貸付実行日から最初に到来する○月末日までとし、第２回以降の金利期間は、直前の金利期間の最終日の翌日から最初に到来する３月または９月末日までの期間とする。いずれの金利期間においても、最終日が銀行営業日でない場合は、その後最初に到来する銀行営業日を最終日とする。

利期間に適用される利率が決定され、金利は金利期間の最終日に、返済すべき元本の金額とともに後払いされる。金利期間に適用される金利および返済金額は、融資銀行で決定・算出し、借入人に通知される。

　貸付金の貸付実行が施設完工時一括ではなく、建設期間中も建設工事の進捗状況に応じて貸付実行がなされる場合は、建設期間中の金利と、施設完工後の運営期間の金利の規定が異なることが多い。特に、建設期間中の貸付実行分についてスポンサーの完工保証が付されている場合は、スポンサーの調達金利と同レベルとされることがある。

　契約書例1.2は、施設完工時の一括貸付による、最も簡単な金利規定である（便宜上、半年払いとし、金利の算出ベースを年360日ベースとした）。

b　返済スケジュール

　一般に貸付金の返済スケジュールには、期限において元本を一括弁済するものと、返済期間にわたり元本を分割して弁済する分割弁済がありうるが、プロジェクトファイナンスの場合は返済期間が長期にわたるので、通常は期限一括弁済は無理であり、分割返済が選択される。分割弁済による方法においても、具体的な返済スケジュールは、具体的な事業のキャッシュフロー／収益の予測に基づいて決定される。

　たとえば、プラント施設の整備・運営を目的とするプロジェクトファイナンスでは、施設の稼働開始直後は、稼働初期の調整やトラブル発生が想定されるため、100％の稼働が困難なことがある。このような稼働率の低下それ自体は想定されたものであれば事業運営上は特に問題ないが、100％稼働の場合よりも収入は少なくなり、また運営の内部コストは増加する。したがって、このような場合は、施設稼働から一定期間は元本返済を猶予（このような猶予期間をグレイス・ピリオド（Grace Period）ということがある）したり、元本の返済金額を低額に設定したりすることがある。

　逆に、集客施設の整備・運営を目的とするプロジェクトファイナンスで、施設のオープン当時は多数の来客が予想されるが、その後の集客は順次漸減

することが予想される場合は、施設の供用開始当初の弁済金額を高めに設定し、融資の元本残高を早期に減らして、後の金利負担を低減するようなスケジュールを定めることがある。もっとも、施設の供用開始当初の弁済金額を高めに設定した場合には、天候等の理由により当初の予想よりも集客がなかった場合、貸付実行後直ちに債務不履行に陥ることもありうる。このため、融資実行後、短期間内の弁済は次に述べる期限前弁済で対応することもある。

c 期限前弁済

期限前弁済には、任意によるものと、強制によるものとがある。任意期限前弁済は、文字どおり借入人の任意による期限前弁済で、強制期限前弁済は、一定の事由が生じた場合に期限前弁済が強制される場合である。後者の例としては、たとえばプロジェクトの施設が不可抗力により全損し、火災保険が支払われる場合である。この場合は、施設の全損により事業自体の早期終了ということになり、借入れを含めた事業全体の清算が必要となる。

その際、保険金は借入金の期限前弁済の支払に充当され（施設の火災保険の保険金請求権には貸付銀行のために質権が設定されることが通常である（前節・29頁参照））、残余が生じた場合は借入人に返還されることになる。事業運営が順調で、当初想定より収益があがった場合に、費用等を支払った剰余金を借入れの期限前弁済に充てようとすることについては、これを任意期限前弁済とするか、強制期限前弁済とするかは、事業主と融資銀行の交渉事項とな

【契約書例1.3】

> 第○条（期限前返済額の充当）
> 　第○条に従って支払われる期限前返済の金額は、各貸付人の貸付額に比例して同順位で各貸付人の元金返済に充当されるものとする。また、この場合、本件貸付の予定される元金返済のうち、返済期日の遅いものから順に充当されるものとする。

る。事業主からすれば、任意期限前弁済として、劣後ローンの返済や株式配当などの余地も残しておきたいであろうし、融資銀行側からすれば、早期に貸付金を回収して、借入残高を減らすことのインセンティブのほうが強いであろう。

　期限前弁済があった場合の、当該弁済金の借入金の充当については、貸付人が複数の金融機関の場合は、各貸付人の貸付額に比例して、同順位で各貸付人の元金返済に充当される。具体的な充当は、融資の返済完了までの期間を短縮することができるため、返済期限が遅いものから順に充当すると定めることが多い（契約書例1.3）。

d　PFIの場合

　PFIのプロジェクトファイナンスの場合は、PFIの事業契約において、施設整備の対価を含むサービス対価の算出および支払方法が、公共と特別目的会社間の事業契約で規定されているので、これに合わせた金利や元利金返済スケジュールを融資契約で規定することになる。PFIの場合、公共側で予算の平準化が望ましいことから、施設整備費は固定金利による元利均等払いの方法による算出方法が多く用いられているため、借入人としても、これに合わせて固定金利の元利均等払いで借り入れるか、あるいは変動金利の分割払いとしたうえで、スワップにより変動金利のリスクをヘッジするかの、いずれかの方法で借り入れる必要がある。

(5)　公租公課、手数料、費用、市場混乱などの諸規定

　貸付規定から元利金返済まで規定された後、公租公課、手数料および費用、市場の混乱などの諸規定が置かれる。

a　公租公課

　融資契約の作成および交付に関する印紙税およびこれに類する税は、借入人の負担とされる。

　また、法令変更や会計に関する規則の変更や、BIS基準の変更などにより

融資銀行の貸付コストが増加した場合は、当該増加コストを借入人に負担させる旨の規定を置くことがある。しかし、これについては、事業主側の事情でなく、借入人の収入が変わらないとすると、事業全体の収支計画に影響が及ぼされることから、事業主と融資銀行との間で重要な交渉事項となることがある。

海外プロジェクトの融資契約では、利息の源泉徴収の問題が発生することがあり、グロスアップの規定が置かれることが多いが、国内プロジェクトで融資銀行も国内銀行の場合は、明確にその旨を規定することは多くない。

b　手数料

融資契約の締結に関して、借入人から融資銀行に対して支払われる手数料には、次のものがある。なお、それぞれの手数料の名称は案件によって異なるが、内容は同じである。

・アレンジメントフィー：融資のアレンジメントの対価としてアレンジャー銀行に支払うもの。融資契約締結時に一定金額を支払うことが多い。アレンジャー銀行のみの手数料のため、融資契約とは別個にアレンジャー銀行と借入人とが合意することも多い。

・アップフロントフィー：融資の対価として融資銀行に支払うもの。融資金額や貸付枠の一定割合の金額とし、実行日ないし最初の貸付実行日に支払われることが多い。

・コミットメントフィー：融資の約諾に対する対価として融資銀行に支払うもの。未実行の貸付枠の一定割合の金額を経過日数に応じて算出した金額を、利払日に利息とともに支払うことが多い。

c　諸経費および費用、損害の補償

まず、融資契約、担保権設定契約などの融資関連契約の作成および締結のための費用は、借入人が負担することとされる。また、融資契約や担保権設定契約に基づく担保権の設定、第三者対抗要件の具備等の費用についても、借入人の負担とされる。

融資期間中、なんらかの原因で融資契約や担保関連契約、その他のプロジェクト関連契約について契約書類を変更し、または新たに調印する場合、それらを承諾する場合に要する合理的費用は、融資銀行の内部コストを除き、借入人の負担とすることが規定される。

　最後に、貸付にかかわる権利の実行に要した費用も借入人の負担とする旨が規定される。

　上記の費用償還に加え、借入人が融資契約上の義務を履行期に履行しなかったことにより融資銀行に損害を生じさせたときは、これを補償する旨の規定が置かれる。ただし、元利金支払債務の履行が遅延した場合の遅延損害金は、別途定められる。

d　市場混乱

　インターバンク市場の混乱、戦争、暴動、通信インフラの障害等による貸付実行の不能の場合に関する規定が置かれる。内容は一般的な融資契約と同様であり、この場合は、貸付不能状態が生じている間は融資銀行の貸付義務は免除され、借入人と融資銀行とが誠実に協議して、解決を図る旨が規定される。また、LIBORやTIBORなどの指標が利用不可能な場合の代替する金利の決定方法についても借入人と融資銀行が協議し、決定する旨も定められる。協議が調わない場合は、融資銀行が合理的に決定すると規定される。

(6)　支払および債務の証拠

　ここでは、融資銀行の貸付実行時の支払、借入人の元利金返済のための支払が規定される。また、借入人の支払については、充当順位が規定される。

a　融資銀行および借入人の支払

　融資銀行は貸付実行により支払う金額を口座管理規定に定められた口座に支払い、借入人は、利払日に元利金の返済金額を貸付人（複数の場合はエージェント銀行）の指定する口座に支払う旨が規定される。通常は、支払は、支払日の午前11時までに、同日に引出可能な状態で支払わなければならな

い。借入人の支払については、契約書例1.4のように規定される。

b 弁済充当

次に、借入人が支払った金額について、融資銀行に対して負担する債務のいずれに充当するのか、充当順位が規定される。充当の順位は、おおむね費用、遅延損害金、利息、元本の順序であり、融資銀行複数の場合、たとえば契約書例1.5のように規定される。

期限の利益が喪失されたとき以後の充当もおおむね同じであるが、借入人

【契約書例1.4】

第○条（借入人による支払）
　本契約に基づく借入人による貸付人への支払は、所定の期日の午前11時（東京時間）までに、同日中に引出可能な状態で、貸付人の指定する口座に支払わなければならない。

【契約書例1.5】

第○条（弁済充当）
　エージェントは、第○条（当然の期限喪失事由）の規定する事象の発生がなく、第○条に基づく期限の利益喪失の通知がされておらず、第○条に定める誓約不履行の治癒期間の経過する前であって、本契約に基づき借入人から受領した金額が所定の債務額に満たないときは、受領した金額を次の順位で本契約上の債務に充当する。この場合、同一順位間の充当は、各貸付人に対して支払うべき額の割合に按分比例して、各貸付人の債務に充当されるものとする。
①　融資関連契約によりエージェントによって負担されている金額
②　本契約において貸付人が負担している出費で、借入人が負担すべきもの
③　第○条に定めるエージェントおよび各貸付人の手数料および経費
④　本件貸付の遅延損害金
⑤　本件貸付に係る利息
⑥　本件貸付に係る元金

が別途金利スワップにより金利変動リスクをヘッジしている場合や貸付人が固定金利で貸し付けている場合には、貸付人側に別途ブレークファンディングコスト（融資銀行側で当該融資のために行った資金調達を解約するためのコスト、または別途運用した場合の損害）が生じるので、これらの追加的要素を含めて別途規定するか、あるいはその場合は貸付人が別途定める旨の規定を置くかのどちらかの取扱いがなされている。

c　そ　の　他

上記の支払の方法や弁済充当の順位のほか、ここでは、融資銀行の帳簿の記載が借入人の借入債務の存在および金額の証拠となること、エージェント銀行が作成した借入債務の支払額および支払利率については、エージェントが作成した証書がその証拠となることが定められる。いずれも、計算ミス、記載ミスなどがないことが条件となる。

(7)　表明および保証

融資契約の締結に関連して、借入人が一定の事実を表明し、その真実性について保証する規定である。一般的には、表明および保証は一体としてとらえられていて、その違反があったときに、厳密に表明違反なのか、保証違反なのかということは問われていないとされている。

一般的には、融資銀行が融資をすることの動機づけとなるべき事実は、種々考えられる。融資銀行は、融資を行うに際して、それらの事実を自ら確認することはもちろんであるが（いわゆるデューデリジェンス）、そのような事実について借り手による表明・保証を受けることが重要となる。

融資銀行が、融資の条件として想定していた事実が存在しなかったり、あるいは当該事実の不存在を条件とした事実が存在したりした場合には、その内容によっては動機の錯誤の問題になりうるかもしれない。しかし、具体的な事実の存在または不存在、あるいは事実の内容についての借り手の表明・保証があることにより、動機の錯誤という一般論を持ち出すことなく、表

明・保証違反を主張して、貸付約束の解約や期限の利益の喪失を主張することができる。

たとえば、集客施設の整備・運営を内容とするプロジェクトファイナンスの場合、近隣住民の環境破壊等を原因とする反対運動があると、風評などにより集客が低下し、想定していたキャッシュフロー／収益を得られない可能性がある。そこで、当該土地に集客施設を建設して運営することについて周辺住民の同意を得ている、ということを借り手が表明するのであれば、万が一、表明・保証の内容に反して反対運動が存在していた場合は、融資銀行としては、施設完成後の収入に悪影響を及ぼす表明・保証違反があったことを理由として、貸付の実行を留保することができる。このように、表明・保証は、融資銀行が融資を行ううえで、重要な役割を担うものである。

表明・保証の対象事実は、プロジェクトの内容により千差万別であるが、大別すると、借入人自身に関するものと、プロジェクトに関するものがあり、前者については、どのプロジェクトファイナンスにおいても共通に規定されるものが多く、後者についても一定の事項についてはどのプロジェクトにも共通である。以下では、どのプロジェクトにおいても共通して規定されるものを中心に検討する。

a 借入人自身に関する事項

これは、借入人自身の存立および権利能力（①および②）、融資契約、プロジェクト関連契約、担保設定契約などを締結するための内部手続の履践および効力発生（③～⑧）、借入人の財務状態等（⑨～⑫）、法令の遵守および納税（⑬）、借入人の株主構成（⑭）などが内容となる。

① 借入人が日本法により法人（通常は株式会社）として存在していること。また、プロジェクトファイナンスに係る事業を実施する法的能力と権限を有すること

② 融資契約、プロジェクト関連契約、担保権設定契約などを締結する法的能力があること

③ 　上記②の契約締結について取締役会の決議など、適正な内部手続を経ていること

④ 　上記②の契約締結について、許認可および第三者の承諾等で必要なものが得られていること

⑤ 　上記②により締結した契約が法的に有効な効力を有していること

⑥ 　融資契約により負担した債務が他の借入人の一般債務に順位劣後しないこと

⑦ 　担保権設定契約により有効な担保権が成立していて、登記、第三債務者の承諾など第三者対抗要件が具備されていること

⑧ 　担保権設定契約で規定されているもの以外の担保権を設定しておらず、また、設定する旨の契約を締結していないこと

⑨ 　借入人が提出したその財務書類は借入人の財務状態を正確に表したものであること

⑩ 　上記②で締結した契約により負担する債務以外に、一定金額以上の債務を負担していないこと

⑪ 　期限の利益喪失事由に該当する事実が発生していないこと

⑫ 　倒産等の手続申立ての原因となる事実がないこと

⑬ 　借入人が法令等を遵守し、かつ公租公課の滞納がないこと

⑭ 　借入人の株主構成および持ち株比率が融資契約に添付される別紙に記載されるとおりであること

⑮ 　借入人の財務諸表が、日本の一般に公正妥当と認められる会計基準に従い作成されており、虚偽、脱漏等がないこと

b　プロジェクトに関する事項

　次に、プロジェクトに関するものをあげる。次の①〜⑥が、借入人の事業実施に係る表明・保証で、⑦〜⑨がプロジェクト関連契約に関する表明事項である。

① 　借入人の事業計画が、合理的な前提および見積りにより、かつ正当な注

意をもって作成されており、借入人の取締役会の承認を得ていること

② 事業の実施に悪影響を及ぼす事実が、融資銀行に開示した書類に記載されたもの以外、発生していないこと

③ 事業実施に必要な許認可のうち、表明・保証時に取得可能なものについては、すべて取得されていること

④ 事業実施に悪影響を及ぼすような訴訟その他の争訟が提起されておらず、またそのおそれもないこと

⑤ 借入人が、プロジェクトファイナンスに係る事業以外の事業を行っていないこと

⑥ 借入人によるプロジェクト実施が法令に違反せず、その他借入人の定款、取締役会規則等の内部規則、許認可の条件、借入人が当事者である契約の内容に違反しないこと。

⑦ 融資契約に添付される別紙のプロジェクト関連契約リストに規定される諸契約が、借入人の事業実施に必要なすべての契約を網羅していること

⑧ プロジェクト関連契約における表明・保証がその重要な点において真実かつ正確であること

⑨ プロジェクト関連契約の定める契約解除原因およびその他の契約終了原因たる事実が発生していないこと

借入人の表明・保証に誤りがあった場合、それが重要な事項に係るものである場合は、当該表明・保証違反は、通知による期限の利益喪失事由とされるか、相当期間内に対処できない場合は期限の利益喪失事由とされるかの、いずれかとして取り扱われるのが一般である。

(8) 誓約事項

a 誓約事項の種類および内容

借入人が借入金の完済まで遵守すべき義務を誓約事項（コベナンツ）と呼ぶ。

誓約事項には、２つの大きなカテゴリーがある。１つは、借入人に「何か
をすべし」という作為義務を課すもので、「アファーマティブ・コベナン
ツ」(affirmative covenants) と呼ばれる一連のものと、もう１つは、借入人
に「何かをしてはならない」という不作為義務を課すもので、「ネガティ
ブ・コベナンツ」(negative covenants) と呼ばれる一連のものである。

　アファーマティブ・コベナンツの内容は、大きく分けると、①融資銀行に
対する書類の原本または写しの交付、一定の事項の通知・報告を内容とする
ものと、②プロジェクト遂行に必要な条件、実施体制を整え、計画どおりに
実施すること、③その他の事項、に分類される。具体的な内容はプロジェク
トの内容により異なるので、以下では、その概略について検討する。

　まず、①融資銀行に対する書類の原本または写しの交付、一定の事項の通
知・報告を内容とするコベナンツであるが、これを設ける目的は、この書類
の提出、通知・報告により、融資銀行がプロジェクトファイナンスに係る事
業の進捗状況、実施状況に関する情報を得、事業の状況についてモニタリン
グを行うことを可能にするためのものである。

　書類の原本または写しの交付については、主として次の書類が対象とされ
る。

・借入人の監査済財務諸表（キャッシュフロー表を含む）

・借入人の非監査の半期（または四半期）財務諸表

・事業報告および利益処分案

・経費支払報告書

・施設建設の進捗状況報告書

・事業計画書（事業期間を通じてのものと年間のもの。内容について事前に融
　資銀行の承諾を条件とすることもある。融資銀行の承諾を条件とする場合、
　事業計画に記載された支出は、特に融資銀行の個別の承諾を得ずに支払うこ
　ととされることが多い）

・DSCR計算書

・主要な資産の一覧表

・プロジェクト関連契約、保険契約の更新があったときにはその写し

・株主総会の議決事項および議事録

・融資契約締結後に作成された業務仕様書、業務計画書、設計図書等（ただし、設計図書は膨大になるので、ここまでの提出は求めないことも多い）

・その他、融資銀行が合理的に要求するもの

また、融資銀行に対して、次の事項の通知が義務づけられる。

・期限の利益喪失事由の発生、または発生のおそれ

・プロジェクト関連契約または担保権設定契約上の表明保証違反、または債務不履行

・プロジェクトに関する訴訟、仲裁、行政手続その他紛争の発生、またはその可能性の発生

・不可抗力またはプロジェクトに影響を与える法令の変更

・第三者への損害賠償債務の発生

・許認可または行政機関への届出事項の変更

・プロジェクト関連契約に基づく協議または合意

・施設の建設工事、工期、供用開始等のスケジュールに影響を及ぼす、またはそのおそれのある事実の発生

・借入人の商号変更、住所変更等

・その他、プロジェクト、借入人の借入金返済、プロジェクト関連契約または担保権設定契約上の義務履行に悪影響を及ぼす、またはそのおそれのある事象の発生

　次に、②プロジェクトの実行を誓約するアファーマティブ・コベナンツには、以下の内容が含まれる。プロジェクトを円滑に実施するために必要な、またはその前提となる事項の実施を約束するものである。

・借入人の単一事業目的会社としての適法な存在の維持

- 法令等の遵守
- 融資契約、プロジェクト関連契約、担保設定契約の遵守
- プロジェクト関連契約上の権利の適正な行使
- 担保設定契約に基づく担保権の設定および維持（順位の維持および第三者対抗要件の具備を含む）
- 別紙に定める保険契約の締結および維持、保険締結および更新時の保険証券等の貸付人への提示
- 施設の所有権の維持および借入人の資産の良好な維持管理
- プロジェクトの良好な運営
- プロジェクト関連契約における重要な事項について相手方と合意しまたは承諾をする場合は、事前に融資銀行の承諾を得ること
- 収入および支出の管理、口座間の資金の移動等について、口座管理規定を遵守すること
- 口座管理規定に基づく各種積立金の積立
- 借入人が支払を受ける金銭を口座管理規定に基づいて定められる口座に入金させること
- 施設について環境問題が発生したときは、その解決のため最大限努力すること
- プロジェクトの遂行または借入人の借入金の返済に悪影響を及ぼすような訴訟その他の裁判手続、仲裁、和解、行政上の手続が発生しまたはそれらの提起のおそれがあるときには、プロジェクトの遂行に支障がないよう解決すべく最大限努力すること
- 融資銀行の帳簿の閲覧その他のモニタリングに協力すること
  最後に、③その他の事項については次の事項が含まれる。
- 日本の一般に公正妥当と認められる会計基準に従った会計処理
- 帳簿および会計記録の保持
- 取締役、監査役その他重要な役職の変更について、あらかじめ融資銀行

の承諾を得ること

・会計監査人の選任および変更について事前に融資銀行の承諾を得ること

・公租公課の期限までの支払

・融資契約上の債権が、借入人が債務者である一般債権と同順位であることを維持すること

・将来借入人が取得する資産に、融資銀行のために担保権を設定すること

他方、ネガティブ・コベナンツにおいては、融資銀行の事前の承諾を得ない限り、次の事項を行ってはならない旨が規定される。禁止事項であり、プロジェクトの円滑な実施と相反する行為の禁止、アファーマティブ・コベナンツの効果を実質的に失わせる行為の禁止などが含まれる。

・プロジェクトの変更または放棄

・プロジェクト以外の事業を行うこと

・定款、取締役会規則、その他の借入人の内部規則の変更

・プロジェクト関連契約上の権利の放棄、またはプロジェクト関連契約の破棄

・プロジェクト関連契約の相手方に対し、同契約の変更、譲渡、同契約上の権利の譲渡等に承諾を与えること

・事業計画で認められた以外の融資を受けること

・融資銀行の承諾した事業計画にない支出を行うこと。ただし、一定金額以下の小口の支払を除く例外が認められることが多い。

・口座管理規定で規定された銀行口座以外の銀行口座を開設すること

・新株を発行しないこと、または減資すること

・合併、会社分割、重要な資産の譲渡、各種倒産手続の申立てをすること、または開催の決議をすること

・子会社を設立すること

また、特に、財務制限条項として、以下の事項が禁止される。

① 事業計画にあるものを除き、一定金額以上の借入人が所有する資産の譲渡、担保権の設定等の処分をしないこと

② 融資契約の別紙に記載された株主構成および持ち株割合を変更すること

③ 一定金額を超える債務を負担すること

④ デット・エクイティ比率を一定割合にすること

⑤ スポンサーの劣後融資の元利金の返済、株式配当を行わないこと（ただし、各種積立金が積み立てられ、DSCRが一定値以上で、デット・エクイティ比率が一定割合以下に維持されている場合は、この限りではないとの留保が付くことも多い）

ネガティブ・コベナンツのうち、一定金額一定割合などで示した数値は、案件ごとに事業主と融資銀行が交渉して決定される。スポンサーの劣後融資の元利金支払や株式の配当については、事業期間中はまったく認めないもの、劣後融資の元利金返済のみ認めるもの、さらには、ここに記載されているように、一定の経済的条件が満たされる場合は支払を認めるものがある。融資銀行としては、事業運営が好調で、予定した収益以上の収益が得られた場合、余剰の金額は貸付の元利金弁済に回すことを望むであろうし、一方、事業主側は、自己の出資分（株式趣旨、劣後融資、匿名組合契約による出資など）の回収に充てたいところであろう。この点は、しばしば、事業主と融資銀行の交渉ポイントとなる。

なお、上記のうち、口座管理については、プロジェクトファイナンスにおける資金の管理方法として重要なので、以下でその内容を検討する。

b 口座管理

プロジェクトファイナンスの融資契約においては、銀行口座の開設と、管理の規定が置かれる。必要な銀行口座の開設が融資実行の条件とされることは前述したところであり（2(3)i・51頁参照）、ここでは、どのような口座が開設され、どのようにして口座にある現金を管理するかを検討したい。

ところで、どうしてこのような銀行口座の管理に関する規定が必要なのであろうか。実は、このことも、プロジェクトファイナンスが、事業から生み出されるキャッシュフローをあてにする融資であることに深く関係している。すでに検討したように、プロジェクトファイナンスにおいては、融資対象となっている事業から生み出されるキャッシュフロー／収益のみが、事業運営のための費用支払の原資であり、融資の返済原資である。したがって、事業から生み出されるキャッシュフロー／収益が、適正に事業運営の費用や融資の返済に充てられることが必要となる。これを確保するため、通常はエージェント銀行に借入人の口座を開設し[37]、この口座を通してのみ入出金が行われるような仕組みを融資契約で規定する。このような口座管理規定により、事業運営の費用の支払や融資元利金の返済が確実に担保され、あわせて、口座の残高状況などをモニタリングすることにより、借入人の財務状況や、事業に無関係な支払が行われていないことをチェックすることが可能となる。

もう1つ、口座管理規定で重要なのが、支払の順序である。借入人の事業運営による収入は、事業の内容によっては変動することがありうるし、想定外の事故や不可抗力事由の発生により施設運営に支障がきたされ、想定した収入が得られない場合もありうる。このような場合、借入人の事業運営により得られるキャッシュフロー／収益は、事業運営に必要な費用のすべてを賄うに足りない場合もあり、このような場合のため、あらかじめ、借入人が事業運営で得られたキャッシュフロー／収益をどの費用の支払に充てるか、費用等を分類したうえで、その順位を設けることが通常である。そして、この支払順位による支払を管理する手段として、支出項目ごとに銀行口座を複数

---

[37] 貸付人が銀行の場合は、本文で述べたとおり、貸付人たる金融機関（シンジケートローンの場合はエージェント銀行）に口座を開設する。しかし、貸付人が金融機関でない場合（たとえば、最近のPFI案件で、ノンバンクが資金をプロジェクトファイナンスベースで貸し付けることは珍しくない）は、口座開設銀行を別途定め、当該銀行および借入人との間で、必要に応じ口座管理のための取決めをすることが必要となる。

設けて、資金の移動を管理するという手法が用いられる。

　支払の順位については、多くの場合、融資契約のタームシートで交渉され、タームシートで合意された内容が、融資契約の口座管理規定で具体化されることになる。タームシートの段階では、たとえば支払の順位が高ければ高いほど、その費用の支払の確実性が増すので、事業実施のための必要度が高い費用から順に支払順位が定められる。一例をあげると、公租公課が払われないと、当局による滞納処分を受け、事業が実施できなくなるので、公租公課の支払は最上位に置かれる、などである。ただし、これは通常時の支払順序であって、期限の利益が喪失された場合や、期限の利益喪失事由が発生している場合などは、融資銀行に対する支払が最上位になるなど、別途規定される。

　〔通常時の資金充当順序の例〕

① 　公租公課

② 　営業費用（オペレーション・コスト）

③ 　借入金の元利金返済、スワップ契約による支払、およびその他融資契約に関する支払

④ 　返済充当積立金（元利金返済リザーブ）

⑤ 　修繕積立金[38]

⑥ 　スポンサー劣後融資の元利金の返済および株式配当

　次に、上記のような費用の支払を実現するために、必要な銀行口座を開設することになる。どのような口座を開設するかについては、案件の内容や、融資銀行のモニタリングの考え方などにより異なる。最も簡易なやり方としては、借入人の事業から得る収入を入金する口座、上記の費用項目に応じた事業実施の費用のための支払のための口座、各種積立金（25頁参照）を設ける場合はそのための口座を開設することが考えられるが、実際は、もう少し

---

[38] 　ここでは、公租公課積立金と修繕積立金を積み立てるケースを前提とした。このほか、違約金積立金などを設定する場合（25頁参照）、その積立もここに規定される。

支払費目を細分化したうえで、対応する口座を開設している。なお、このような口座は借入人名義で開設されるのが通常であるが、融資銀行のために質権が設定される（前節5(1)・29頁参照）ため、融資銀行の同意がなければ、これらの口座から出金できないのが原則である。

　次は、上記の支払順位に対応した、一般的にみられる開設口座の例である。口座名と、各口座の役割を記載した。口座名は、特に決まりがあるわけではなく、筆者が経験した案件の1つに依っている。

① 代表受取口座……借入人の収入を入金するための口座。借入人は、事業から生じるすべての収入（後述する保険金を除く）をこの口座に入金するよう支払者に指示することが誓約事項となる（66頁参照）。

② 納税充当積立口座……公租公課の支払に必要な資金を積み立てる口座

③ 営業費用口座……事業運営のために発生する費用（委託企業への委託料、電気代等のユーティリティの費用、資機材の調達費用などを含む）を支払うための口座

④ 修繕費等積立口座……施設の修繕や、備品等の更新費を積み立てるための口座。施設の修繕や備品等の更新は、事業開始当時の事業計画であらかじめ想定されており、その円滑な実施に必要な資金を積み立てるための口座である。

⑤ 返済充当口座……融資銀行からの融資の元利金、金利固定化のためのスワップ契約の支払などを行うための口座

⑥ 返済充当金積立口座……資金不足の場合に、融資の元利金や金利固定化のためのスワップ契約上の支払に充てる準備金（前節4(4)・25頁参照）を積み立てるための口座。実際にいくら積み立てるかは、融資銀行と事業主の交渉事項である。筆者の経験では、先1～2回分の返済に足る金額を積み立てる例が多い。

⑦ リリース口座……スポンサーの劣後融資の支払や株式配当を行うための口座。通常、劣後融資や株式配当は、返済充当口座に規定の金額が積み立

てられ、DSCR値が一定以上あることや、デット・エクイティ比率（前節4(4)a・27頁参照）が一定以上あることなどの条件が付される（これらの条件は、融資銀行と事業主の重要な交渉事項である）。このため、次のリリース準備口座に資金があったとしても、当然にそれが配当されることにはならず、劣後融資や株式配当のための条件が満たされたことが確認されたうえで、リリース準備口座からこのリリース口座に資金を移動し、劣後融資の返済や株式配当を行う、という手順をとることが通常である。

⑧　リリース準備口座……上記②～⑥の口座への資金の移動が行われた後、余剰金が代表受取口座に残っている場合は、この口座に資金を移動する。リリース準備口座からリリース口座への資金の移動は、リリース口座のところで述べたとおりである。

⑨　保険金口座……借入人が加入する保険の保険金を受け取るための口座である。保険金が支払われる場合は、保険の内容により、その保険金の使途がおのずと決まってくるので（たとえば、施設の火災保険の保険金は、火災等により施設が損壊した場合の補修費用に充当されるなど）、保険金は借入人の収入であるが別個に管理し、保険金の受取りおよび受領した保険金の使用は、一般の借入人の収入とは独立した管理とする趣旨である。

上記のような口座を開設したうえで、代表受取口座で受け取られた借入人の収入を、口座管理規定に従い、各口座に配分していくことになる。上記のような銀行口座が開設され、代表受取口座から各口座への資金の配分および融資の返済を３カ月ごととした場合、３カ月ごとに、次の順序による資金の配分が行われる。

①　納税充当積立口座に、むこう１年間の公租公課の支払予定総額の４分の１を振り替える。

②　営業費用口座に、むこう１年間に合理的に必要と予測される営業費用の４分の１を振り替える。

③　修繕費等積立口座に、融資銀行と事業主が合意した事業計画に基づき想

定された各期の積立金相当額を振り替える。

④　返済充当口座に、次回返済日に支払うべき、融資の元利金の返済、スワップ契約上の支払、その他融資銀行に対する支払の総額を振り替える。

⑤　返済充当積立口座に、むこう2回分の融資元利金およびスワップ契約上の支払予定額に達するまで、資金を振り替える。

⑥　剰余金がある場合、リリース準備口座に資金を振り替える。

⑦　劣後融資、株式配当が可能となる条件が満たされた場合、リリース準備口座からリリース口座に必要な資金を振り替える。

　このような口座間の資金移動により、必要な資金が各口座に移動される。そして、各口座への資金移動が完了すると、各口座から、その目的に応じた費用が実際に支払われることになる。

　なお、上記の口座間の資金移動において、代表受取口座にある資金では、支払うべき費用を賄えない場合も生じうる。この場合の扱いも口座管理規定において詳細に取り決められている。リリース準備口座に資金がある場合にはまずそれを使い、それでも足らない場合は、融資の元利金返済については、返済充当積立口座にある積立金を取り崩す、などのことが取り決められるが、スポンサーのキャッシュ・デフィシエンシィ・サポート（前節4(4) b・28頁参照）と返済充当積立金の取崩しの順序、取り崩した場合の再積立の条件など、融資銀行と事業主との交渉事項は、この口座管理規定に関して少なくないのが常である。

(9)　保険契約

　プロジェクトファイナンスにおける保険は、プロジェクトに関連して発生するリスクをカバーするものとして、重要である。どのような保険のパッケージをつけるかは、案件により異なるが、保険金が支払われる場合は、当然ながら保険事故が発生しており、保険事故の発生によりプロジェクトが少

【契約書例1.6】

> 第○条（保険加入）
> 　借入人は、別紙○に示された保険を、同別紙に記載の保険期間中、自己の
> 費用をもって付保し、かつ維持しなければならない。（保険の詳細は、融資契
> 約の別紙において規定される。）

【契約書例1.7】

> 第○条（質権設定および保険金受取人）
> 1．本件保険に基づく保険金は、口座管理規定に基づき、保険金受取口座に
> 　入金されるものとする。
> 2．前項にかかわらず、期限の利益喪失事由または潜在的期限の利益喪失事
> 　由が発生した場合で、貸付人がそのいずれかを借入人に対して通知した場
> 　合は、本件保険に基づく保険金は貸付人が受領することができる。
> 第○条（保険金口座からの引出）
> 　保険金受取口座からの引出または前条に従い貸付人が受領した保険金の使
> 途は、次のとおりとする。
> ①　期限の利益喪失事由または潜在的期限の利益喪失事由の発生がないと貸
> 　付人が認めるときは、借入人は次条の規定に従って、保険金を使用するこ
> 　とができる。
> ②　前号以外の場合、借入人は貸付人の選択に従い、次条の規定に従い保険
> 　金を使用し、またはすでに期限の到来している本件貸付に係る元利金およ
> 　び遅延損害金、その他本契約上支払われるべき金額に充当するものとする。
> ③　本件保険のうち、○保険、○保険（第三者に対する法律上の損害賠償を
> 　カバーする保険を規定する）については、前2号の適用はないものとし、
> 　次条に従って保険金を使用するものとする。貸付人は、本号に従った保険
> 　金の使用に基づく支払を妨げない。
> 第○条（保険金の使途）
> 　借入人は、次のとおり、保険の内容に応じて保険金を使用するものとする。
> ①　建設工事保険に基づき支払われた保険金は、本件施設の建設工事に関し
> 　て生じた損害の塡補等に用いる。
> ②　本件施設の火災保険に基づき支払われた保険金は、本件施設に関して生
> 　じた損害の塡補、既存部分の補修等の費用の支払に用いる。
> ③　請負業者賠償責任保険は、保険の対象たる当該請求に対する支払に用いる。
> （以下、その他の保険の使途を規定する）

なからず影響を受けていることが想定されること、また、保険の内容により保険金の使途はおのずと決まってくることから、その受取りおよび使途について特に規定する必要がある。このため、融資契約でも、特に保険の規定が設けられている。

　まず、プロジェクトファイナンスに係る事業について、借入人または業務受託企業がどのような保険に、いずれの期間において加入するのか、特定する。契約書例1.6は、借入人が保険契約者となる文例である。

　また、保険金請求権について、融資銀行のために担保権が設定される旨が規定され[39]、保険金の受取人が借入人または担保権者たる融資銀行となることが規定される。保険金の受取りは、原則は借入人だが、期限の利益喪失事由または潜在的期限の利益喪失事由[40]が発生している場合は、貸付人が保険金を受け取ることとなる。前述したとおり、保険事故の発生は期限の利益喪失事由や潜在的期限の利益喪失事由に該当する場合も、少なからずありうると考えられる（契約書例1.7）。

⑽　期限の利益喪失事由

a　期限の利益喪失事由とは

　期限の利益とは、債務の履行の期限が一定の期間経過後とされる場合に、履行までに期間があることにより当事者が受ける利益のことをいう。ほとんどのプロジェクトファイナンスで採用されている融資の分割払いについていえば、たとえば最終回の元金の支払は、最後の支払日まで猶予されている。つまり、借り手は最終の元金の支払までに期限を有するわけで、期限の利益があることになる。期限の利益喪失事由とは、このような期限の利益を喪失

---

[39]　ただし、保険法22条3項により、責任保険の保険金請求権は、譲渡や質権設定が禁じられている。

[40]　潜在的期限の利益喪失事由とは、一定の事象の発生後、借入人への通知と一定の期間の経過、もしくはそのいずれかにより期限の利益が喪失される場合の、当該事象をいう。

させる原因となる事由をいう。

　期限の利益喪失事由が発生した場合の取扱いとしては、当該事由の発生により直ちに期限利益が喪失される場合と、当該事由の発生後、融資銀行の通知によりはじめて利益が喪失される場合がある。前者の場合を、「当然の期限の利益喪失事由」、後者を「請求による期限の利益喪失事由」と呼んでいる。

　請求による期限の利益喪失事由は、それに該当する事実が発生した場合でも、融資銀行が通知を行って期限の利益を喪失させるか、あるいは、通知をしないでこのまま融資を続行させるか、融資銀行の選択に任されているものといえる。ある事由が当然の期限の利益喪失事由とされるか、あるいは請求による期限の利益喪失事由かは、当該事由の内容および性質による。たとえば、借入人が裁判所から破産手続開始の決定を受けた場合、融資銀行としても選択の余地はなく、当然の期限の利益喪失事由とされる。これに反し、たとえば融資契約上の義務を借入人が履行しないことは、履行しない義務が融資の元利金の支払債務の場合を除き、常に当然の期限の利益喪失事由とされるとは限らず、借入人による不履行の治癒を待つことも多い。

　どのような事象が期限の利益喪失事由とされるかについては、プロジェクトの内容により異なる。しかし、基本的な考え方としては、借入人に信用の供与を提供し続けることができなくなったことを示す事実、あるいはそれが近い将来できなくなることを徴表する事実が、期限の利益喪失事由として規定されていると考えてよい。

　たとえば、誓約事項を遵守しない借入人は、将来において借入金返済の約束も履行しないだろうと推測されることから、誓約事項の不遵守は、期限の利益喪失事由とされるものである。また、借入金の返済原資をプロジェクトからのキャッシュフロー／収益に求めるプロジェクトファイナンスの特徴として、プロジェクトによるキャッシュフロー／収益が一定レベルを超えて低下していることは、将来の借入金返済のための資金不足につながるため、信

用の供与を継続することはできず、期限の利益喪失事由とされることになる。

　期限の利益喪失の具体的な効果としては、借入金の全部について期限の利益が喪失され、その未払い元本の全額を直ちに支払わなければならないことになる。また、多くの場合、期限の利益喪失により、融資銀行のために設定された担保権の実行が可能になるように規定されている。このほか、未使用の融資枠についても、期限の利益喪失により、当然に取り消されることとなる。このことは、期限の利益が喪失されると、借入人としては、借入金の元本残高の支払を請求され、あるいは担保権が実行され、事業の実施がほぼ不可能な状況に陥ることを意味する。このため、借入人としては、当然ながら、期限の利益喪失事由の発生を抑制するほうにインセンティブが働く。常に融資契約の不遵守は期限の利益喪失事由と規定されているが、これにより、借入人の融資契約遵守を規律しているわけである。

　このように、期限の利益喪失事由は、債権管理上からも、重要な規定であるといえる。もっとも、プロジェクトファイナンスが、プロジェクトから生じるキャッシュフロー／収益に依存する貸付であることの半面として、借入人は、事業期間の中途で借入金の残存元本全額の返済を請求されたとしても、これを返済する返済原資がなく、状況によっては、期限の利益喪失は借入人にとって融資契約遵守の動機づけにはならないおそれもある。

　また、融資銀行も、期限の利益を喪失させて、担保権が実行できるようになったといっても、運営の伴わない施設自体の売却等により得られる金額では貸付の残存元本の全額を回収するに足りないことも多いと思われる。したがって、融資銀行としては、期限の利益を喪失させたとしても、その後担保権を実行して借入人の財産を処分換価し、得られた金額を融資の返済に充てて清算するよりも、事業の継続を図るべく、借入人やスポンサーと融資のリスケジュールを交渉したり、事業に介入して、後継のスポンサーや事業実施企業を探したりするほうを選ぶことが多い。その場合でも、リスク分担に基

づき、期限の利益喪失の原因たる事象の発生のリスクを負担する関係当事者の責任を追及するなど、容易には片づかない作業を並行して進めなければならない。このような意味で、プロジェクトファイナンスでは、期限の利益喪失は、融資の終わりではなく、むしろ困難な交渉の始まりだということに留意する必要がある。

具体的な期限の利益喪失事由は案件により千差万別であるが、プロジェクトファイナンスで比較的頻繁に規定される期限の利益喪失事由は、次のとおりである。

〔イ〕 当然の期限の利益喪失事由

その発生により、当然に借入れの期限の利益が喪失されると規定される事由としては、次のものがある。

① 借入人の倒産、倒産手続の申立て、支払停止、手形または小切手等の不渡等

② 事業の放棄

③ 施設の公用収用

④ 事業実施に必要な許認可等の失効

⑤ 公共との事業契約の解除（PFIの場合）

①は借入人の信用破綻の場合である。②は借入人に事業継続の意思がみられないことが明らかな場合であり、③および④は事業者の事業継続に必要な施設または許認可が失われ、事業継続が不可能な場合である。⑤は、PFIの場合に特有であるが、公共との事業契約の解除により、それ以後の事業継続はできなくなるので、当然の期限の利益喪失事由とされる。

〔ロ〕 請求による期限の利益喪失事由

請求による期限の利益喪失事由については、細別すると、単に貸付人の請求のみにより期限の利益が失われるものと、一定期間の治癒期間を経て、当該事由が治癒されない場合に期限の利益が喪失されるものがありうる。

まず、治癒期間を置かないものとしては、次のものがある。

① 借入人の資産への差押え、仮差押え、その他の強制執行および競売の申立て

② 借入人への滞納処分を受けたこと

③ 借入の元利金の支払が期限までにないこと

④ 施設の完工や供用開始の一定期間以上の遅延

⑤ 担保権に第三者対抗要件が取得できないなどの瑕疵が生じ、または担保関連契約が失効したこと

⑥ 借入人のプロジェクト関連契約の債務不履行

⑦ 融資契約で規定された資金使途に違反した支払がなされたこと

　上記①〜⑦は、いずれも、その事由が事業の継続に与える影響が重大であり、当該事由の発生によって期限の利益を喪失させるに相当な事由であるが、場合によってはその影響が重大ではなかったり、あるいは借入人に治癒の機会を与えることが相当な場合もあったりすることから、事由の発生により当然に期限の利益が喪失することとはせず、当該事由の発生後、借入人が通知をした時にはじめて期限の利益が失われるとしたものである。

　請求による期限の利益喪失事由のうち治癒期間の経過を要件とするものは、たとえば次のような事由がある。30日程度の治癒期間が設定されることが多い。

① 融資契約上の誓約事項の不遵守

② 借入人の表明・保証のうち虚偽または誤解を生じさせるものがあることが判明したこと

③ プロジェクト関連契約上の債務不履行（借入人の債務不履行を除く）

④ 担保関連契約上の債務不履行（借入人の債務不履行を除く）

⑤ 借入人の株主の倒産等

⑥ 施設の重大な毀損

⑦ プロジェクト関連契約、担保関連契約の、貸付人の事前の承諾を得ないで行われる変更

⑧　貸付人の事前の承諾を得ないで行われる借入人の株主または株式保有割合の変更

⑨　実績ベースのDSCRが一定値を下回ったとき

⑩　その他、借入人の借入金返済に重大な影響を及ぼす事由の発生

これらの事由はいずれも治癒可能という認識のもと、治癒期間の経過を期限の利益喪失の要件とするものである。ただし、治癒期間を設けるか否かは案件の内容や、融資銀行の考え方にもよる。たとえば、一般的には、借入人の株主の倒産に関しては、株主は同時に借入人から業務を受託することが多いため、治癒期間の経過を要件とし、代替のスポンサーや業務受託会社を用意する期間として治癒期間を設定している。これに対して当該プロジェクトにおいて重要な役割を担うスポンサーや、追加の劣後融資提供義務、キャッシュ・デフィシエンシィ・サポート（CDS、前節4(4)・28頁参照）などの義務を負うスポンサーについては、代替のスポンサーを用意することが困難と認められるため、治癒期間を設けないで、単に請求による期限の利益喪失事由とされることもある。

⑨のDSCRについては、前節4(1)にその概略を前述した。DSCR値の低下は、ここでは治癒期間が適用される期限の利益喪失事由としており、治癒期

【契約書例1.8】

第○条（救済措置）
　当然の期限の利益喪失事由が発生した場合、または請求による期限の利益喪失事由が発生し、エージェントが貸付人の意思決定に従い借入人に対し本契約上の債務のいっさいについて期限の利益を喪失させたときには、貸付人は次の措置をとることができるものとする。
①　貸付枠の未実行の分の解約または停止
②　担保関連契約に基づく担保権の実行
③　借入人に対する通知をもって、貸付人が有する借入人名義の口座の払戻し義務および貸付人が借入人に負うその他の債務と、貸付人が有する本契約上の債権とを相殺すること

間内に借入人から収益の回復や費用の低減等の改善計画が提出され、融資銀行がこれに納得すれば期限の利益喪失とはしないという前提に立つ。しかし、DSCRの基準値を低めに設定している場合などは、回復困難ということを前提に、治癒期間を設けない請求による期限の利益喪失事由とする場合もある。

b 期限の利益喪失の効果

前述したとおり、期限の利益喪失の効果として、借入金の未払い元本の全額の支払、担保権の実行、未使用の融資枠の取消が定められ、契約書例1.8のような規定が設けられる。

また、期限の利益喪失後の充当順位を定めていない場合は、貸付人が期限の利益喪失前の充当順位を変更できる旨が規定される。

(11) 遅延損害金

期限の利益喪失事由に引き続き、遅延損害金が規定される。遅延損害金は、借入人が融資契約上負担する金銭債務の支払の遅延に対する遅延損害金で、その他に融資銀行に損害が生じているときは、上記本節2(5)c・57頁「諸経費および費用、損害の補償」で述べた損害の補償の規定により、補償を受けることになる。

遅延損害金を定めるための遅延利率は、銀行取引約定ベースの14.5%ではなく、適用利率や融資銀行のファンディングコストにプラス1～2％といった利率になることが多い。PFIの場合、公共と選定事業者間で結ばれた事業契約上の遅延損害金の利率が、国の債権の管理等に関する法律に基づいた利率とされている関係で、これより高い遅延利率を融資契約で規定した場合は、その差額を公共の支払遅延を借入人のリザーブや余剰現金で賄うことになる。しかしそれらが尽きた場合は、結局は当該差額は国のリスクをスポンサーが負担することになってしまうことから、常に、この点は事業主と融資

銀行の交渉のポイントとなっている。

⑿ 貸付人およびエージェント

　ここでは、エージェントの指名、融資銀行とエージェントの関係、エージェントの権限および役割等が規定される。基本的な考え方は、一般的なシンジケートローンにおけるエージェント（第2章第3節・117頁参照）と同じであるが、プロジェクトファイナンスであるため、いくつかの事項が追加されることになる。また、海外の大型案件では、全体のエージェントのほかに、担保の管理および実行に関するセキュリティ・エージェント、キャッシュフローの管理やモニタリングに関するキャッシュフロー・エージェントなど、各事項についてのエージェントが置かれることがある。

　融資契約では、まず、エージェント指名の規定が置かれる（契約書例1.9）。

　次に、融資契約とは別に、優先債権者間契約が締結される。優先債権者間契約とは、シンジケートローンの場合に、複数の融資銀行間で締結される合意書で、意思決定の方法や権利行使の方法などを定めたものである。

　優先債権者間契約でシンジケートの参加行がエージェントに委任する事項は、おおむね、次のとおりである。当該委任事項の実施に必要な範囲で、各貸付人から代理権が授与される。なお、次の④は、特にPFIで特徴的な直接

【契約書例1.9】

> 第○条（エージェントの指名）
> 　各貸付人は、○○銀行をエージェントとして指名し、次の各号に定める事項を委任し、それに必要な代理権を与えるものとする。エージェントの交代は、優先債権者間契約で定めるところによる。
> 　（以下、委任事項のリストについては省略）

協定[41]22に関するものである。

① 融資契約上、エージェントが行うものとされている事項

② 融資契約上貸付人が行うもので、優先債権者間契約上、貸付人の意思に従いエージェントが貸付人を代理して行うもの

③ 担保関連契約上貸付人が行うもので、優先債権者間契約上、貸付人の意思に従いエージェントが貸付人を代理して行うもの

④ 直接協定上貸付人が行うもので、優先債権者間契約上、貸付人の意思に従いエージェントが貸付人を代理して行うもの

エージェントが実施する主要な業務については、たとえば次のとおり規定されている。

① 貸付実行の事務の取りまとめ

② 貸付に関してエージェントが受領した金額の各貸付人に対する割当額の計算

③ 貸付人に対する通知

④ プロジェクト口座の管理

⑤ 担保関連契約による担保権の管理および実行

⑥ 施設の運転保守、環境、技術等に係る情報の取りまとめ、および施設完工の認定に係る業務

⑦ その他の借入人、スポンサー等との協議の取りまとめ

また、エージェントは、他の貸付人等の融資契約、担保関連契約等の不履

---

41 PFIでは、発注者である公共と特別目的会社間で、まず事業実施のための事業契約が締結され、この事業契約に基づいて融資が行われる。完全な独立採算型の場合を除き、当該融資の返済原資は事業契約上の公共の支払によることになるので、事業契約の解除の場面で融資銀行にステップ・イン・ライト（31頁参照）行使の機会が認められ、事業継続が図られるよう、融資銀行と公共で協定を締結することがある。これが直接協定と呼ばれるもので、PFIではこの種の協定書が締結されることが一般化している。直接協定の内容およびPFIにおけるファイナンスの考え方については、西村ときわ法律事務所編『ファイナンス法大全　アップデート』（商事法務、2006年）632頁以下の筆者（野本）執筆部分を参照されたい。

行についていっさい責任を負わず、また、借入人に対してなんらの責任を負わないことが注意的に規定される。

⒀ 譲　　渡

　ここでは、融資銀行側の融資の譲渡について規定される。借入人側の債務の譲渡はできない。

　融資銀行側の譲渡は、原則として自由である。譲渡先も制限されないし、借入人の承諾を要しないとされるのが通常である。ただし、PFIのプロジェクトファイナンスにあっては、公共と選定当事者間の事業契約上のサービス対価請求権について融資銀行のために担保権が設定され、また、公共と融資銀行との間で直接契約を締結することがありうる。このため、公共側の希望により、譲渡先が適格機関投資家や、（公共が地方自治体の場合には）当該自治体の地方債の引受資格を有する金融機関に限定されることがある。また、PFIではない、通常の民間のプロジェクトファイナンスでも、譲渡はエージェントの承諾事項とされることもある。

　融資の譲渡の手続は、譲渡証書のひな型を融資契約に添付し、譲渡する金融機関がこの譲渡証書を作成し、押印したうえでエージェントに提出することで完了すると規定されることが多い。ただし、融資の譲渡はこれで完了するにしても、担保関連契約については、法律上随伴性が認められる典型担保については被担保債権である融資の譲渡により当然に譲受人に移転するが、随伴性の認められない譲渡担保や根抵当権などについては、別途、これらを譲受人に移転するための関係当事者の合意書や承諾書等の作成が必要であることに留意する必要がある。

　また、融資銀行側の合併、営業譲渡、会社分割などによる融資の移転については、当然に効力が生じる旨の規定が、別途設けられる。

⑴ 通知、準拠法、裁判管轄等の雑則

融資契約の最後に、通知、準拠法、裁判管轄等の一般的な事項が規定される。

a 通　　知

通知に関しては、関係当事者の連絡先が契約書に記載される。もっとも、長期間にわたり連絡先が同一とは限らないため、他の関係当事者への通知により、連絡先の変更ができるものとされる。また、通知の手段として、内容証明郵便のほか、書留郵便、配達記録郵便、デリバリー・サービス、ファクシミリによるものも認められる。また、電子メールによる通信も、事後のファクシミリ等での確認を条件として、有効な通知と認める場合もある。

b 準　拠　法

国内プロジェクトファイナンスについては、準拠法は日本法が選択される（契約書例1.10）。

c 裁判管轄

裁判管轄は、一般的に、融資銀行の本店所在地か、あるいは事業実施の場所を管轄する裁判所が選択される傾向がある。合意管轄には、専属的なものと追加的なものがあるが、ほとんどの場合、専属的裁判管轄が選択されている（契約書例1.11）。

【契約書例1.10】

> 第○条（準拠法）
> 　本契約、および本契約に基づく全当事者の権利および義務は、日本法に準拠し、これに従って解釈される。

【契約書例1.11】

> 第○条（裁判管轄）
> 　本契約の当事者は、本契約に起因または関連する訴訟について、○○地方裁判所の専属的裁判管轄に服することに同意する。

第 2 章

シンジケートローン

シンジケートローンにおいては、複数の金融機関が貸付人となることから、単独の金融機関が貸付を行う場合に比べて、さまざまな法律問題が生じる。本章では、シンジケートローンの組成、契約締結、融資の実行、融資の管理、契約の具体的内容などについて述べることとする。

なお、目下、民法の債権法を中心とする部分の法改正が行われており、「民法（債権関係）の改正に関する要綱」（以下、「民法改正要綱」という）が平成27年2月に法制審議会において採択され、同年3月に民法の一部を改正する法律案（以下、この改正法案による改正後の民法の規定を「民法改正法案●条●項」というように引用する）が国会に提出された。以下では、（ご参考までに）随所において、シンジケートローンに関係すると思われる民法改正要綱および民法改正法案の内容にも言及することとする。

総　説

1　シンジケートローンとは何か

(1)　シンジケートローン取引

　シンジケートローンとは、複数の金融機関が協調して単一の金銭消費貸借契約書に基づき借入人企業に対して行う融資をいう。シンジケートローンにおいては、単一の契約書が締結されるため貸付条件は共通となるが、金銭消費貸借に係る契約関係は借入人と各貸付人との間で別個に存在し、各貸付人は借入人に対して独立した債権を有するのが基本である。また、「貸付人—借入人」のほかに、「貸付人相互間」「貸付人—エージェント」「エージェント—借入人」といった法律関係が存在する。

　シンジケートローンに貸付人として参加することを想定されている者は、基本的には銀行その他の金融機関、貸金業者であり、プロの投資家である。社債が一般投資家に対しても販売されうるのとは異なる。シンジケートローンは（学校法人を借入人とするもので銀行等以外の者が貸付人となるものまたは銀行等以外の者に貸付債権が譲渡されうるものを除いて）金融商品取引法上の「（みなし）有価証券」ではない。

　シンジケートローンは、もともと欧米で盛んに用いられている融資手法であり、今日ではわが国においても定着している。全国銀行協会公表の資料によれば、平成27年3月末の国内でのシンジケートローンの残高は66兆円を超えている。また、平成20年に施行された電子記録債権法に基づく電子記録債権を利用したシンジケートローンも実施されている。

　わが国の従来型の融資においては、金融機関が単独で、取引関係の深い借

入人に対して融資を行うという手法が主流を占めていた。従来は、借入人が取引関係のある複数の金融機関から借入れを行う場合にも、各金融機関との間で別々に金銭消費貸借契約を締結することが一般的であった。ただ、融資金額が巨大な数字にのぼる場合には、取引関係のある金融機関のみで借入人の資金需要を満たすことが困難なこともありうる。シンジケートローンを用いることにより、複数の金融機関に単一の借入人に対する信用リスクを分散させることが可能となる。

また、シンジケートローンの場合には、後述のとおり従前から借入人と取引のある金融機関がエージェントとして参加金融機関の取りまとめ役となり、対借入人の窓口となるのが通常であるので、借入人は参加金融機関の全員と直接やりとりをする必要はなく、なじみのない金融機関がシンジケート団（貸付人団）に加わることに、さほど抵抗感をもたないであろう。したがって、シンジケートローンという形態であれば、借入人と従来から取引関係のある金融機関だけでなく、それほど取引のなかった金融機関も貸付人として参加することが可能となり、巨額の融資案件の組成が可能となる。さらに、借入人と従来から取引関係のある金融機関にとっては、自らシンジケートローンの融資金融機関の一員となることに加えて、当該融資案件の組成を取りまとめることによって、手数料収入を得ることができる。

このように、シンジケートローンには従来型融資にはみられなかった数々の利点がある。本章では、シンジケートローンの仕組みおよび特色について述べる。なお、いうまでもなく、シンジケートローン契約は複数の貸付人と借入人との間の相対の契約関係であり、契約内容は当事者の交渉次第で大きく変わりうるものである。借入人の信用力が非常に高い場合には、契約内容は借入人にとってさほど厳しくないものとなりがちであるし、そうでない場合には、契約内容は貸付人にとって有利なものとなる傾向にある。本章におけるシンジケートローン契約の条項に関する記述は一般的なものであり、個々の案件において個別の事情が存在する場合には、本章の記述が必ずしも

当てはまらないこともある。

(2) 日本ローン債権市場協会（JSLA）

　平成13年 1 月に、日本ローン債権市場協会（英文名：Japan Syndication and Loan-trading Association。略称「JSLA」）が、日本におけるローン債権の流動性を高め、ローン・シンジケーションをはじめとするプライマリー市場およびローン債権売買を行うセカンダリー市場（流通市場）の健全な成長に資することを目的として設立された。JSLAの会員は国内外の金融機関が中心となっている。JSLAはその設立以来、「コミットメントライン契約書」「タームローン契約書」「貸付債権の売買に係る契約書」等の各種契約書のひな型を制定・公表しており、これらのひな型は日本におけるシンジケートローンの実務に大きな影響をもたらしている。また、JSLAは各種の研究成果もホームページに掲載している。特に、平成15年12月公表の「ローン・シンジケーション取引における行為規範」（以下「JSLA行為規範」という）および平成19年10月公表の「ローン・シンジケーション取引に係る取引参加者の実務指針について」（以下「JSLA実務指針」という）は、近年シンジケートローン取引が急速に拡大してきていることにかんがみて、同取引が円滑かつ安定的に行われることを目指し、市場参加者が共通に理解すべき事項を行為規範・実務指針として策定したものであって、ローン・シンジケーションの実務において定着し、シンジケートローン取引のいっそうの拡大に資することが期待される。

2 　シンジケートローンの組成

(1) シンジケートローン組成のプロセス

　シンジケートローンの組成は、通常、次のようなプロセスを経て行われる。

a タームシートの協議・交渉

借入人となるべき会社（資金の借入れを希望する会社）がシンジケートローンの組成を担当すべきアレンジャー（候補者）との間で、融資の金額、条件その他を記載した融資基本条件書（「タームシート」と呼ばれる）に関して協議・交渉する。案件によっては、複数のアレンジャー（候補者）がそれぞれの融資基本条件を提示して競争する入札形式となることもある。

b マンデート

タームシートについての協議が調った場合、借入人はタームシート記載の条件でのシンジケートローンの組成を正式にアレンジャーに依頼する（このような依頼を「マンデート」と呼ぶ）。アレンジャーは1社とは限らず、案件によっては、複数のアレンジャーが共同してシンジケートローンの組成にあたることもある。なお、通常の場合、アレンジャーは自らも貸付人の一員としてシンジケートローンに参加するとともに、シンジケートローン契約締結後は貸付人のエージェントとなることが予定されている。

c インフォメーション・メモランダムの作成および参加金融機関の招聘

アレンジャーは、借入人に関する情報および融資の基本条件を記載した資料（インフォメーション・メモランダム）を作成し、他の金融機関に配布してシンジケートローンへの参加を招聘する。インフォメーション・メモランダム記載の借入人に関する財務状態その他の情報は、借入人から提供された情報に基づいている。

d 各参加金融機関への融資金額の割当て

シンジケートローンへの参加を約束した金融機関に対して、融資金額の割

当てがなされる。

e　正式なシンジケートローン契約の交渉・締結

　借入人と参加金融機関との間で、シンジケートローンに係る正式契約の締結のための交渉が行われる。シンジケートローン契約の内容は、基本的にはタームシート記載の条件に沿ったものとなる。実務上は、契約交渉は主としてアレンジャーである参加金融機関と借入人との間で行われ、他の金融機関による契約内容についての要望事項はアレンジャーに集約されたうえで、適宜契約書に反映されるという方法をとることが多い。

(2)　アレンジャーの役割

　シンジケートローンの組成について借入人から依頼を受けたアレンジャーは、組成に向けて努力する。この場合のアレンジャーの義務としては、融資をコミットしている場合（アンダーライト方式）と、シンジケートローンの組成のために努力するにとどまる場合（ベスト・エフォート方式）とで異なってくる。

a　アンダーライト方式

　アンダーライト方式の場合は、アレンジャーは借入人に対してシンジケート団の組成による融資の提供を（一定の条件付きではあるが）約束しており、参加金融機関が予定どおりに招聘できなかった場合であっても、アレンジャーが参加金融機関による参加部分を除いた融資総額の残額について貸付人として融資を引き受ける義務を負う。もちろん、アレンジャーが融資の引受を約束しているとはいっても、①正式なシンジケートローン契約が貸付人の相当と認める内容にて締結されること、②シンジケートローン契約において定められる貸付実行の前提条件が充足されること、③借入人の資産状態または財務状態に重大な悪影響を及ぼす事態が発生していないこと等の一定の条件が満たされて、はじめて実際に融資を実行する義務を負担するのである。

ただ、これら①、②および③といった条件の成否の判断はアレンジャーの完全な裁量に委ねられるものではなく、アレンジャーは融資をアンダーライトした以上、合理的な理由なくして融資の実行を拒むことはできないことになる。アンダーライト方式は、（借入人にとっては融資を受けることが確実に見込まれるものであるが）仮にシンジケート団（貸付人団）の組成が不成功に終わり、自らが融資の全部ないし大部分を引き受けざるをえなくなったとしても、融資に応じられるだけの借入人の信用力に関する十分な情報をアレンジャーが入手しているのでない限り、アレンジャーにとっては応じがたいといえる。

b　ベスト・エフォート方式

　これに対して、ベスト・エフォート方式の場合には、結果的にシンジケートローンの組成に必要な参加金融機関を招聘することができず、組成が失敗に終わったとしても、アレンジャーが自ら融資を提供する義務を負担するわけではない。しかし、「ベスト・エフォート」の内容をどのように解釈するかにもよるが、アレンジャーはシンジケートローンの組成に向けて一定の合理的な努力をなすべきであろうと思われる。たとえば、アレンジャーは借入人の資産状態または財務状態および資金調達予定額に照らして、他の金融機関が借入人への融資を前向きに検討することが可能となるような融資条件を提示するよう努力するべきであり、そのような努力を怠ったような場合には、アレンジャーの借入人に対する責任が発生する余地がある。

　ただ、アレンジャーは借入人からシンジケートローンの組成について依頼を受けているとはいっても、通常の委任ないし準委任関係のようにアレンジャーに借入人に対する善良な管理者の注意義務（民法644条）のような高度の義務を負わせるべきかどうかは議論の余地があるであろう。多くの場合、アレンジャーは、ひとたびシンジケートローンの組成が成功すれば、シンジケート団の一員として（しかもその代表たるエージェントとして）、借入人の相手方当事者となることが想定されているのであり、アレンジャーが潜在的な

相手方当事者であることは借入人もある程度は理解しているはずである。つまり、シンジケートローン組成の段階のアレンジャーは借入人の依頼により組成に向けて努力するものの、組成後はむしろ一貸付人およびエージェントとして他の参加金融機関の立場を代表すべき地位（借入人と対立する地位）にあり、この立場の二面性は一般の取引仲介の場合とは異なる特殊な要素であろう。

　借入人から依頼を受けた者として借入人にとって有利な融資条件でシンジケートローンを組成しようという要請と、シンジケートローン組成後の融資の段階における貸付人として貸付人側に少しでも有利な融資条件を確保したいという要請とは、矛盾する面がないとはいえない。一般の取引仲介の場合（たとえば、不動産取引における宅地建物取引業者による媒介の場合）であれば、媒介者は第三者としての立場で行動することが前提とされているのであるが、シンジケートローン組成の場面におけるアレンジャーは必ずしも第三者的な存在とはいえないことが多いであろう。したがって、一般の委任ないし準委任関係のように、受任者が委任者の利益を最優先に考えて行動すべきケースとは、若干状況を異にするように思われる。

c　インフォメーション・メモランダムの作成

　前述のとおり、アレンジャーは、シンジケートローンへの参加を招聘するに際して、借入人に関する情報および融資の基本条件を記載した資料（インフォメーション・メモランダム）を作成し、他の金融機関に配布するのであるが、インフォメーション・メモランダムは借入人から提供された情報をもとに作成されるのが通常であって、同メモランダムに記載されるのは借入人が招聘対象金融機関に開示されることを承諾した情報に限られる（JSLA行為規範Ⅰ(1)①参照）。特に、借入人が上場会社でない場合には、同メモランダムに記載される情報のほとんどは一般には公開されていないものであり、借入人の同意なしに開示することには問題があるであろう。

　インフォメーション・メモランダムの内容は借入人から提供された情報を

もとにしており、アレンジャーは、同メモランダムの内容に関して招聘対象金融機関に対して責任を負うことはない旨が同メモランダムに注記されるのが通常である。

d　アレンジャーの招聘対象金融機関に対する情報提供義務の有無

シンジケートローンにおいては、招聘される側もプロの金融機関であり、インフォメーション・メモランダムに記載された内容を独自に検討し、アレンジャーに依存することなく借入人の与信判断を行うべき立場にあると考えられる。シンジケートローンの組成段階では、アレンジャーは借入人から依頼を受けているのであって、アレンジャーに招聘対象金融機関に対する信認義務を負わせることはむずかしいであろう。

他方、アレンジャーには借入人と従来より取引関係のある金融機関が指名されることが多く、アレンジャーは招聘対象金融機関よりも借入人に関する情報を入手しやすい立場にある。たとえば、アレンジャーがシンジケートローンの組成と同時に借入人との間で他の取引を行っているような場合には、インフォメーション・メモランダムに記載すべく借入人から受領した情報とは別に、他の取引に関連して借入人に関する情報を入手することもありうる。ただ、その場合であっても、アレンジャーは他の取引に関連して入手した情報について当該他の取引において守秘義務を負っていることが考えられ、アレンジャーはこうした情報を招聘対象金融機関に開示する義務を当然に負うものではない。

しかし、借入人が招聘対象金融機関に開示する情報に重大な欠落があることまたは虚偽のものが含まれていることをアレンジャーが知りながら、その状態を故意に放置したときは、アレンジャーは虚偽であることを知らずにシンジケートローンに参加した金融機関に対して責任（不法行為責任）を負う可能性があるであろう（JSLA行為規範Ⅰ(1)④およびJSLA実務指針3(2)参照）。そうすると、アレンジャーが他の取引に関連して入手した情報により上記の開示情報の重大な欠落・虚偽を認識している場合、アレンジャーとしては、

他の取引に関連して入手した情報について借入人に対して負っている守秘義務と、こうした情報の存在について招聘対象金融機関に注意を促す義務との相反する義務を負うことになる。借入人の了解なしにアレンジャーが他の取引に関連して入手した情報を第三者に伝達することには問題があると考えられるので、アレンジャーとしては、借入人に対してこの情報を招聘対象金融機関に開示するよう要請すべきであろう。この場合、借入人があくまで情報開示に応じないのであれば、（その情報の重要度にもよるが）アレンジャーはシンジケートローンの組成を中止することも検討すべきであろう。借入人が必要な情報開示に協力しないのであれば、アレンジャーは借入人から依頼された組成業務を遂行することが困難になるので、組成を中止してもアレンジャーの業務を怠ったことにはならないであろう。

　前述のとおり、多くの場合、アレンジャーは、シンジケートローンの組成後は、エージェントとして貸付人たる参加金融機関を代表すべき立場につくことが想定されており、シンジケートローンの組成段階においても、（招聘対象金融機関に対する信認義務までは認められないにしても）招聘対象金融機関の利益をまったく配慮しないというわけにはいかないと思われる。

　アレンジャーがシンジケートローンの招聘対象金融機関に対して情報提供義務を負うことがあるかどうかが問題となった裁判例としては、最判平24・11・27金法1963号88頁がある。この判例の事案を簡略化すれば、シンジケートローン契約の調印日当日に、借入人の代表者がアレンジャーの担当者に対し、借入人のメインバンクである他の銀行が借入人に対し外部専門業者による最新の決算書の精査を強く指示したうえ、その旨を上記メインバンクがエージェントとなっていた借入人向け別のシンジケートローンの参加金融機関にも周知させたという情報を告げたなどというものであった。最高裁は、このような事実関係のもとでは、アレンジャーは、招聘対象金融機関に対し、信義則上、シンジケートローン組成・実行前に上記情報を提供する義務を負うものであり、この義務に違反して上記情報を提供しなかったアレン

ジャーには招聘対象金融機関に対する不法行為責任が認められる旨判示した。この裁判例においては、結論としてはアレンジャーの責任が認められたが、その事実関係を前提とすれば、上記情報はその重要性にかんがみれば当然に招聘対象金融機関に伝達されるべきものであり、それを伝えなかったアレンジャーが招聘対象金融機関に対して責任を負うという結論は、JSLA行為規範およびJSLA実務指針からも異論なく導かれるであろう。この裁判例はアレンジャーが責任を負う一事例を示したものであり、この裁判例をもってアレンジャーの招聘対象金融機関に対する情報提供義務を広く一般的に認めたものということはできないであろう。

　なお、アレンジャーの責任が問題となった他の裁判例としては、東京地判平25・11・26金商1433号51頁がある。この判決は、借入人の関係者が融資の担保となる工事代金債権に係る請負契約の注文書を偽造していたが、アレンジャーはその事実を知らなかった（したがって、その事実は招聘対象金融機関に伝えられないまま融資実行に至り、その後に発覚した）という事案に関するものであるが、裁判所は、シンジケートローンの参加金融機関は、貸付取引のプロとして、必要な信用情報を自ら特定し、その情報の入手方法を自ら模索したうえで、自ら適切と認める資料・情報に基づき、自らの責任で参加の意思決定を行うべきであること、アレンジャーが借入人の依頼を受けてシンジケートローンの組成を行うものであって、借入人の意向に沿って単に情報を伝達するためだけの主体であること、本件のインビテーションレターに上記の趣旨（招聘を受けた金融機関が独自の判断において参加の可否を決定すべき旨）の記載があること、本件の参加検討資料においてアレンジャーは提供される資料等の内容の正確性、真実性および完全性について責任を負わない旨記載されていることなどを根拠に、アレンジャーは融資の前提となる情報に虚偽がないことを調査し、確認すべき義務を負うものではないと判示し、アレンジャーの招聘対象金融機関に対する不法行為責任を否定している。この裁判例（第一審判決）に対しては控訴がなされているが、この裁判例の事案

については、アレンジャーは注文書が偽造されたものであることをあくまで知らなかったのであり、JSLA行為規範およびJSLA実務指針のもとではアレンジャーの不法行為責任は認められないということになるであろう（なお、この裁判例のケースでは、シンジケートローン契約締結後のエージェント（融資組成段階のアレンジャーと同一主体）の貸付人に対する義務違反（債務不履行責任）の主張もなされているが、この主張も裁判所により否定されている）。

また、上記の最判平24・11・27は、アレンジャーの情報提供義務と守秘義務との関係については、アレンジャーが招聘対象金融機関に上記の「情報を提供したとしても、本件の事実関係の下では、アレンジャーの招聘対象金融機関に対する守秘義務違反が問題となるものとはいえ」ないと述べているが、これはこの事案においては上記情報が招聘対象金融機関に開示されるのを借入人が容認していたと解されるためであろう。その意味では、アレンジャーが信義則上、招聘対象金融機関に対して情報提供義務を負う場合には、一般的に守秘義務が免除されると解すべきではなく、両者の義務の衝突の問題は残っている。

なお、例外的なケースとして、アレンジャーがシンジケートローンの組成に関する活動のみを行い、自らは組成後の貸付人にはならないこともありうる。この場合には、アレンジャーは中立的な第三者に近いといえるので、アレンジャーが将来の貸付人側当事者となる場合に比較して、借入人の利益をより重視して行動すべきことになるであろう。また、シンジケートローンの組成に関する活動は、貸金業法にいう金銭の貸付または金銭の貸借の媒介に該当する可能性が大きいと思われる。したがって、このような活動を「業として」行うのであれば、「貸金業」に該当する可能性がある。そのような解釈がとられた場合には、金融機関または貸金業法に基づき登録を受けた貸金業者ではない者が「業として」シンジケートローンの組成に携わることは問題となりうる。

シンジケートローンの種類・特色

1　シンジケートローンの種類

(1)　タームローンおよびコミットメントライン（リボルビング・クレジット・ファシリティ）

　シンジケートローンには、大別して、タームローンとコミットメントライン（リボルビング・クレジット・ファシリティ）とがある（図表2－1参照）。タームローンは、貸付実行後、一定の返済期間にわたって融資金額を返済していくタイプのものである。タームローンの貸付実行の方法としては、ある特定の日に1回限り融資金額全額を借入人に交付する場合と、一定の申込期間において一定の限度額に達するまで、借入人の申込みに応じて複数回融資を実行する場合（限度貸付）とがある。また、タームローンの返済の方法としては、満期日に一括して貸付金の元本残高すべてを返済する場合（満期一括返済型。「ブレット（Bullet）」とも呼ばれる）と、一定の間隔で（たとえば半年ごとに）期中に所定の金額を返済していき、満期日に貸付金の元本残高すべてを返済する場合（分割返済型）とがある。

　利息は、満期日に至るまで、一定の利息支払日にそれまでの経過利息が支払われる。タームローンの場合には、貸付金の全部または一部を返済すれば、所定の返済期日における返済であるか、期限前返済であるか否かを問わず、返済された金額を借入人が再度借り入れることはできない。

　コミットメントライン（リボルビング・クレジット・ファシリティ）は、一定の極度額の範囲内で、一定の期間（「コミットメント期間」と呼ばれる）にわたって、借入人が資金の借入れおよび返済を何度でも繰り返して行うこと

【図表2－1】 シンジケートローンの種類

> (1) 貸付形態による区別
> ① タームローン
>   (i) 貸付方法
>   ・貸付実行1回のみ
>   ・一定の期間内に一定の限度額に達するまで複数回融資を実行
>   (ii) 返済方法
>   ・満期一括返済型
>   ・分割返済型
> ② コミットメントライン（リボルビング・クレジット・ファシリティ）
>   一定の極度額の範囲内で、一定のコミットメント期間にわたって、資金の借入れおよび返済を何度でも繰り返して行うことが可能
> (2) 担保・保証の有無による区別
> ① 無担保・無保証ローン
> ② 保証付ローン
> ③ 担保付ローン
> (3) 融資がある特定の資産またはプロジェクトから発生する将来のキャッシュフローを引当てとしてなされているかどうかによる区別
> ① 通常のコーポレートローン
> ② ノンリコースローン

ができるタイプのものである。典型的には、運転資金の融資の場合にこのタイプのローンが用いられる。各貸付の期間は、借入人が借入申込みの際に一定の選択肢のなかからそのつど選択することができ、貸付金の返済は、借入人が選択した期間経過後の期日に（経過利息とともに）一括してなされる。

　コミットメント期間はある一定の期間（平成○年○月○日から平成△年△月△日まで）として定められるのが通常である。借入人がその選択により融資枠を早期に全額解約した場合には、コミットメント期間は早期に終了する。また、途中で借入人が期限の利益を喪失した場合には、コミットメント期間はその時点で終了することとなる。なお、シンジケートローン契約によっては、1個の契約書においてタームローンとコミットメントラインとを併用し

ているものもある。

⑵ 担保・保証付シンジケートローン

　シンジケートローンには無担保・無保証のものと、貸付人のために担保または保証が付されたものとがある。担保権については、担保の目的物の種類に応じて設定および対抗要件具備の措置を講じることが必要となる。下記⑶のノンリコースローンにおいては、借入人の保有する各種資産に対して担保権が設定されることが多い。なお、担保付シンジケートローンについては、後述（本章第5節・189頁以下）を参照されたい。また、民法改正要綱第18、6（民法改正法案465条の6〜465条の10）は、主として個人保証に関して、保証人保護の方策を拡充することとしている。

⑶ ノンリコースローン

　シンジケートローンには、事業法人向けの通常のコーポレートローンと呼ばれるものと、やや特殊な形態として、ノンリコースローンと呼ばれるものとがある。通常のコーポレートローンは借入人の一般的な信用力に依存して提供されるものであるのに対して、ノンリコースローンはある特定の資産またはプロジェクトから発生する将来のキャッシュフローを引当てとして提供されるものである。ノンリコースローンの借入人は、その特定の資産またはプロジェクトのみを保有する特別目的会社（SPC）であることが多い。ノンリコースローンの例としては、プロジェクトファイナンスやPFIにおけるローン（第1章参照）、不動産ファイナンスにおけるローン、LBO（Leveraged Buy-Outの略。買収対象会社の資産を引当てとする借入金により企業買収を行う手法をいう）におけるローンなどがある。

　通常のコーポレートローンとノンリコースローンとの最も大きな差異は、融資返済の引当てとなる責任財産が特定の資産またはプロジェクトに限定されるかどうかという点にある（図表2−2参照）。この点を不動産担保ローン

【図表2−2】 通常のコーポレートローンとノンリコースローンの差異

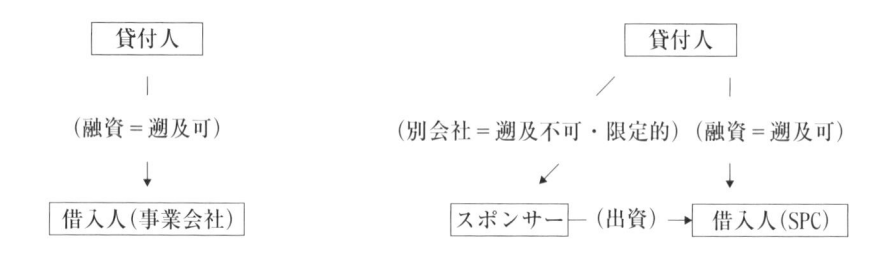

[通常のコーポレートローン]　　　　　　　　　[ノンリコースローン]

を例にとって説明すると、次のとおりである。すなわち、事業法人が自ら借入人となって金融機関から融資を受けて商業用賃貸不動産を取得した場合には、当該不動産に限らず借入人のすべての資産が貸付債権の弁済の責任財産となる。つまり、当該不動産の取得後テナントが思うように集まらないといった理由で当該不動産の価値が下がったとしても、借入人の財務状態が悪化しない限り、貸付人は融資を全額回収することができる。これに対して、ノンリコースローンの場合には、借入人は当該不動産以外の資産を保有していない特別目的会社であるので、当該不動産の価値が下がりその運用益および売却代金が融資の返済に不足するときはほかに返済原資がなく、当該不動産の処分代金を返済に充当した後の融資残高については回収不能となる。

　ノンリコースローンには上述のとおり特有のリスクがあることから、ローン契約書には（一般的な誓約事項のほかに）借入人のさまざまな誓約事項、財務制限条項が定められることが多い。また、基本的に借入人のすべての資産に貸付人のために担保権が設定される。ノンリコースローンの詳細についてはその一類型であるプロジェクトファイナンス・PFIに関する第1章の記述に譲り、本章ではノンリコースローンについては随所で言及するにとどめ、主として通常のコーポレートローンについて述べることとする。

2 シンジケートローンの手数料

(1) 概　説

　シンジケートローン契約において徴求される手数料には、アレンジメントフィー、エージェントフィー、コミットメントフィーなどがある。アレンジメントフィーは、シンジケートローンを組成したことに対する報酬として、借入人によりアレンジャーに対して支払われる手数料である。エージェントフィーは、エージェント業務に対する報酬として、エージェントに対して支払われる手数料である。エージェントフィーは借入人により負担されることが多い。アレンジメントフィーおよびエージェントフィーについては、具体的な金額およびその計算方法をローン契約書自体には規定せず、別途関係当事者間で覚書を締結して合意することが多い。なお、コミットメントフィーについては、以下(2)に述べるとおりである。

(2) コミットメントフィー（またはファシリティフィー）

a　コミットメントフィーの計算方法

　コミットメントライン契約においては、貸付人は融資枠（極度額）の限度で一定の条件のもとに貸付に応じる義務を負担している。そこで、実際に貸付がなされるかどうかにかかわらず、借入人は、当該貸付に応じる義務（コミットメント）の対価として、一定の手数料（「コミットメントフィー」または「ファシリティフィー」と呼ばれる）を貸付人に支払うこととなっている。

　コミットメントフィーの計算方法には、主として2種類ある（図表2－3参照）。1つは、融資枠の総額に一定の料率を乗じる方法である。もう1つは、融資枠のうち未使用部分の金額に一定の料率を乗じる方法である。前者の方法による場合、実際に融資枠を使用するか否かにかかわらず、一定のコミットメントフィーが発生するのに対して、後者の方法による場合、融資枠を使い切って貸付がなされている期間については、コミットメントフィーは

---

① 融資枠の総額に一定の料率を乗じる方法
　（例）　融資枠10億円、コミットメント期間６カ月、料率年0.2%
　　　　　コミットメントフィーは100万円
　　　　　（10億円×0.002×1/2）

② 融資枠のうち未使用部分の金額に一定の料率を乗じる方法
　（例）　融資枠10億円、コミットメント期間６カ月、料率年0.3%
　　　　　未使用額：当初２カ月間10億円、次の２カ月間５億円、最後の２カ
　　　　　　　　　月間８億円
　　　　　コミットメントフィーは115万円
　　　　　（10億円×0.003×1/6＋５億円×0.003×1/6＋８億円×0.003×1/6）

発生しないことになる。

　コミットメントライン契約においては、借入人が借入申込みをしない限り、融資枠（極度額）のみがコミットメント期間中維持され、実際の貸付は発生しない。その場合には、借入れがまったくなされない状態でコミットメントフィーが発生することになる。この点に関連して、以前は、コミットメントフィーが利息制限法３条および出資の受入れ、預り金及び金利等の取締りに関する法律（以下「出資法」という）５条の４第４項に定めるみなし利息に該当するのではないかという問題点があった。たとえば、利息制限法３条は、次のとおり定めている。

第３条　前二条の規定の適用については、金銭を目的とする消費貸借に関し債権者の受ける元本以外の金銭は、礼金、割引金、手数料、調査料その他いかなる名義をもってするかを問わず、利息とみなす。ただし、契約の締結及び債務の弁済の費用は、この限りでない。

　コミットメントフィーは前述のとおり、コミットメントの対価として貸付人に支払われるものであって、「金銭を目的とする消費貸借に関し」支払わ

れるものに該当するかどうかについては議論の余地がある。ただ、もしコミットメントフィーがみなし利息に該当すると解釈された場合には、借入元本が存在しない状態でみなし利息のみが発生するため、利率は∞（無限大）ということになり、利息制限法および出資法に定める上限利率に抵触するのではないかという懸念があった。そのため、実際の資金需要の有無にかかわらず、コミットメント期間を通じて常に一定の借入残高を維持することとし、コミットメントフィーがみなし利息に該当すると解釈された場合であっても、利息制限法に定める上限利率を超えないように配慮するということが以前は行われていたようである。

b 特定融資枠法の制定

この点に関して、平成11年3月に特定融資枠契約に関する法律（以下「特定融資枠法」という）が施行され、立法的な解決が図られた。すなわち、特定融資枠法2条1項柱書および3条は次のとおり定めている。

> **第2条** この法律において「特定融資枠契約」とは、一定の期間及び融資の極度額の限度内において、当事者の一方の意思表示により当事者間において当事者の一方を借主として金銭を目的とする消費貸借を成立させることができる権利を相手方が当事者の一方に付与し、当事者の一方がこれに対して手数料を支払うことを約する契約であって、意思表示により借主となる当事者の一方が契約を締結する時に次に掲げる者であるものをいう。
> ［各号　（略）］
> **第3条** 利息制限法第3条及び第6条並びに出資の受入れ、預り金及び金利等の取締りに関する法律第5条の4第4項の規定は、特定融資枠契約に係る前条第1項の手数料については、適用しない。

特定融資枠法2条1項各号では、会社法上の「大会社」（資本金5億円以上または負債総額200億円以上の株式会社）、資本金が3億円を超える株式会社、純資産が10億円を超える株式会社、上場会社、第一種金融商品取引業者、投資運用業者、特定目的会社その他の特別目的会社などが列挙されている。つまり、これらの一定の類型に当てはまる会社がコミットメントライン契約

（特定融資枠法にいう「特定融資枠契約」）の借り手となる場合には、コミット
メントフィーはみなし利息に該当しない旨が定められた（特定融資枠法3
条）。したがって、今日では、ある程度の規模の会社であれば特定融資枠法
が適用されるので、みなし利息と解釈されることについての懸念はなくなっ
た。もっとも、資本金が3億円以下かつ純資産10億円以下の株式会社（大会
社を除く）とか一般的な合同会社については、特定融資枠法の適用はないた
め、今日でも以前と同様の問題が残っていることになる。

　特定融資枠法2条1項柱書によれば、借入人となるべき会社がコミットメ
ントライン契約の締結の時点において同条各号のいずれかに該当することが
必要とされている。この点を条文どおり厳格に解釈するとすれば、契約締結
時点においては、たとえば資本金が1億円である株式会社（大会社を除く）
が借入人となるべき場合には、たとえその後増資により資本金が3億円超と
なったとしても、特定融資枠法の適用はなく、みなし利息の問題が残ること
になる。

　しかし、コミットメントライン契約の締結の時点において資本金が3億円
以下の株式会社であっても、その後増資をすることが予定されており、コ
ミットメントラインが実際に利用可能となる（コミットメントフィーが発生す
る）までに3億円を超える額に増資される場合には、特定融資枠法の適用
（拡大解釈）を認めてもよいように思われる。特定融資枠法が一定の資本金
以上の会社が支払うコミットメントフィーにみなし利息の規定が適用されな
いことを定めているのは、一定の規模以上の借入人であれば、コミットメン
トフィーにみなし利息の規定を適用しないことによる弊害がないことを考慮
してのことと思われる。このことは、コミットメントライン契約の締結後ほ
どなく資本金が3億円を超える額に増資されることが予定されている借入人
にも、ある程度当てはまるといえるであろう。

　コミットメントフィーはコミットメントライン契約の場合に限らず、ター
ムローンにおいて一定の申込期間中に一定の限度額に達するまで、借入人の

申込みに応じて複数回融資を実行する場合（限度貸付）にも発生するのが通常である。この場合にも、貸付人は一定期間にわたって借入人による借入申込みに応じて融資を行うことを約束しているので、借入人は未使用の貸付限度額について一定の料率にて計算されるコミットメントフィーを支払うべきものと定められるのが通常である。

　この点に関連して、特定融資枠法2条1項柱書では、特定融資枠契約の定義において「融資の極度額」という表現を用いているため、「融資の極度額」が民法398条の2第1項の「極度額」と同義であって「限度額」を含まないのであれば、限度貸付に関して支払われるコミットメントフィーについては、特定融資枠法3条の適用がないのではないかとも考えられる。ただ、特定融資枠法の趣旨は、交渉力のある企業、金融機関、流動化・証券化ビークルについては、コミットメントフィーをみなし利息に含めるという保護的な取扱いは不要であるということにある。その趣旨は、貸付が一定の上限額の範囲内で繰り返してなされうる極度貸付の場合とそうでない限度貸付の場合とで異なるものではないことを考慮するならば、「極度額」には限度貸付における融資上限額も含まれるとの解釈が可能であろう[1]。

　また、貸金業法12条の8は貸金業者について利息上限規定およびみなし利息に関する規定を設けているが、この12条の8が特定融資枠法3条において言及されていないため、貸金業法上のみなし利息規定が特定融資枠法3条所定の適用除外の対象になるかどうかが明確でない。実務上は、貸金業者が受領するコミットメントフィーはみなし利息に該当しうると解されているようである[2]。

1　なお、このような解釈は、極度貸付と限度貸付との用語の差異を無視するものであって、金融実務関係者の常識に反するのではないかという批判が考えられる。しかし、同一の用語が異なる法適用の場面では異なった内容のものとして理解されることは、決してありえないことではなく（概念の相対性）、合理的な理由があるのであれば、概念を相対的に把握することは許容されると考えられる。

3 シンジケートローンの特色

(1) 貸付債権の帰属と権利行使

a 貸付債権の帰属

シンジケートローンにおいては、複数の参加金融機関が貸付人として、借入人との間で同一の金銭消費貸借契約書に調印する。ただ、同一の契約書に調印するとはいっても、金銭消費貸借に係る契約関係は各参加金融機関と借入人との間で別個に存在し、各参加金融機関が個々に借入人に対して貸付債権を有するのが原則である。たとえば、参加金融機関 3 社で構成される融資総額60億円のシンジケートローンにおいて、A銀行が30億円、B銀行が20億円、C銀行が10億円の融資を提供した場合には、各銀行が自己の融資金額相当の貸付債権を別々に借入人に対して有するのであって、A銀行、B銀行お

---

2 この問題は、平成22年 6 月の改正貸金業法の完全施行後に発生したものであるが、それ以前の取扱いのとおり、借入人が特定融資枠法 2 条 1 項各号のいずれかに該当する者である限り、コミットメントライン契約の貸付人となる者が貸金業者であっても、その収受するコミットメントフィーはみなし利息にならないという解釈も可能であろう。その理由は以下のとおりである。

① 貸金業の規制等に関する法律等の一部を改正する法律（平成18年法律第115号）による貸金業法等の改正前の旧「貸金業の規制等に関する法律」14条 1 号に「みなし利息」に関する規定がすでに設けられており、この規定は改正前の旧特定融資枠法 3 条において特に適用除外とされていなかった。それにもかかわらず、改正前の旧貸金業の規制等に関する法律および旧特定融資枠法の運用として、貸金業者がコミットメントライン契約の貸付人となる場合のコミットメントフィーはみなし利息になるという解釈はなされていなかったはずである。

② もし、上記の法改正に際して貸金業法12条の 8 第 2 項が改正後の特定融資枠法 3 条において明示的に適用除外となっていないことを理由に、貸金業者がコミットメントライン契約の貸付人となる場合にはコミットメントフィーはみなし利息に該当すると解釈するのであれば、（改正前の旧貸金業の規制等に関する法律14条 1 号がみなし利息について定めていたという意味で、法改正の前後で状況は本質的に変わっていないにもかかわらず）従前の解釈と異なる解釈をとることになり、合理性に欠ける。

③ ちなみに、上柳敏郎＝大森泰人編著『逐条解説　貸金業法』（商事法務、2008年）94頁では、「従前も旧法第14条第 1 号に「みなし利息」に関する規定が置かれていたが、これを改め第12条の 8 第 2 項として整理している。」と述べられている。つまり、改正後の貸金業法12条の 8 第 2 項はまったく新しい規定というわけではなく、従来の規定を引き継ぎつつ整理したものという位置づけであるといえる。

よびC銀行が60億円の貸付債権を共有しているわけではない。

b　貸付人の同意・ウェイバー（契約違反に関する権利放棄）

貸付債権自体は各貸付人に個別に帰属するのであれば、その権利行使も各貸付人が個別に行うことができるのが原則的な取扱いであろう。しかし、各貸付人にばらばらに権利行使をすることを認めたのでは、不都合が生じることがある。たとえば、借入人になんらかの期限の利益喪失事由（本章第4節11・163頁参照）が発生した場合において、貸付債権について実際に期限の利益を喪失させて直ちに全額の支払を借入人に請求するかどうかの判断を貸付人ごとに行うことを認めてしまうと、貸付人のうち1社でも期限の利益を喪失させるという判断をしたときは、他の貸付人は自分だけ静観していたのでは債権回収に後れをとってしまうことになりかねないので、同様に期限の利益を喪失させるという判断に傾かざるをえないであろう。特に、担保付シンジケートローンの場合には、担保権を実行する際には全貸付人一斉に期限の利益を喪失させないと実務上機能しなくなるので、1名の貸付人が期限の利益を喪失させると、他の大多数の貸付人は自らは期限の利益を喪失させる必要はないと思っていても、その1名の貸付人の判断に追随せざるをえないであろう。

しかし、期限の利益喪失事由といってもさまざまな種類・程度の差があり、借入人の債務返済能力に重大な悪影響を与えるに至らないような比較的軽微なローン契約上の誓約事項の違反の場合には、その時点で期限の利益を喪失させる必要性は小さく、むしろ当該違反事項を適宜治癒させるかまたは宥恕（権利放棄・ウェイバー）するかして、約定どおりに貸付金の返済を受けることとしたほうが、結果的に貸付人に有利に働くということも十分考えられる。長期間にわたって多額のローンを返済する場合には、融資実行後間もない時期に形式的な期限の利益喪失事由が発生したことを理由に期限の利益を喪失させてしまうと、その時点での借入人の全資産をもってしてもローンの残額を全額回収できないことも考えられ、むしろ満期まで待ったほうが

全額回収できたかもしれないと思われるケースもありうるであろう。そのためには、一部の貸付人が抜駆け的な回収行為に走ることを封じ、貸付人の足並みをそろえる必要がある。

　また、たとえばシンジケートローン契約において借入人の一定の重要な組織再編行為（合併、会社分割、営業譲渡など）を制限している場合において、借入人が当該制限に抵触するような合併を行うことを望んでいるときには、当該制限をその合併について適用除外とする旨の貸付人の同意が必要となる。その場合に借入人がすべての貸付人から同意を得なければならないとなると、貸付人のうち1名でも反対すると、借入人は合併を断念せざるをえない。

　しかし、ローン契約において借入人の合併を制限している趣旨は、合併が借入人のローン契約上の債務を履行する能力に影響を与える可能性があることを考慮して、合併を借入人の自由に任せると、債権保全上好ましくない事態に至るおそれがある（たとえば、借入人が財務状態の悪化した会社と合併しようとするようなケース）からであって、どのような合併であってもいっさい認められないということではないであろう。具体的に合併に関する案件が俎上にのぼった時点で、当該合併が債権保全上問題を生じさせるものでないかどうかを貸付人が確認し、問題ないと判断される場合には借入人の経営判断を尊重して当該合併を行うことに同意するというのがローン契約の合併制限規定の趣旨である。大多数の貸付人が当該合併を特に問題ないと考えているようなケースでも、一部の貸付人に拒否権を与えるような結果となることは好ましくないであろう。

　さらに、契約内容を変更する場合についても、同様のことがいえる。たとえば、ネガティブ・プレッジ条項（借入人が自己の資産を貸付人以外の者のために担保提供することを禁止または制限する条項。本章第4節10(1)・161頁参照）を借入人に有利に変更しようとするケースにおいて、大多数の貸付人が当該変更に賛成しており、一部の貸付人のみが反対しているときに、すべての貸

付人が賛成しない限り契約変更の効力が発生しないのでは、一部の貸付人に拒否権を与えることとなり、実情に応じた柔軟な対応ができなくなるであろう。

c 多数貸付人による意思決定

このように、一定の局面においては、個々の貸付人が独自に権利行使をするのではなく、多数決原理の導入によって貸付人が統一した行動をとるようにする必要がある。そのために、シンジケートローン契約においては、「多数貸付人」の意思によって一定の事項に関する決定を行い、多数貸付人の判断に反対の意思を表明した少数派の貸付人も拘束されると定めることが多い。多数貸付人の意思決定の決議要件を単純過半数とするか、特別多数（たとえば、3分の2、4分の3など）とするか、あるいは意思結集対象事項の重要性に応じて異なる決議要件を定めるかは、案件によりさまざまである。意思結集対象事項の重要性に応じて異なる決議要件を定める場合には、過半数で決定するときを「多数貸付人」と呼び、特別多数で決定するときを「特別多数貸付人」と呼ぶようにして、用語を使い分けるのが通常である。

ちなみに、シンジケートローン契約中の「多数貸付人」の定義のサンプル（決議要件を単純過半数とする場合）は契約書例2.1のとおりである。

【契約書例2.1】 多数貸付人の定義―その1―

---

① タームローン型のシンジケートローン契約の場合
　「多数貸付人」とは、意思結集基準時点における貸付総額に対する貸付人ごとの貸付額の割合（貸付実行後は、意思結集基準時点における総貸付残高に対する貸付人ごとの個別貸付未払金の元本合計金額の割合とする）の合計が2分の1超となる、単独または複数の貸付人をいう。
② コミットメントライン型のシンジケートローン契約の場合
　「多数貸付人」とは、意思結集基準時点における総貸付極度額に対する貸付人ごとの貸付極度額の割合（全貸付人の貸付義務の消滅後貸付残高が残存している期間については、意思結集基準時点における総貸付残高に対する貸付人ごとの個別貸付未払金の元本合計金額の割合とする）の合計が2分の1超となる、単独または複数の貸付人をいう。

契約書例2.1に示された定義によると、タームローンの場合は、貸付実行後は、各貸付人の実行済貸付残高を基準として多数貸付人の定義がなされており、貸付実行前の短期間は各貸付人の貸付実行予定額を基準としている。コミットメントラインの場合は、各貸付人の貸付極度額（融資枠）を基準として多数貸付人の定義がなされており、貸付義務の消滅後（コミットメント期間終了後）は各貸付人の実行済貸付残高を基準としている。

　なお、タームローンおよびコミットメントラインの併用型のシンジケートローン契約においては、契約書例2.1の定義を合成した契約書例2.2のような定義が用いられる。

【契約書例2.2】　多数貸付人の定義―その2―

> ③　タームローン・コミットメントライン併用型のシンジケートローン契約の場合
> 　「多数貸付人」とは、意思結集基準時点における貸付総額および総貸付極度額の合計額に対する貸付人ごとの貸付額および貸付極度額の合計額の割合（全貸付人の貸付義務の消滅後貸付残高が残存している期間については、意思結集基準時点における総貸付残高に対する貸付人ごとの個別貸付未払金の元本合計金額の割合とする）の合計が2分の1超となる、単独または複数の貸付人をいう。

　併用型の場合、タームローンとコミットメントラインとで参加金融機関の参加割合が異なることも考えられる。この定義のサンプルでは、タームローンの各貸付人は貸付実行後は実際の貸付残高について議決権を有しているのに対して、コミットメントラインの各貸付人は、コミットメント期間中は実際の貸付残高の有無・金額にかかわらず、常に自己の貸付極度額全額について議決権を有することになる。

　極端な例をあげると、タームローン（満期一括返済型）20億円およびコミットメントライン30億円のシンジケートローン（参加銀行4社）において、A銀行がタームローン15億円、B銀行がタームローン5億円、C銀行がコミッ

トメントライン20億円、D銀行がコミットメントライン10億円というような
ケースでは、タームローンが全額融資実行されており、コミットメントライ
ンがまったく使用されていない場合であっても、コミットメント期間中は、
各銀行の議決権割合は、A銀行15：B銀行5：C銀行20：D銀行10となる。

　したがって、前記の定義のサンプルでは、コミットメント期間中は、コ
ミットメントラインの実際の貸付残高の有無・金額にかかわらず、C銀行お
よびD銀行の意思が常に「多数貸付人」を構成することになる。タームロー
ンの各貸付人は実際の貸付残高について議決権を有しているのに比較する
と、この取扱いは不均衡であり、コミットメントラインの各貸付人について
も、実際の貸付残高について議決権を有することとすべきであるとの考え方
もありうるであろう。

d　全貸付人の一致により決定すべき事項

　このように、シンジケートローンの一定の局面においては多数決原理が妥
当するのであるが、特に重要な事項については、各貸付人の権利・利益の保
護を優先させる必要があり、全貸付人の一致により決定すべきものとされて
いる。何が特に重要な事項に該当するかについては案件ごとに異なりうる
が、契約変更の局面に関しては、本章第4節14（174頁）の契約書例2.6を参
照されたい。

⑵　契約書の規定

　単独の貸付人と借入人との間の金銭消費貸借取引であれば、融資の基本的
な条件のみを定め、後は銀行取引約定書の規定に委ね、それでも明確な規定
のない部分については、両当事者の協議により決定するという取扱いでも実
務上大きな支障が生じることはないといえるかもしれない。しかし、シンジ
ケートローンの場合には多数の貸付人が当事者となるため、融資の細かい条
件についてはそのつど協議するというわけにはいかない。多数貸付人による
意思結集をそのたびに行うというのは非現実的である。そこで、シンジケー

トローン契約書においては、融資の条件を詳細に定め、できるだけ不明確な部分が残らないようにするのが一般である。本章第1節1(2)・90頁において触れたように、JSLAでは「コミットメントライン契約書」「タームローン契約書」等の各種契約書のひな型を制定・公表しており、実務上はかかるひな型を出発点として契約交渉が行われることが少なくないであろう。

なお、シンジケートローン契約書はそれ自体が完結した契約書として作成されるものであるので、いずれかの貸付人と借入人との間で別途銀行取引約定書等が締結されていても、かかる約定書等の規定はシンジケートローン契約書に基づく取引には適用されない旨が同契約書において定められることが多い。すべての貸付人と借入人との間で銀行取引約定書が締結されているとは限らないであろうし、また、銀行取引約定書の内容は銀行によって差異があるので、シンジケートローン契約書に基づく取引に銀行取引約定書の規定が重畳的に適用されることとすると、混乱が生じるおそれがある。

(3) エージェントの指名

シンジケートローンにおいては多数の貸付人が存在するので、元利金の弁済または貸付人と借入人との間の通知その他の情報のやりとりを借入人が直接に個々の貸付人との間で行うこととしたのでは、借入人・各貸付人双方にとって事務負担が非常に重くなる。また、貸付人のなかには借入人にとってあまりなじみのない金融機関も含まれていることも珍しくなく、借入人としては、個々の貸付人と直接連絡をとるよりも、貸付人側の窓口を一本化してもらったほうが便宜である。

こうした事情もあって、貸付人を代表する役割を担う者としてエージェント（幹事銀行）が指名されるのが通常である。多くの場合、シンジケートローンの組成段階でのアレンジャーがそのままエージェントに就任する。エージェントについては、本章第3節（117頁以下）においてあらためて述べる。

4 ローン・パーティシペーション

　シンジケートローンと対比される取引として、「ローン・パーティシペーション」または「貸出参加取引」と呼ばれる取引がある。シンジケートローンの場合には、各参加金融機関が直接借入人との間で金銭消費貸借取引を行うのに対し、ローン・パーティシペーションの場合は、単独の金融機関（「原債権者」と呼ばれる）が直接借入人との間で金銭消費貸借取引を行い（すなわち、単独ローンの形式をとり）、他の参加金融機関（「貸出参加者」と呼ばれる）は原債権者から当該金銭消費貸借取引に基づき元利金を受領する権利（「参加利益」と呼ばれる）の一定割合を譲り受ける（図表2－4参照）。ローン・パーティシペーションにおいては、各貸出参加者は原債権者からその参加割合に応じて、原貸付債権について借入人により弁済された元利金の一定割合を受領することができる。

　ローン・パーティシペーションの法的性格については外国でも説が分かれているようであるけれども、日本法のもとでは、「原債権者が原債務者に対して保有する権利のうち元利金請求権（および、付随的に遅延損害金を含むと

【図表2－4】　シンジケートローンとローン・パーティシペーション

［シンジケートローン］

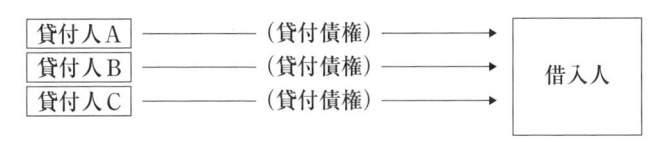

［ローン・パーティシペーション］

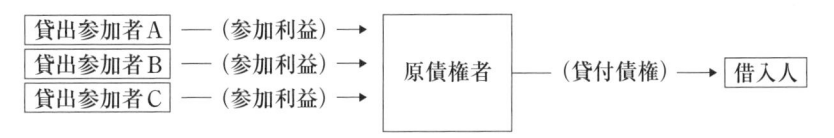

解される）のみについて、参加者が原債務者に対し直接的になんら請求権を有しないこと等を条件として、原債権者から参加者に相対的に移転する原債権者と参加者間の無名契約に該当する」（山岸晃「金融機関の貸出債権にかかるローン・パーティシペーションの取扱い」金法1423号35頁）と解されており、法律上の原貸付債権の保有者はあくまで参加利益の売主たる原債権者であって、参加利益の買主たる貸出参加者は借入人に対して直接の権利を有しないと考えられているようである。この考え方を前提とすると、ローン・パーティシペーションは原債権者と各貸出参加者との間の取引であって、借入人との間の金銭消費貸借取引に基づく原貸付債権のすべては、ローン・パーティシペーションが行われた後も引き続き原債権者に帰属し、原債権者が原貸付債権の全額について債権者として借入人に対して権利を行使できることになる。

ローン・パーティシペーションにおいては、貸出参加者が参加利益を譲渡した場合でも、借入人と原債権者との間の法律関係はそれにより影響を受けないので、譲渡の際の処理が簡便である。特に、担保付ローンの場合には、原貸付債権の帰属主体に変更がないことから、担保権の移転のための手続をとる必要がなく、シンジケートローンよりも事務処理の負担は軽減される。

ただ、ローン・パーティシペーションでは、貸出参加者は借入人の信用リスクのみならず、原債権者の信用リスクも負担することになる。前述のとおり貸出参加者は借入人（原貸付債権の債務者）に対して直接の権利を有しないと考えられているので、原債権者が倒産した場合には、貸出参加者は借入人により原債権者に支払われた金額のうち自己の参加割合に対応する金額について優先権を主張することができず、一般債権者と同列に取り扱われる可能性がある。

エージェント

1 エージェントの役割

シンジケートローンにおいては、エージェントが貸付人により指名され、貸付人のために一定の行為を行う。エージェントの役割は、次の事項を含め、多岐にわたっている。

① 借入人からの借入申込書の受領および各貸付人への伝達

② 貸付の実行に際しての前提条件の充足の確認（シンジケートローン契約上は各貸付人が独自に前提条件の充足の確認をすべきことになっている場合でも、前提条件として借入人側から提出される書類はエージェントに集中するので、エージェントはその確認作業において主導的な役割を果たしているといえる）

③ 借入人からの元利金の弁済の受領および各貸付人への分配

④ 多数貸付人による判断が必要となった場合の意思結集手続

⑤ 借入人から受領した通知、資料等の各貸付人への交付

また、担保付シンジケートローンに関しては、エージェントは借入人その他の担保提供者から交付を受けた担保の目的物および関連書類の保管、担保権の設定および対抗要件具備に必要な各種手続の取りまとめ、借入人から要請があった場合の担保の解除等の事務も行う。案件によっては、融資に係るエージェント業務を担当する者と担保に係るエージェント業務を担当する者とが別になることがある。そのような場合、融資に関するエージェントを「ファシリティ・エージェント（融資幹事行）」と呼び、担保に関するエージェントを「セキュリティ・エージェント（担保幹事行）」と呼ぶ。

2 エージェントの権利義務

(1) エージェント条項のサンプル

　エージェントは貸付人の代理人として位置づけられる。エージェントは各貸付人から委任を受けて一定の事項の事務処理を行うものであり、エージェントと各貸付人との関係は委任契約ないし準委任契約であると解される。シンジケートローン契約においては、エージェント条項と呼ばれるエージェントの職務に関する詳細な規定が設けられるのが通常であり、具体的な権利義務関係はエージェント条項の定めるところによる。

　エージェント条項のサンプルは、契約書例2.3のとおりである（JSLA制定の「コミットメントライン契約書」ひな型（平成25年度版）（以下「JSLA標準CL契約」という）25条におおむね準拠している）。

【契約書例2.3】

> 第○条（エージェントの権利義務）
> 1．エージェントは、全貸付人の委託に基づき、全貸付人のためにエージェント業務を行い、これに際し、通常必要または適切とエージェントが認める権限を行使する。エージェントは、本契約の各条項に明示的に定められた義務以外の義務を負わず、また、貸付人が本契約に基づく義務を履行しないことについて一切責任を負わない。また、エージェントは貸付人の代理人であり、別段の定めのない限り借入人の代理人とはならない。
> 2．エージェントは、真正かつ正確であると合理的に認められる、適切な人物により署名または記名捺印された通信、文書および書類に依拠することができ、また、本契約に関しエージェントが必要な範囲で合理的に選任した専門家の意見書および説明書に依拠して行為することができる。
> 3．エージェントは、本契約に定める責務を果たし権限を行使するにあたり、善良な管理者としての注意を払う。
> 4．エージェントまたはその取締役、従業員もしくは代理人は、本契約に基づいて、または本契約に関連する行為もしくは不作為について、故意または［重］過失がない限り、貸付人に対して一切の責任を負わない。エージェントを除く貸付人は、エージェントが本契約上の責務を果たすのに負担した債務、損害等につき、借入人から償還されない限度で、エージェントを

兼ねる貸付人の参加割合に応じて算出した負担部分を控除した残額について、連帯してエージェントに補償する。

5. エージェントは、多数貸付人または全貸付人の書面による指示があれば、その指示に従った行為を行い、この場合、当該行為により生じた結果について、借入人または貸付人に対して一切責任を負わない。

6. エージェントは、借入人または貸付人から期限の利益喪失事由が存在している旨の通知を受領していない限り、当該期限の利益喪失事由の発生を知り得なかったものとみなされる。

7. エージェントは、本契約の有効性および本契約に表明された事項につき何ら保証を行うものではなく、貸付人は、自ら適切と認めた書類、情報等に基づき借入人の信用力その他必要な事項を審査した上、独自の判断で本契約を締結し、また、本契約上企図される取引を行うものとする。

8. エージェントが貸付人を兼ねる場合には、本契約上のエージェントの義務にかかわらず、本契約上の貸付人としての権利義務は他の貸付人と同等とする。また、エージェントは、本契約外で借入人との間で一般に認められる銀行取引を行うことができる。なお、エージェントは、本契約外の取引において取得した借入人に関する情報（借入人から受領した情報については、本契約外の取引において取得した情報とみなす）を、他の貸付人に対して開示する義務を負わない。また、エージェントは、借入人との本契約外の取引において借入人から支払いを受けた金員を他の貸付人に分配する義務を負わない。

9. エージェントが貸付人を兼ねる場合には、個別実行金額の算出および本契約第○条の規定による貸付人への分配額の算出は、エージェント以外の貸付人に対する分配額については1円未満を切り捨て、エージェントを兼ねる貸付人に対する分配額については、分配額の総額から他の貸付人に対する分配額を差し引いた金額とする。

10. エージェントが借入人または貸付人に対して行う通知に含まれる利率および返済期日の決定、ならびにその他の決定および本契約に基づき支払われる金額は、明白な過誤がない限り、確定したものとして借入人および貸付人を拘束する。

11. エージェントが本契約上借入人より貸付人に伝えるべき通知を受領した場合、速やかにその内容を全貸付人に通知しなければならない。また、エージェントが本契約上いずれかの貸付人より借入人または他の貸付人に伝えるべき通知を受領したときは、エージェントは速やかにその内容をそれぞれ借入人または全貸付人に通知しなければならない。なお、エージェントは、借入人から入手し保管している書類については、通常の営業時間内において貸付人のために閲覧に供する。

⑵　エージェントの責任

　エージェントは貸付人の代理人として、善良な管理者としての注意をもって、委任事務を処理する義務を負う（民法644条）。このことは、上記契約書例2.3のサンプル条項第3項にも定められている。民法644条のいわゆる善管注意義務は一般的には高度の注意義務であり、それを厳格に解すると、エージェントは委任者たる各貸付人の利益のために最善を尽くすべきであり、借入人がシンジケートローン契約の規定を遵守しているかどうか（特に、なんらかの期限の利益喪失事由が発生していないかどうか）を監視すべき義務を負うとの解釈になりかねない。しかし、エージェントはシンジケートローンの性質上、事務の円滑な処理のために設置せざるをえないものであるし、多くの場合、シンジケートローンの組成段階でのアレンジャーが立場上エージェントを務めているのが実情であることを考慮すると、エージェントに過大な義務を負わせるのは妥当ではないであろう。エージェントに重い責任を課してしまうと、貸付人がエージェント業務を引き受けることに萎縮するおそれもある。また、シンジケートローンの貸付人は多くの場合プロの金融機関であり、エージェントに依存することなく債権保全のために必要な判断を自ら行いうると考えられる。その意味で、エージェントの責務をシンジケートローン契約に明示的に規定されたものに限定し、故意または［重］過失がない限りエージェントが責任を負わないこととするのは合理性があると思われる。

　契約書例2.3は、第1項において「エージェントは、本契約の各条項に明示的に定められた義務以外の義務を負わ」ない旨を定めているほか、エージェントの責任または負担を軽減する趣旨の規定を設けている。たとえば、第4項の第一文は、「エージェントまたはその取締役、従業員もしくは代理人は、本契約に基づいて、または本契約に関連する行為もしくは不作為について、故意または［重］過失がない限り、貸付人に対して一切の責任を負わない。」と定めており、基本的にエージェントは故意または［重］過失がな

い限り、貸付人に対して責任を負わないことになっている。

　また、第5項は、多数貸付人または全貸付人の指示に基づく行為について
エージェントは責任を負わない旨を定めている。実務上も、シンジケート
ローン契約上貸付人の同意を要する事項について借入人側から同意を求められ
た場合その他借入人側からなんらかの判断を求められた場合には、（契約
上エージェントがその単独の裁量にて判断することを明示的に認められている事
項を除いて）エージェントは意思結集の結果の多数貸付人の指示に従って行
動し、自らは判断を下さないようにするのが慎重な行動方法であろう。

　さらに、第6項は、期限の利益喪失事由が仮に発生していたとしても、
エージェントはその発生を知りえなかったものとみなすこととしている。
もっとも、借入人がローン契約上の所定の弁済期日に元利金の支払を怠った
場合（期限の利益喪失事由の1つである）には、エージェントは支払資金の入
金がないことを知りうる立場にあるので、そのような場合にまで、エージェ
ントは借入人または他の貸付人から通知を受けるまで期限の利益喪失事由を
知らないものとして取り扱うことはできないであろう。その場合には、エー
ジェントは適宜借入人に支払を督促するなり、他の貸付人に事態を知らせて
対応につき協議するなりすべきであり、それをしないで漫然と放置していた
ときには、故意または［重］過失があることになるであろう。ただ、借入人
がローン契約上の誓約事項をすべて遵守しているかどうか（その不遵守は期
限の利益喪失事由の1つである）については、エージェントには必ずしもわか
らないことであり、その遵守状況をたえずエージェントに監視させるという
のは現実的ではない。そのような期限の利益喪失事由の発生については、
エージェントは基本的には知りえないものとして取り扱うのが合理的であろ
う。

　また、契約書例2.3の第7項は、「エージェントは、本契約の有効性および
本契約に表明された事項につき何ら保証を行うものではなく、貸付人は、自
ら適切と認めた書類、情報等に基づき借入人の信用力その他必要な事項を審

査した上、独自の判断で本契約を締結し、また、本契約上企図される取引を行うものとする。」と定めている。各貸付人が多くの場合プロの金融機関であることを前提とすれば、すべての貸付人が対等の立場で借入人の信用リスクを負担すべきであり、エージェントたる貸付人が他の貸付人よりも重い責任を負担すると解するべきではないであろう。

3 利益相反の可能性

(1) 情報の共有

契約書例2.3の第8項第二文は、「エージェントは、本契約外で借入人との間で一般に認められる銀行取引を行うことができる。」と定めている。エージェントを務める金融機関は従来より借入人と取引関係があることが多く、エージェントになったために借入人との間の他の取引を行うことができなくなるというのでは、著しく事業活動に制約を受けることになるので、このような規定が念のために設けられている。

そして、エージェントたる金融機関がシンジケートローン取引以外の借入人との間の取引により入手した情報の取扱いについて定めているのが、第8項の第三文である。こうした情報が未公開のものであって、エージェントたる金融機関が借入人に対して守秘義務を負担している場合には、当該情報を借入人の同意なしにシンジケートローンの他の貸付人との間で共有することは問題があるであろう。第8項の第三文が「エージェントは、本契約外の取引において取得した借入人に関する情報……を、他の貸付人に対して開示する義務を負わない。」と定めているのは、そのような趣旨に基づくものであろう。

ただ、シンジケートローン取引以外の借入人との間の取引により入手した情報が借入人の信用状況の悪化にかかわるものである場合には、微妙な問題が生じうる。そのような情報が、シンジケートローン契約におけるターム

ローンまたはコミットメントラインの融資実行の前提条件が充足されている
かどうかの判断にかかわるものである場合（たとえば、融資実行の前提条件の
1つとして借入人に債務不履行のおそれがないことが定められている場合）には、
第8項の第三文を根拠としてエージェントが当該情報をシンジケートローン
の他の貸付人に開示しないことは、エージェントの善管注意義務に反しない
といえるであろうか。この点についての1つの考え方は、第8項の第三文
は、そのようなケースも想定したうえで、情報開示を行わないことについて
エージェントを免責する趣旨の規定であるという解釈である。

　別の考え方としては、エージェントはシンジケートローンの他の貸付人の
利益をできるだけ考慮すべきであるという見解もありうる。シンジケート
ローン契約においては、借入人の誓約事項の1つとして、借入人に期限の利
益喪失事由の発生のおそれがある場合には、エージェントないし貸付人への
通知を借入人に義務づけていることが多い（本章第4節10(1)・161頁参照）。
エージェントたる金融機関がシンジケートローン取引以外の借入人との間の
取引により入手した情報が、借入人がエージェントないし貸付人に通知すべ
き事項に該当するのであれば、こうした情報を通知しないことは借入人のシ
ンジケートローン契約上の義務違反となる可能性がある。そのような状態を
知りつつ放置するというのは、（前述のように契約書例2.3の第6項において、
期限の利益喪失事由が仮に発生している場合であっても、エージェントはその発
生を知りえなかったものとみなす旨が定められているとしても）エージェントの
行為としては妥当ではないであろう。このような場合には、エージェント
は、借入人に対してこの情報をシンジケートローン契約に基づきエージェン
トないし貸付人に通知するよう促す（さもないと、シンジケートローン契約上
の義務違反となる旨を警告する）べきであろう。

(2)　他の取引に関する弁済の受領

　契約書例2.3の第8項第四文は、エージェントは、借入人とのシンジケー

トローン契約外の取引において借入人から支払を受けた金員を他の貸付人に分配する義務を負わない旨を定めている。シンジケートローン契約に基づく債務については、全貸付人に債権額に応じて均等に弁済されるべきであって、一部の貸付人のみに不均等に弁済することは認められていない（本章第4節6・151頁参照）。しかし、エージェントがシンジケートローン取引以外に借入人との間で取引を行うことが制限されないのであれば、かかる他の取引に基づく弁済を受領することも妨げられないはずであり、上記第8項の第四文はこのような趣旨によるものである。

この点に関して、参考になるのが、社債管理者の責任を定めた会社法710条2項の規定である。同項は、社債発行会社が社債の元利金の支払を怠り、もしくは社債発行会社につき支払停止となった後またはその前3カ月以内に、社債管理者が自己の債権について社債発行会社から担保の供与または弁済を受けるなど同項各号所定の行為をした場合は、社債管理者は原則として社債権者の被った損害を賠償すべき旨を定めている。

会社法710条2項の規定はシンジケートローン取引に準用されるものではなく、また、社債の投資家にはプロの金融機関だけではなく一般大衆も含まれうるものである。したがって、シンジケートローン取引におけるエージェントが社債管理会社と同様の責任を負うと解するべきではないであろう。ただ、前述のとおりエージェントは従来から借入人と取引関係にある金融機関であることが多く、借入人に関する情報量の点では、他の貸付人よりは優位的な立場にあるといえる。上記3(1)で述べたことと重複するが、エージェントが借入人の信用状況の悪化にかかわる情報をシンジケートローン取引とは別個に入手している場合において、そうした情報を借入人がシンジケートローン契約上エージェントないし貸付人に通知すべき義務を負っているにもかかわらず、情報が他の貸付人に開示されないのをエージェントが漫然と放置して自己の借入人に対する（シンジケートローン取引以外の）債権の回収を優先させたようなときには、エージェントの他の貸付人に対する責任が生じ

る可能性があるであろう。

⑶ **議決権の行使（貸付人による意思結集）**

　前述のように、シンジケートローン取引においては一定の特に重要な事項を除き多数決原理が適用され、多数貸付人の決定によって貸付人全体の意思形成が図られる。通常のケースであれば、多数貸付人の意思結集に際して利益相反の問題が生じることはないであろう。しかし、一部の貸付人（エージェントまたはその他の貸付人）が意思結集の対象たる事項についてなんらかの特別な利害関係を有している場合には、利益相反の問題が生じる可能性がある。意思結集の局面における利益相反の問題は、エージェントと他の貸付人との間でだけではなく、エージェントでない貸付人相互間においても生じることである。以下では、まず、ａにおいてエージェント以外の一部の貸付人とその他の貸付人との間で（つまり貸付人相互間で）利害が対立する場合について検討し、次に、ｂにおいて、エージェントである貸付人とその他の貸付人との間で利害が対立する場合について検討する。なお、以下の設例においては、シンジケートローンはいずれも無担保であることを前提とする。

ａ **貸付人間で利害が異なる場合**

【設例１】

　シンジケートローン契約上、借入人が企業買収を行う場合に多数貸付人の同意が必要とされている。貸付人はＡ銀行、Ｂ銀行、Ｃ銀行、Ｄ銀行およびＥ銀行の５名。Ａ銀行およびＢ銀行はシンジケートローンのほかに借入人に対してメザニン投資（劣後ローン、優先株式など）を行っている。Ａ銀行およびＢ銀行が参加割合の大半を占めており、これら２名で多数貸付人を構成することができる。借入人の業績は堅調で、現状のまま推移すれば融資の返済に特に懸念はない。

　今般、借入人は事業拡大のためにＸ社を買収しようとしている。その

> 企業買収が成功すれば借入人の企業価値が向上する半面、買収後の借入人の事業が失敗する可能性も相当程度あり、その場合にはローンの返済に支障が生じるおそれがある。

【設例1】においては、貸付人としての立場で判断すれば、失敗するリスクが相当程度ある企業買収に同意することには慎重になる。貸付人はデット・プロバイダーであり、借入人の業績がどれだけ好転しても一定の利率による利息を投資のリターンとして収受することができるにとどまるので、借入人の現状が融資の回収に懸念を生じさせない水準のものであれば、貸付人としては借入人にはあえて冒険をしてほしくないと考えるであろう。しかし、メザニン投資家でもあるA銀行およびB銀行としては、（企業買収の結果次第では借入人の業績が悪化するリスクがある半面）、企業買収は借入人の企業価値を高め、メザニン投資家にとっての投資収益を向上させる絶好の機会であり、多少のリスクを冒しても実行するに値する。この場合、A銀行およびB銀行に意思結集への参加を認めて、これら2名が企業買収に賛成するのであれば、C銀行、D銀行およびE銀行が反対したとしても、企業買収を認めてしまってかまわないかどうか。

【設例2】

　シンジケートローン契約上、借入人の誓約事項（財務コベナンツ）が定められており、それに抵触した場合には多数貸付人の請求により借入人がローンの期限の利益を喪失することになっており、その権利放棄には多数貸付人の同意が必要とされている。貸付人はA銀行、B銀行、C銀行、D銀行およびE銀行の5名。A銀行およびB銀行が参加割合の大半を占めており、これら2名で多数貸付人を構成することができる。

　借入人に財務コベナンツの抵触（違反）が発生した。当該財務コベナ

ンツ違反は決して軽微なものではなく、安易に権利放棄できるわけではないが、Ａ銀行およびＢ銀行は、それぞれ別途借入人に対して多額の融資（その満期はいずれもシンジケートローンよりも先に到来する）を提供しており、当該融資をシンジケートローンよりも先に回収してしまうために、当該財務コベナンツ違反の権利放棄（すなわち、シンジケートローンの期限の利益を喪失させないこと）に賛成しようとしている。

【設例2】においては、シンジケートローンの貸付人としての立場で判断すれば、当該財務コベナンツ違反は軽微なものではないので、権利放棄することには慎重になる。しかし、別途借入人に対して融資しているＡ銀行およびＢ銀行の立場で判断すれば、当該財務コベナンツ違反を理由にシンジケートローンの期限の利益を喪失させてしまうと、各自の別途融資の回収時期とシンジケートローンの回収時期とが重なり、別途融資が全額回収できなくなる懸念が生じるので、権利放棄に賛成したほうが別途融資の回収には有利になる。この場合、Ａ銀行およびＢ銀行に意思結集への参加を認めて、これら2名が権利放棄に賛成するのであれば、他の3名が反対したとしても、権利放棄を認めてしまってかまわないかどうか。

【設例3】

　シンジケートローン契約上、借入人が自己の資産をシンジケートローン債務以外の債務のために担保提供するには多数貸付人の同意が必要とされている（ネガティブ・プレッジ）。貸付人はＡ銀行、Ｂ銀行、Ｃ銀行、Ｄ銀行およびＥ銀行の5名。Ａ銀行が参加割合の大半を占めており、Ａ銀行のみで多数貸付人を構成することができる。

　Ａ銀行は別途借入人に対して無担保の既存融資を提供しており、今般、当該融資のために借入人の資産に担保権の設定を受けようとしてい

る。

　【設例3】においては、既存融資のために担保提供を認めるということは、その貸主であるＡ銀行に担保対象資産について優先弁済権を与えることになり、シンジケートローンの貸付人としての立場で判断すれば、通常であれば担保提供を認めることには消極的になる。しかし、Ａ銀行の立場からは、担保提供を認めたほうが自己にとって有利になる。この場合、Ａ銀行に意思結集への参加を認めて、Ａ銀行が担保提供に賛成するのであれば、他の４名が反対したとしても、当該担保提供を認めてしまってかまわないかどうか。

　上記の各設例については、エージェントと異なり、各貸付人は他の貸付人に対して善管注意義務ないし忠実義務を負っているわけではない。したがって、貸付人が意思結集において貸付人としての立場以外の事情を考慮して議決権を行使したとしても、それ自体を違法とすることは困難である[3]。そうすると、ローン契約において意思結集の対象事項について特別な利害関係を有する貸付人を意思結集から排除する旨の特段の規定がない限り、上記の設例においてＡ銀行およびＢ銀行（【設例1】および【設例2】の場合）またはＡ銀行（【設例3】の場合）の議決権を否定するのは困難である。ただ、特別利害関係を有する貸付人を意思結集に参加させることによって、他の貸付人の利益を著しく害する場合には、議決権の濫用になると解する余地がまったくないわけではないであろう[4]。

　なお、一口に特別利害関係または利益相反といっても、具体的な事案に

3　会社の取締役に関して、会社法369条2項は、取締役会「の決議について特別の利害関係を有する取締役は、議決に加わることができない」と定めているが、同項の規定は取締役と会社との間には委任の関係がある（同法330条）ことを前提としているので、同法369条2項の趣旨をシンジケートローンの貸付人の意思結集に一般的に及ぼすのは困難である。

よって程度の差がありうる。たとえば、【設例3】においてはA銀行の利害とB銀行〜E銀行の利害とが明らかに反するといえるのに対して、【設例1】または【設例2】におけるA銀行およびB銀行が本当に特別利害関係を有しているといえるのかという点については、議論が分かれる可能性がある。【設例1】において特別利害関係ありということであれば、その考え方を突き詰めていけば、借入人の普通株式を少しでも保有している貸付人はすべて特別利害関係を有することになってしまう可能性があるが、そこまで徹底するのはおそらく違和感があるであろう。また、【設例2】については、各貸付人がシンジケートローン取引とは別個に借入人と融資取引を行うことが特に制限されていない以上、その融資の返済時期がシンジケートローンの返済時期とは異なるタイミングで到来することは当然に起こりうる事態であって、特別利害関係とはいえないと解することも可能である。そのように解すれば、【設例1】および【設例2】については、そもそも利益相反の問題は生じないことになる。

どのような基準により議決権の行使に問題を生じさせるような特別利害関係があるかどうかを判断するのかは困難な問題であるが、1つの判断基準は、問題とされている事項が貸付人（下記bの場合はエージェント）に認められている（または制限されていない）行為に伴って不可避的に発生しうるものであるかどうかという点である。たとえば、【設例1】については貸付人が借入人に対してメザニン投資を行うことは融資契約において通常は制限されていないので、このことを前提とすると、【設例1】のような事態は貸付人の意思結集を行う際に不可避的に生じうる事態であるということができる。また、【設例2】についても（前述のとおり）不可避的に起こりうる事態であ

4　ちなみに、会社法のもとでは、特別利害関係を有する株主であっても株主総会において議決権を行使することはできるが、それにより決議内容が著しく不当なものとなった場合には、株主総会決議の取消事由となる（会社法831条1項3号）。これは、資本多数決の濫用を抑制する趣旨であると解されている。

るということができる。したがって、【設例 1 】および【設例 2 】について
は、議決権の行使に問題を生じさせるような特別利害関係はないと判断する
ことが可能である。これに対して、【設例 3 】においては、各貸付人がシン
ジケートローン取引とは別個に借入人と融資取引を行うことが制限されてい
ないからといって、当初は無担保であった融資に担保を徴求することは融資
に伴って不可避的に生じるとまではいえないので、特別利害関係ありと判断
することになるであろう。

b　貸付人がエージェントの立場を兼ねる場合

【設例 4 】

　【設例 1 】において、A銀行がエージェントである場合。

【設例 5 】

　【設例 2 】において、A銀行がエージェントである場合。

【設例 6 】

　【設例 3 】において、A銀行がエージェントである場合。

　JSLA標準CL契約25条 8 項第一文は「エージェントが貸付人を兼ねる場合
には、本契約上のエージェントの義務にかかわらず、本契約上の貸付人とし
ての権利義務は他の貸付人と同等とする。」と定めている。この規定によれ
ば、Aがエージェントであっても上記 a の議論が当てはまるようにみえる。
しかし、【設例 4 】～【設例 6 】については、別途の考慮を要する。エー
ジェントと他の貸付人との関係は委任ないし準委任であり、エージェントは
他の貸付人に対して善管注意義務を負っている。もっとも、善管注意義務を

負っているとはいっても、エージェントの職務内容は機械的・事務的な事項が多く、参加行の連係役としての役割が中心であり、また、エージェントにあまり過大な負担を求めるべきではないのは前述のとおりである。ただ、エージェントには従来から借入人と取引関係を有し、借入人とつながりの深い金融機関が就任するのが通常であり、各参加行がプロの金融機関であるとはいっても、文字どおり各参加行が独自に借入人と連絡をとって与信管理をしているというよりは、借入人に関する情報のかなりの部分をエージェントに頼っているのが実情であろう。そのような実情を考慮すると、利益相反が生じる状況のもとでは、エージェントに対してより高度の義務を課すのは決して不合理ではないであろう。エージェントの立場と貸付人の立場とを形式的に使い分けることには疑問の余地がある。

ただ、【設例4】〜【設例6】のすべてについて、一律にエージェントである貸付人に対して議決権の行使を認めないようにすべきかどうかは困難な問題である。特に、【設例4】および【設例5】については、（前述のとおり）特別利害関係とはいえず、エージェントであっても議決権を制限される理由はないと考えることもできる。

また、エージェントが積極的・能動的にシンジケートローンの回収を行う義務がないことから、A銀行が議決権を制限される理由はないという考え方もある。しかし、特に【設例6】はシンジケートローンの引当てとなる借入人の資産を減少させる行為であり、エージェントにシンジケートローンの回収を積極的に行う義務がないからといって、その回収に支障をきたしかねない行為をエージェントが自由に行えるということにはならないであろう。【設例6】においてはエージェントである貸付人と他の貸付人との間には利益相反の関係があると考えられ、A銀行による議決権の行使を認めることには疑問が残る。

いずれにしても、【設例4】〜【設例6】においてエージェントであるA銀行について議決権の行使が認められるとしても、意思結集の結果、A銀行

を加えた全体の賛否の結論とＡ銀行を除いた他の貸付人全員の賛否の結論とが異なる場合には、後者の結論はシンジケートローンの貸付人としての立場を純粋に反映したものであるといえるので、エージェントであるＡ銀行は慎重に対応したほうがよいであろう。

4　エージェントの交代

(1)　エージェントの交代に関する条項のサンプル

　シンジケートローン契約には通常、エージェントの辞任または解任およびその場合の後任のエージェントの選任に関する規定が設けられる。エージェントの交代はそれほど起こる事態ではないが、なんらかの理由によりエージェントたる貸付人がその貸付債権の全部を他の金融機関に譲渡するような場合に、エージェント業務も当該他の金融機関に引き継いでもらうということはありうるであろう。

　エージェントの交代に関する条項のサンプルは、契約書例2.4のとおりである（JSLA標準CL契約26条１項～４項におおむね準拠している）。

【契約書例2.4】

第○条（エージェントの辞任および解任）
1．エージェントの辞任に係る手続は、以下の通りとする。
　(1)　エージェントは、全貸付人および借入人に対して書面による通知を行うことにより、辞任することができる。ただし、後任のエージェントが任命され、その就任を承諾するまで、かかる辞任の効力は発生しない。
　(2)　前号の通知が行われた場合、多数貸付人は［借入人の承諾を得た上で］、後任のエージェントを任命する。
　(3)　本項第１号の通知が行われた日から30日以内に後任のエージェントとなるべき者が多数貸付人により任命されなかった場合、または多数貸付人に任命された者がその就任を承諾しなかった場合には、在任中のエージェントが［借入人の承諾を得た上で］、多数貸付人に代わって後任のエージェントを任命できる。

2．エージェントの解任に係る手続は、以下の通りとする。
⑴　多数貸付人は、他のすべての貸付人、借入人およびエージェントに対して書面による通知を行うことにより、エージェントを解任することができる。ただし、後任のエージェントが任命され、その就任を承諾するまで、かかる解任の効力は発生しない。
⑵　前号の通知が行われた場合、多数貸付人は［借入人の承諾を得た上で］、後任のエージェントを任命する。
3．前二項に基づき後任のエージェントに任命された者がその就任を承諾した場合には、前任のエージェントは本契約に基づきエージェントとして保管している書類一式を後任のエージェントに引き渡すとともに、後任のエージェントが本契約に定めるエージェントとして責務を果たすのに必要なすべての協力を行う。
4．後任のエージェントは、前任のエージェントが有していた本契約上の権利義務を承継し、前任のエージェントは後任のエージェントの就任と同時に、エージェントとして負担するすべての義務を免れる。ただし、前任のエージェントが在任中に行った行為（不作為を含む）に関しては本契約の各条項が引き続き有効に適用される。

⑵　エージェントの交代についての借入人の承諾

　上記のサンプル条項は、後任エージェントの選任について、借入人の承諾を必要としている。これは、通常の場合において、借入人と従来から取引関係のある金融機関が当初のエージェントに就任するのが通常であることを考慮して、後任エージェントの人選についても借入人の意向に配慮しようとするものであろう。したがって、後任エージェントが借入人の承諾を得たうえで選任されたとしても、後任エージェントが貸付人の代理人であることには変わりはなく、後任エージェントが借入人の代理人となるわけではない。その意味では、後任エージェントの選任のために借入人の承諾は必須というわけではなく、シンジケートローン取引によっては、かかる借入人の承諾を不要とすることも考えられる。

⑶ エージェントの解任

　実務上、エージェントの解任が実際に問題となることはあまりないと考えられるが、上記のサンプル条項はエージェントの解任に関する規定も設けている。すなわち、多数貸付人の決定をもってエージェントは解任されうることとなっており、解任の事由に特に制限は設けられていない。ちなみに、民法651条1項は、「委任は、各当事者がいつでもその解除をすることができる。」と定めている。

　エージェントを解任するかどうかを決定するための意思結集に際して、エージェントである貸付人も自ら議決権を行使することが認められるであろうか。エージェントである貸付人は通常シンジケートローン取引においてかなりの持分（参加割合）を有しているので、エージェントに議決権の行使を認めると、多くの場合意思結集の結果は解任を否決するという判断に傾くであろう。この点については、エージェントである貸付人は利益相反の関係にあるので、議決権を制限すべきではないかという議論がありうると思われる。しかし、一般的には、エージェントである貸付人の議決権を制限すべきではないであろう。解任の事由に特に制限を設けない以上、そのように解しないと不都合な結果となるであろう。

　たとえば、A銀行（エージェント）およびB銀行の2名から構成されるシンジケートローン（総額タームローン30億円：内訳はA銀行25億円、B銀行5億円）において、エージェントであるA銀行に議決権の行使を認めないこととすると、参加割合が6分の1にすぎないB銀行の意思のみでエージェントが解任されてしまう。A銀行がエージェントを解任された場合には、おそらく他の貸付人であるB銀行がエージェントとなるであろうが、今度はB銀行をエージェントから解任するかどうかの意思結集においてはA銀行が議決権の行使を認められるので、B銀行は容易にエージェントを解任されてしまうであろう。すると、再びA銀行をエージェントから解任するかどうかの意思結集においてはA銀行が議決権の行使を認められないので、A銀行はまたもや

エージェントを解任されてしまうことになり、このような事態が延々と続けば収拾がつかなくなるであろう。

　もっとも、解任がエージェントのシンジケートローン契約上の義務違反を理由とする場合には、エージェントである貸付人は利益相反の関係にあるので、議決権を制限すべきであろう。そのように解しないと、エージェントである貸付人がシンジケートローン取引においてかなりの持分（参加割合）を有しており、自らが反対票を投じることによって多数貸付人の意思決定を阻止しうる場合には、エージェントは義務違反を行った場合であっても、自発的に辞任しない限りエージェントの職務を解かれることはないことになり、他の貸付人の利益を害することになる。このようなことは、委任ないし準委任契約において、受任者が契約に違反しても委任者が契約を解除できないことを意味し、債務不履行の場合に不履行当事者の相手方による契約解除を認めている民法の規定に反するであろう。

　エージェントが義務違反を理由として解任された場合には、この解任された貸付人は、後任エージェントの選任に際して、自らを再びエージェントとするような提案および意思結集を行うことはできないと解すべきであろう。後任エージェントの選任に際して解任された貸付人が再びエージェントに選任されることを認めたのでは、解任の意思結集の際にエージェントたる貸付人の議決権を制限した意味がなくなるからである。

第4節

シンジケートローン契約の内容

1 シンジケートローン契約の構成

　シンジケートローン契約は、民法上の契約類型としては金銭の消費貸借契約に該当する。ただ、民法が定める本来の金銭消費貸借契約は要物契約であるのに対して、シンジケートローン契約は融資実行に先立って締結されるのが通常で、所定の貸付実行の前提条件が充足されてはじめて実際に融資が実行されるので、諾成的金銭消費貸借契約である。この点に関して、民法改正要綱第32、1（民法改正法案587条の2）は、書面による消費貸借契約は諾成契約である旨を明示的に定めることにしている。

　シンジケートローン契約は、借入人、貸付人およびエージェントを当事者として締結される。保証付きのシンジケートローン契約の場合は、保証人も当事者となり、契約書に保証に関する規定が設けられることになる（保証書がシンジケートローン契約書とは別に締結されることもある）。

　シンジケートローン契約は、通常次のような構成をとっている。まず第1条に定義規定が設けられ、契約中に用いられる各種用語の定義がなされる。シンジケートローン契約に限らず、ある程度長文にわたる契約書の場合には、多数の定義が用いられるため、契約書冒頭に定義された用語をまとめて記載しておいたほうが読みやすいので、このような体裁がとられる。用語は50音順または（英単語の場合は）アルファベット順に並べられる。

　第2条以降では、貸付の申込み・実行の手続、貸付実行の前提条件、貸付人への弁済期日・弁済方法、期限前弁済、各種手数料、借入人の表明および保証、借入人の誓約事項、期限の利益喪失事由、地位譲渡・貸付債権の譲

渡、契約の変更、一般規定などについて規定される。また、各貸付人の貸付額・貸付極度額の明細、貸付金の返済スケジュール、借入申込書の様式、

【図表２－５】 シンジケートローン契約の条項見出し例

第1条	定義
第2条	貸付人の権利義務
第3条	資金使途
第4条	借入れの申込み
第5条	総貸付極度額（または総貸付限度額）の解約
第6条	貸付実行の前提条件
第7条	貸付の実行
第8条	貸付の不実行
第9条	貸付人の免責
第10条	元本の弁済
第11条	利息
第12条	期限前弁済
第13条	遅延損害金
第14条	諸経費および公租公課
第15条	各種手数料（コミットメントフィー、エージェントフィーなど）
第16条	借入人の債務の履行
第17条	貸付人への分配
第18条	借入人による表明および保証
第19条	借入人の確約
第20条	期限の利益喪失事由
第21条	相殺
第22条	貸付人間の調整
第23条	エージェントの権利義務
第24条	エージェントの辞任および解任
第25条	貸付人の意思決定
第26条	契約の変更
第27条	地位譲渡
第28条	貸付債権の譲渡
第29条	第三者からの回収等
第30条	貸付義務の終了
第31条	一般規定

（貸付人の地位または貸付債権の譲渡がなされた場合の）地位譲渡通知書の様式などが契約書の末尾に別紙として添付されることが多い。

　ちなみに、コミットメントライン型のシンジケートローン契約の条項の見出しの一例は、図表2－5のとおりである。以下では、シンジケートローン契約の主要な規定について述べることとする。

2　定義規定

　前述のとおり、シンジケートローン契約では通常1条に定義規定が設けられる。シンジケートローン契約における主要な用語の典型的な定義は次のとおりである。なお、実務上はJSLAの契約書ひな型をベースにした契約書が用いられることが多いのが現状であると思われるので、以下では、JSLAの契約書ひな型に使用されている用語については、その用語例に従っている。ただ、どのような表現の用語がどのような意味で使われるのかは、ローン契約によって異なりうるので、実際のシンジケートローン契約においては、契約ごとに定義の内容を確認する必要があるのはもちろんのことである。

⑴　「個別貸付実行金額」および「貸付総額」

　タームローンに関して、各貸付人の貸付予定金額を「個別貸付実行金額」といい、その合計額を「貸付総額」という。なお、限度貸付の場合は、それぞれ「貸付限度額」および「総貸付限度額」といった用語が使われる。

⑵　「貸付極度額」および「総貸付極度額」

　コミットメントラインに関して、各貸付人の融資枠の金額を「貸付極度額」といい、その合計額を「総貸付極度額」という。

⑶ 「本貸付」および「個別貸付」

　全貸付人によりなされる1回の融資実行に係る金銭消費貸借取引を「本貸付」といい、そのうち各貸付人によりなされる金銭消費貸借取引を「個別貸付」という。

⑷ 「借換旧貸付」および「借換新貸付」（コミットメントラインの場合のみ）

　「借換旧貸付」とは、借換新貸付の貸付実行希望日を元本弁済期日とする、すでに実行ずみの貸付をいい、「借換新貸付」とは、すでに実行ずみの貸付の元本弁済期日を貸付実行希望日とする貸付をいう。

　コミットメントラインについて、既存の貸付の元本弁済期日と同日に新規の貸付の実行がなされる場合には、既存の貸付に係る貸付人の貸付金返還請求権と新規の貸付に係る借入人の貸付実行金交付請求権とを対当額にて相殺する取扱いにするのが通常である。この場合の既存の貸付が「借換旧貸付」であり、新規の貸付が「借換新貸付」である。

⑸ 「多数貸付人」

　多数貸付人の定義については、本章第2節3⑴c（111頁以下）に前述したとおりである。

⑹ 「貸付不能事由」

　「貸付不能事由」とは、①天災・戦争・テロ攻撃の勃発、②電気・通信・各種決済システムの不通・障害、③東京インターバンク市場において発生した円資金貸借取引を行いえない事由、④その他貸付人の責めによらない事由のうち、これにより貸付人の全部または一部による本貸付の実行が不可能となったと多数貸付人（多数貸付人による意思結集が困難な場合はエージェント）が判断するものをいう。

貸付人は、貸付実行の前提条件が充足されたときは、借入人に対して融資を実行する義務（貸付義務）を負うのであるが、貸付不能事由が発生した場合には、当該事由が解消するまでは、貸付義務が停止される旨が規定されることが多い。これは、貸付金交付義務という金銭債務にも一種の不可抗力による免責を認める趣旨であろう。

　ちなみに、民法419条3項は、金銭の給付を目的とする債務の不履行の場合の損害賠償については、債務者（融資実行の局面においては、貸付金交付義務を負う各貸付人が「債務者」となる）は、不可抗力をもって抗弁とすることができない旨を定めているので、シンジケートローン契約においては民法の原則とは異なる取扱いを定めていることになる。もともと、民法419条3項が金銭債務について不可抗力による免責の抗弁を排除している趣旨は、金銭債務については基本的には履行不能ということがない（自分の手元に資金がなければ、ほかから資金を調達することにより債務を履行することが可能である）ということにあるのであるが、貸付不能事由として列挙されている事由が発生した場合には、実際問題として貸付のための資金調達をすることが困難になると考えられる。

(7)　「適用利率」

　適用利率は、「基準金利」に一定の「スプレッド」を加算したものである。「基準金利」は、TIBOR（東京インターバンク市場における預金出し手金利）、LIBOR（ロンドン・インターバンク市場における預金出し手金利）等の該当する利息計算期間に対応する利率として決定されるのが一般である。TIBORが基準金利である場合、基準金利は、「融資実行希望日の2営業日前の午前11時（または午前11時に可及的に近い午前11時以降の時点）において全銀協TIBOR運営機関が公表する［日本円TIBOR（Telerate 17097ページまたはその承継ページ）／ユーロ円TIBOR（Telerate 23070ページまたはその承継ページ）］のうち、該当する利息計算期間に対応した利率」というように定

義される。

　利息計算期間が半端な期間であって、TIBOR、LIBOR等の指標金利が当該期間について表示されない場合には、近接した期間の金利による方法（TIBORの場合、全銀協TIBOR運営機関が公表するTIBORの該当ページに表示される期間のうち、当該利息計算期間を越える最短の期間に対応する利率または当該利息計算期間を越えない最長の期間に対応する利率のいずれか高いほうの利率を採用する）、線形補間による方法、複数の金融機関から提示された金利の算術平均をとる方法、エージェントが合理的に決定する方法等により、基準金利を決定するのが通常である。

　「スプレッド」は、通常のケースではローン期間を通じて一定の数値（年率）である。ただ、取引によっては（ことにLBOに関して提供されるローン（「LBOローン」）などにおいては）、Leverage Ratio（レバレッジ比率。本節10(2)・163頁参照）、借入人の格付などの一定の指標を定期的に検証して、その水準によりスプレッドを見直すことがある。この場合、一般的にいって信用力の高い借入人ほどスプレッドは小さくなるので、レバレッジ比率が小さくなるにつれて、または格付が上がるにつれて、スプレッドは小さくなるように改定される。

(8)　「元本弁済日」

　貸付金の元本の弁済日をいう。満期一括返済型のタームローンの場合は、満期日が元本弁済日となり、分割返済型のタームローンの場合は、一定の期間ごとの期日が元本弁済日となる。

　コミットメントラインの場合は、個々の貸付についての満期日に元本を一括して返済するので、満期日が元本弁済日となる。

(9)　「利払日」

　タームローンの利息は一定の期間（3カ月、6カ月など）ごとに支払われ

ることになっており、かかる一定の期間ごとの期日がタームローンについての利払日である。

　コミットメントラインの利息は満期日（元本弁済日）に元本とあわせて弁済されることが多いので、満期日が利払日となる。もっとも、コミットメントラインであっても、貸付期間が１年といった比較的長期間になる場合には、元本弁済日より前の時点で経過利息のみが支払われることもあり、その場合には貸付期間中の一定の期日も利払日となる。

⑽　「利息計算期間」

　タームローンの利息計算期間は、前回の利払日（初回の利息計算期間については貸付実行日）から次回の利払日までの期間である。コミットメントラインの利息計算期間は、（期中に利払いがなされる場合を除き）貸付実行日から満期日（元本弁済日）までの期間である。利払日当日を期間に含めるかどうかは、両端か片端かで異なる。利息の計算方法は、適用利率に基づき利息計算期間中の実経過日数に応じて１年を360日または365日として日割計算されるのが通常である。

⑾　「清算金」

　「清算金」とは、個別貸付の弁済期日前に元本の弁済または相殺がなされた場合において再運用利率が適用利率を下回るときに清算されるべき金員をいい、かかる弁済または相殺がなされた元本金額に再運用利率と適用利率の差および（次回利払日（タームローンの場合）または満期日（コミットメントラインの場合）までの）残存期間の実日数を乗じて算出される。貸付金の期限前弁済がなされたときは、貸付人に資金運用上の損失が生じることがあるので、その場合の損失を借入人が補償する旨定められるのが通常である。補償対象の金額が清算金である。

(12)　「トランシュ」

　単純なローン契約の場合には1個の契約書において1種類のローンが定められるのであるが、案件によっては、返済期間、返済方法、金利条件等を異にする複数の種類のタームローン（期中に元本分割返済がなされるものと満期一括返済型のものなど）が定められたり、タームローンとコミットメントラインとが併存したりすることがある。このように、1つの契約のなかに、複数の種類のローンが定められている場合、それぞれのローンを「トランシュ（Tranche）」と呼び、ローンごとにトランシュA、トランシュBなどと呼んでいる。たとえば、LBOローンの契約においては、企業買収資金として2種類のタームローン（元本分割返済型のトランシュA、満期一括返済型のトランシュB）が提供され、買収完了後の対象会社の運転資金用にコミットメントライン（トランシュC）が提供されることがある。そして、各トランシュについて異なる適用利率が定められることが多い。

3　貸付人の権利義務

　貸付人の権利義務に関しては、通常は契約書例2.5のような規定が設けられる。

【契約書例2.5】

> 第○条（貸付人の権利義務）
> 1．本契約に別段の定めがある場合を除き、貸付人は本契約に基づく権利を個別かつ独立して行使できる。
> 2．本契約で別途定める場合を除き、貸付人の本契約に基づく義務は個別かつ独立したものであり、貸付人は他の貸付人がかかる義務を履行しないことを理由に自らの本契約に基づく義務を免れないものとする。また、貸付人は、他の貸付人が本契約に基づく義務を履行しないことについて一切責任を負わないものとする。

本章第2節3⑴a（108頁）において触れたように、シンジケートローンにおいては、複数の参加金融機関が貸付人として、借入人との間で同一の金銭消費貸借契約書に調印するものの、金銭消費貸借に係る契約関係は各参加金融機関と借入人との間で別個に存在し、各参加金融機関が個々に借入人に対して貸付債権を有するのが原則である。たとえば、参加金融機関3社で構成され、A銀行が30億円、B銀行が20億円、C銀行が10億円のタームローンを提供する融資総額60億円のシンジケートローンにおいて、仮にC銀行が（融資実行の前提条件が充足されており、かつ貸付不能事由が存在しないにもかかわらず）融資実行をなすべき日に貸付義務の履行を怠った場合であっても、A銀行およびB銀行は自らの貸付義務の履行を拒むことはできない。また、この場合、A銀行およびB銀行は自らの貸付義務（それぞれ30億円および20億円）を履行すれば足り、C銀行の10億円分について肩代わりして融資を実行する義務を負うものではない。契約書例2.5の規定第2項は、このような趣旨を定めたものである。

　貸付義務の履行を怠ったC銀行は、借入人に対して債務不履行責任を負い、かかる貸付義務違反により借入人が被った損害を賠償しなければならない。この場合のC銀行の責任を限定する趣旨で、シンジケートローン契約において、かかる損害の借入人に対する賠償は、融資実行をなすべき日に当該銀行による貸付が行われなかったために借入人が別途借入れを行った場合に支払を要した、あるいは要するであろう利息その他の費用と、融資実行をなすべき日に当該銀行による貸付が行われた場合に支払を要したであろう利息その他の費用との差額を上限とする旨の規定が設けられることがある。

　しかし、たとえば借入人による大型企業買収の際の株式購入代金の支払に充てる目的で借入れを行うような場合には、借入金額も巨額になるので、所定の融資実行予定日（通常はその日が株式売買契約上の株式購入代金の支払期日でもある）に融資が実行されないと、借入人は別途他者から急遽借入れを行うこともままならず、株式購入代金を支払えずに株式売買取引自体が流れて

しまうことも予想される。その場合には、借入人が株式売買契約上の契約違反に問われて売主に対して損害賠償責任を負うことも十分に考えられる。そのような場合にまで、貸付義務に違反した銀行の責任を上記の利息その他の費用の差額に限定してしまってよいかどうかには議論の余地があるであろう。

　また、契約書例2.5の規定第1項は、シンジケートローン契約に別段の定めがある場合を除き、各貸付人はシンジケートローン契約に基づく権利を個別かつ独立して行使できる旨を定めている。ただ、本章第2節3(1)b（109頁）において述べたように、借入人になんらかの期限の利益喪失事由が発生した場合に貸付債権について実際に期限の利益を喪失させて直ちに全額の支払を借入人に請求するかどうかの判断を含め、貸付人によるシンジケートローン契約上のさまざまな権利行使の局面において多数貸付人による意思結集の結果に従うこととなっているのが通常である。したがって、契約書例2.5の第1項に定める原則はかなり修正されているといえる。

4　貸付実行の手続

　貸付実行の手続は、通常は次のような手順となる。

① 　借入人が借入れを希望する場合、借入申込書をエージェントに提出する。借入人は、いったん提出した借入申込書を一方的に撤回することはできない。なお、タームローンの場合であらかじめ貸付実行日がローン契約締結日時点で確定しているときは、借入申込書が不要となることもある。

② 　エージェントが各貸付人に借入申込書の内容を伝達する。

③ 　各貸付人は借入申込書の内容に基づいてファンディングの準備をする。

④ 　貸付実行の前提条件がすべて充足されていることを条件に、各貸付人は借入申込書に記載された貸付実行日に、借入人に対して融資を実行する。借入人に対する貸付手取金の交付方法としては、次の2通りの方法があ

る。

(i) まず各貸付人が個別貸付実行金額をエージェントの口座に送金し、エージェントがそれをまとめて借入人の口座に入金する方法

(ii) 各貸付人が（エージェントを経由しないで）自己の個別貸付実行金額を借入人の口座に直接送金する方法

　上記①に関して、借入申込書の様式例は書式2－1のとおりである。借入申込書においては多くの場合、シンジケートローン契約中の借入人の表明および保証が借入申込書の日現在で真実である旨、およびシンジケートローン契約に定める期限の利益喪失事由が発生していない旨を借入人が確認することとなっている。

【書式2－1】

借入申込書の様式

〇年〇月〇日

エージェント
〇〇銀行　御中

　当社、貸付人、およびエージェントとしての貴行の間の〇年〇月〇日付シンジケートローン契約（以下「本契約」という）第〇条第〇項に基づき、以下の貸付の要請をします。
　　(a) 貸付実行希望日 ：〇年〇月〇日
　　(b) 貸付の金額 　　：金〇円
　　[(c) 元本返済日 　　：〇年〇月〇日]（注：コミットメントラインについては、借入人が貸付期間を一定の選択肢の中から選ぶことができる。）
［コミットメントラインの場合のみ］［本貸付につき、以下の借換旧貸付との間で本契約第〇条第〇項但書の規定を適用します。
　　　借換旧貸付の実行日 　：〇年〇月〇日
　　　借換旧貸付の金額 　　：金〇円]

　当社はここに、本日現在、本契約第〇条各号に記載された事実の表明およ

び保証が本日時点の事実および状態に関していずれも真実かつ正確である旨、ならびに本契約第○条第1項各号または第2項各号に規定する期限の利益喪失事由が発生しておらず、または発生するおそれがない旨、また、借入れの結果としてかかる事由が発生することがない旨を確認します。

> ［住所］
> ［借入人］
> 代表取締役　○○○○

　借入人が借入申込書を提出し、各貸付人がファンディングの準備にとりかかったにもかかわらず、貸付実行の前提条件が充足されなかったために貸付の実行が結局なされなかったときは、貸付の不実行により貸付人の被った損害、損失および費用を借入人が補償する旨の規定が設けられることが多い。ただし、貸付の不実行が貸付人の貸付義務違反に起因する場合には、借入人の補償義務は生じない。

5 　貸付実行の前提条件

⑴　貸付実行の前提条件として規定される事項

　各貸付人の融資実行の義務はシンジケートローン契約の締結によって無条件に発生するものではなく、シンジケートローン契約所定の貸付実行の前提条件が充足されてはじめて発生する。かかる前提条件としてどのような事項が要求されるかは、案件によって異なりうるものの、おおむね次のような事項が規定されるのが通常である。なお、タームローンの複数回貸付の場合およびコミットメントラインの場合には、2回以上にわたって貸付が実行されることになるが、各貸付実行日において融資実行の前提条件が充足されていることを要する。

【貸付実行の前提条件として通常規定される事項】

　　①　借入人に関する書類（次の書類を含む）がエージェント［および全貸

付人］に提出されていること。また、保証付シンジケートローンの場合、保証人に関する書類も提出されていること

(i) 借入人の定款

(ii) 借入人の取締役会規則

(iii) 借入人の商業登記簿謄本（履歴事項証明書）

(iv) 借入人の印鑑証明書

(v) シンジケートローン契約に基づく借入れの承認を決議した借入人の取締役会議事録（またはその他の権限ある機関による決定を証する書面）

② 借入人による借入れの申込みがシンジケートローン契約所定の要件を満たしてなされていること

③ 貸付実行日において、シンジケートローン契約に定める借入人および（保証付シンジケートローンの場合）保証人による表明・保証事項が、貸付実行日時点の事実および状態に関して、いずれも真実かつ正確であること

④ 借入人がシンジケートローン契約の各条項に違反しておらず、また、貸付実行日以降においてかかる違反が生じるおそれのないこと

⑤ 期限の利益喪失事由が発生していないこと、かつ発生するおそれのないこと

⑥ 貸付実行日において、貸付不能事由が発生していないこと（すなわち、貸付人の貸付義務が免除されていないこと）

⑦ 貸付人がシンジケートローン契約に基づき融資を実行することが違法となるような事態が発生していないこと

⑧ 貸付実行に際し、必要不可欠と合理的に認められるその他の書類または情報がエージェント［および全貸付人］に提供されていること

なお、上記の⑧は、シンジケートローン契約において前提条件として明示的に定められている必要提出書類のほかに、契約締結後から融資実行時までの間に万が一必要書類に遺漏があったことが判明した場合に備えて、設けら

れている規定である。

　また、担保付シンジケートローンの場合には、担保権設定契約が有効に締結されており、対抗要件具備のための措置が講じられていることも前提条件として定められる。

(2)　追加的な貸付実行前提条件

　さらに、買収ファイナンスの場合（借入人が企業買収を行う場合において、買収代金の一部に充てる目的で借入れを行う場合）には、当該企業買収に関する次のような事項も前提条件として定められることがある。

① 　買収対象会社の過去の売上げおよび将来の財務指標の予測に関する資料の提出
② 　買収対象会社の企業内容精査（税務・会計・法律上のデューデリジェンス）の報告書の提出
③ 　企業買収に関する契約（株式譲渡契約など）が有効に締結されていること、およびかかる契約に定める企業買収取引の実行（クロージング）のための前提条件が充足されていること

(3)　貸付実行の前提条件の充足の有無の判断

　貸付実行の前提条件が充足されているかどうかを判断するに際しては、各貸付人が個別に行う方法、多数貸付人の判断による方法、全貸付人の一致の判断による方法、エージェントの判断による方法などが考えられる。いずれの方法による場合でも、前提条件の充足に関する判断が貸付人の融資実行義務の有無を左右することになる。

　実際に起こることはあまりないと思われるが、貸付実行の前提条件の充足の判断が微妙なケース（たとえば、借入人になんらかの突発的な事態が発生し、その事態がシンジケートローン契約に定める期限の利益喪失事由に該当するかどうかについて判断が分かれうるようなケース）において、貸付人が前提条件が

充足されていないと判断して融資を実行しなかったところ、後日その判断の適否が借入人により訴訟において争われ、裁判所が前提条件は実は充足されていた（すなわち、貸付人は融資を実行すべきであった）と認定した場合には、貸付人はシンジケートローン契約上の貸付義務に違反したことになり、借入人に対して損害賠償責任を負うことになる。このような重大な結果をもたらしかねない前提条件の充足の有無の判断は、基本的には個々の貸付人が自己の責任において行うべきものであると考えるのであれば、各貸付人が個別に判断する方法が適切であるということになるであろう。

　この点に関して、多数貸付人の判断による方法では、前提条件が充足されていないと多数貸付人が判断した場合において、仮にその判断が誤っていたときには、正しい判断をした少数派の貸付人も借入人に対して損害賠償責任を負うことになりかねない。逆に、前提条件が充足されていると多数貸付人が判断した場合において、仮にその判断が誤っていたときには、正しい判断をした少数派の貸付人も（実は前提条件が充足されていないにもかかわらず）融資実行に応じなければならないことになってしまう。また、全貸付人の判断による方法では、全貸付人が一致して前提条件が充足されていると判断しない限り、融資はまったく実行されないことになるので、一貸付人が誤って前提条件が充足されていないと判断した場合には、その誤った判断のために残りの貸付人も借入人に対して損害賠償責任を負うことになりかねない。

　なお、エージェントの判断による方法の場合には、まったくエージェントの独断で前提条件の充足の有無を決めてしまうのはエージェントにとってリスクが大きいと思われるので、実務上は各貸付人の意向を確認しながら判断するということになるであろう。ただ、エージェントの判断に全貸付人が従うのが前提であるので、エージェントの判断による方法についても、多数貸付人または全貸付人の判断による方法についてと同様の問題が存在する。

6　借入人による貸付人への弁済およびエージェントによる各貸付人への分配

⑴　借入人による貸付人への弁済

a　借入人によるエージェントへの支払

　借入人は、貸付金の元本および利息を所定の元本弁済日および利払日にそれぞれ弁済する。弁済の方法は、借入人が各貸付人に直接弁済するのではなく、所定の弁済期日にエージェントに一括して弁済資金を支払い、それをエージェントが各貸付人に分配するという方法をとるのが通常である。エージェントに対する弁済方法としては、次の2通りの方法がある。

①　借入人がエージェント行に設けられたシンジケートローン取引専用の自己名義の預金口座（「シンジケート口座」と呼ばれる）に弁済資金を送金し、エージェントがその弁済資金を当該口座から引き落とす方法

②　借入人がエージェント名義の預金口座（「エージェント口座」と呼ばれる）に弁済資金を送金する方法

　借入人は、貸付人に弁済する場合には、上記の所定の方法により弁済することを要する。JSLAの標準契約書では、それ以外の方法で支払っても（たとえば、個別に各貸付人に支払う、貸付人に対する反対債権をもって相殺するなど）、シンジケートローン契約上の債務の履行とは認められないものと定めている（JSLA標準CL契約18条2項）。シンジケートローンの各貸付人の権利は相互に優劣の差がなく、債権額に応じて均等に弁済を受けるべきであるので、借入人が個別に各貸付人に支払うことを認めたのでは、一部の貸付人が他の貸付人よりも余分に弁済を受ける事態が生じる可能性があり、そのつど貸付人間で調整をしなければならないことになり、煩雑となるばかりでなく混乱を生じるおそれがあるからである。もっとも、後述の相殺がなされたような場合には、貸付人間の調整を要する事態が発生するのは避けられない。

b　借入人により支払われた金額の充当順位

　シンジケートローン契約の規定に従い借入人により支払われた金額の充当順位は、おおむね次のとおり定められるのが通常である。借入人により支払われた金額をかかる順位に従って充当した結果、同一順位の項目の金額を全額弁済するに足りない場合は、債権額に按分した比例弁済となる。

①　シンジケートローン契約上借入人が負担すべきものとされる費用等のうち、エージェントが借入人にかわって負担しているものおよびエージェントフィー（遅延損害金を含む）

②　シンジケートローン契約上借入人が負担すべきものとされる費用等のうち、第三者に支払うべきもの

③　シンジケートローン契約上借入人が負担すべきものとされる費用等のうち、貸付人が借入人にかわって負担しているもの（遅延損害金を含む）

④　遅延損害金（上記①、③の遅延損害金を除く）および清算金

⑤　（コミットメントラインの場合）コミットメントフィー

⑥　貸付の利息

⑦　貸付の元本

(2)　エージェントによる各貸付人への分配

　エージェントは、上記(1) a に従い借入人から支払を受けた金額を、各貸付人に分配する。なお、JSLAの標準契約書では、この分配を行うに際して、シンジケート口座に係る預金債権が差し押さえられた場合（上記(1) a ①のシンジケート口座からの引落しによる支払方法の場合）またはいずれかの貸付人の貸付債権が差し押さえられた場合の対処方法を定めた規定が設けられている（JSLA標準CL契約19条）。

(3)　貸付人間の調整

　前述のとおり、借入人によるシンジケートローン契約上の債務の弁済は

エージェントを通して行うことを要する。JSLAの標準契約書では、いずれかの貸付人が借入人から直接支払を受けた場合には、当該貸付人はその金額をエージェントに交付することを要し、かかる金額をエージェントが受領することをもって、債務の履行があったものと取り扱うこととしている（JSLA標準CL契約18条2項）。

ただ、借入人が債務の弁済を怠った場合において貸付人が借入人に対して別途債務を負担しているときは、貸付人はシンジケートローン契約上の貸付債権と借入人が貸付人に対して有する債権（預金債権など）とを対当額にて相殺することによって貸付債権を回収することができる。また、仮に貸付人の財務状態が悪化したような場合には、借入人の側から逆相殺がなされることがある（ちなみに、JSLA標準CL契約23条2項は、「エージェントまたは貸付人が本契約に基づき借入人に対して有する債権の弁済期日が到来し、かつ、借入人がエージェントまたは貸付人に対して有する預金債権、保険契約に基づく債権、その他の債権のうち期限の到来したものについて債権保全上必要がある場合に限り」、借入人の側からの逆相殺を認めている）。相殺が有効に行われた場合には、相殺を行った（または逆相殺をされた）貸付人は他の貸付人よりも余分に貸付債権の弁済を受けたことになるので、全貸付人が均等な弁済を受けた状態にするために、貸付人間で調整をすることが必要となる。

調整の方法はいくつか考えられるが、1つの調整方法は、余分に弁済を受けた貸付人が他の貸付人のそれぞれから一定割合ずつ貸付債権の一部を額面金額にて買い取るというものである（図表2-6参照。ちなみに、JSLA標準CL契約24条1項および2項は、この方法を採用している）。このような貸付人間の調整を定めた規定は、英文シンジケートローン契約では一般に「プロラタ・シェアリング（pro rata sharing）条項」と呼ばれている。

図表2-6において、仮に、借入人がA銀行に25億円の預金債権を有していたとすると、A銀行が自己の貸付債権全額と預金債務とを対当額にて相殺して15億円を回収した後も、なお10億円の預金残高が残ることになる。この

《前提》A銀行（貸付金額15億円）、B銀行（貸付金額5億円）、C銀行（貸付金額20億円）、D銀行（貸付金額10億円）という4社から構成されるシンジケートローン（タームローン）。

　　・借入人がA銀行に10億円の預金債権を有している。
　　・借入人がシンジケートローン契約上の債務について期限の利益を喪失した結果、A銀行が自己の貸付債権と預金債務とを対当額にて相殺して10億円を回収（簡略化のため、経過利息、遅延損害金等を無視する）
　⑴　相殺直後の各貸付人の貸付債権残高は次のとおり。
　　　A銀行：5億円、B銀行：5億円、C銀行：20億円、D銀行：10億円
　⑵　A銀行が相殺により回収した10億円は、本来4社の間で3：1：4：2の比率にて分配されるべきものであるので、A銀行は3億円のみを手元に残して、残り7億円を他の貸付人に分配すべきことになる。
　⑶　A銀行は、B銀行から1億円分、C銀行から4億円分、D銀行から2億円分の貸付債権をそれぞれ額面金額にて買い取る。
　⑷　調整後の各貸付人の貸付債権残高は次のとおりとなる。
　　　A銀行：12億円、B銀行：4億円、C銀行：16億円、D銀行：8億円

場合には、どのように取り扱われるであろうか。図表2－7（設例②）を参照されたい。

　図表2－7のように、借入人がA銀行にA銀行自身の貸付債権額を上回る預金債権を有している場合には、「相殺→貸付人間の調整→再度の相殺→貸付人間の再度の調整」という作業を繰り返すことによって、借入人のA銀行に対する預金債権全額について相殺によりシンジケートローンの全貸付人の（A銀行自身の貸付債権額を超える）貸付債権の回収を図ることが可能となる。もっとも、借入人のA銀行に対する預金債権が定期預金債権であって、当該預金債権についてシンジケートローンの全貸付人のために質権が設定されている場合には、相殺によることなく質権の実行によって同様の目的を達することが可能である。ただ、借入人のA銀行に対する預金債権が普通預金債権の場合には、普通預金債権の質権設定の有効性に関して議論があることは周知のとおりであり、仮に質権設定の有効性が疑問視されるのであれば、再度

《前提》A銀行（貸付金額15億円）、B銀行（貸付金額5億円）、C銀行（貸付金額20億円）、D銀行（貸付金額10億円）という4社から構成されるシンジケートローン（タームローン）。

・借入人がA銀行に25億円の預金債権を有している。

・借入人がシンジケートローン契約上の債務について期限の利益を喪失した結果、A銀行が自己の貸付債権全額と預金債務とを対当額にて相殺して15億円を回収（簡略化のため、経過利息、遅延損害金等を無視する）

(1)　相殺直後の各貸付人の貸付債権残高は次のとおり。
　　A銀行：0円、B銀行：5億円、C銀行：20億円、D銀行：10億円

(2)　A銀行が相殺により回収した15億円は、本来4社の間で3：1：4：2の比率にて分配されるべきものであるので、A銀行は4.5億円のみを手元に残して、残り10.5億円を他の貸付人に分配すべきことになる。

(3)　A銀行は、B銀行から1.5億円分、C銀行から6億円分、D銀行から3億円分の貸付債権をそれぞれ額面金額にて買い取る。

(4)　調整後の各貸付人の貸付債権残高は次のとおりとなる。
　　A銀行：10.5億円、B銀行：3.5億円、C銀行：14億円、D銀行：7億円

(5)　上記(1)の相殺後も、なお借入人がA銀行に10億円の預金債権を有している。そこで、A銀行は調整後の自己の貸付債権（残高10.5億円）と預金債務とを対当額にて相殺して10億円を回収した場合、かかる再度の相殺直後の各貸付人の貸付債権残高は次のとおりとなる。
　　A銀行：0.5億円、B銀行：3.5億円、C銀行：14億円、D銀行：7億円

(6)　A銀行が上記(5)の再度の相殺により回収した10億円は、本来4社の間で3：1：4：2の比率にて分配されるべきものであるので、A銀行は3億円のみを手元に残して、残り7億円を他の貸付人に分配すべきことになる。

(7)　A銀行は、B銀行から1億円分、C銀行から4億円分、D銀行から2億円分の貸付債権をそれぞれ額面金額にて買い取る。

(8)　上記(7)の再度の調整後の各貸付人の貸付債権残高は次のとおりとなる。
　　A銀行：7.5億円、B銀行：2.5億円、C銀行：10億円、D銀行：5億円

の相殺が認められることによる貸付人にとってのメリットは大きいといえる。

　しかし、上記のような再度の相殺は、借入人の財務状態が悪化した際に行

われることが多いであろうから、借入人が倒産状態にある時期において相殺がなされた場合には、倒産法上認められない可能性がある（たとえば、破産法72条）。また、倒産法上の相殺禁止規定に直接抵触しない場合であっても、相殺権の濫用と判断されるおそれがある。

　なお、一部の貸付人が借入人から弁済を受けた場合はいかなる場合であっても、常に貸付人間の調整を行うこととすべきかについては議論の余地があるであろう。たとえば、借入人がシンジケートローン契約上の債務を弁済することができなくなり、貸付人が借入人に対して貸付金返還請求訴訟を提起するケースにおいて、一部の貸付人が訴訟提起に加わらなかったため、残りの貸付人だけで訴訟を提起し、勝訴判決を得て、借入人の財産に強制執行を行って貸付債権を回収したような場合、訴訟に参加した貸付人が参加しなかった貸付人との間で調整を行わなければならないと解釈するのは、（訴訟に要した費用をすべての貸付人が均等に負担するとしても）異論のありうるところであろう。訴訟に参加した貸付人は費用倒れに終わるリスクを覚悟のうえで訴訟を遂行した結果、自己の貸付債権を回収することができたのであり、訴訟を提起することを選択しなかった貸付人が回収された金額の分配に参加できるのはかえって不公平であるとの考え方もあるであろう。

　また、JSLA標準CL契約では、シンジケートローン上の債権を被担保債権に含む担保権のうち一定の要件を満たすものを「許容担保権」と呼んでおり、一部の貸付人がこの許容担保権の実行により回収した金額については貸付人間の調整が行われない旨を定めている。

7　期限前弁済

(1)　借入人の選択による期限前弁済

　シンジケートローン取引において借入人が貸付金を期限前弁済することを認める場合には、期限前弁済の手続に関する規定が設けられる。具体的に

は、次のような手続に従って期限前弁済がなされることになる。

①　借入人は期限前弁済を希望する場合、期限前弁済を希望する日の一定期間前までにその旨をエージェントに通知する。期限前弁済が貸付金の一部についてなされる場合には、弁済金額の単位が一定額以上であることを要するのが通常である。

②　エージェントは、上記①の借入人からの通知の内容を各貸付人に連絡する。

③　期限前弁済に関して貸付人に清算金（資金運用上の損失）が発生する場合には、各貸付人は清算金の金額をエージェントを通じて借入人に通知する。清算金が発生するかどうかは、期限前弁済がなされる時点の金利情勢によるが、変動金利のローンについて利払日に期限前弁済がなされる場合を除き、清算金が発生する可能性がある。

④　借入人は、期限前弁済日に期限前弁済を行う。期限前弁済日には、借入人は期限前弁済される貸付金元本のほか、期限前弁済日までの経過利息および（発生する場合）清算金を支払うことを要する。

　なお、分割返済型のタームローンの場合は、期限前弁済された金額をどのように各元本弁済日に支払われるべき元本額に充当するかという点について、規定を設ける必要がある。充当の方法としては、(i)最も遅く到来する元本弁済日に支払われるべき元本額から充当する方法、(ii)最も早く到来する元本弁済日に支払われるべき元本額から充当する方法、または(iii)各元本弁済日に支払われるべき元本額に按分比例した金額を充当する方法がある。これらのうち、(i)のパターンが一般的であろうと思われる。

(2)　強制期限前弁済（主としてノンリコースローンの場合）

　コーポレートローンの場合は、期限前弁済の規定はあくまで借入人の任意によるものとして設けられるのが通常である。これに対して、ノンリコースローン（本章第2節1(3)・101頁参照）の場合には、一定の事象が発生した場

合には、借入人が所定の金額を強制的に期限前弁済すべき旨を定めることがある。一定の場合に期限前弁済が借入人の義務とされていることは、ノンリコースローンの性質と深くかかわっている。すなわち、ノンリコースローンは借入人の将来のキャッシュフローを引当てにしたファイナンス手法であり、現在は借入人の業績が好調であっても、将来業績が悪化する可能性がないとはいえない（将来借入人の業績が悪化すれば、予測したキャッシュフローが生み出されず、融資が回収不能になるおそれがある）ので、キャッシュフローに余裕があるうちに一定の金額の期限前弁済を義務づけ、将来のキャッシュフロー不足の事態に備えようとするものである。また、借入人の責任財産の一部が売却された場合には、責任財産の一部の流出を認める代償として、売買代金をもって期限前弁済を義務づけることがある。

どのような場合にどのような条件で期限前弁済が義務づけられるかは、案件ごとに異なる。たとえば、LBOローンにおいては、次のような場合には借入人は期限前弁済を義務づけられることがある。

① 借入人のキャッシュフローに余剰が生じた場合……余剰キャッシュフローの一定割合額

② 借入人がその資産（在庫資産を除く）を売却した場合……売却代金の全部または一定割合額

③ 借入人が当該ノンリコースローン以外に借入れを行った場合……借入金の全部または一定割合額

④ 借入人が増資を行った場合……増資手取金の全部または一定割合額

8 各種手数料

シンジケートローン取引に関して発生する各種手数料の規定が設けられる。その詳細については、前述（本章第2節2・103頁以下）のとおりである。

9 表明および保証

(1) 一般的な表明・保証事項

　シンジケートローン契約においては、借入人に関する一定の事実について表明および保証（representations and warranties）がなされるのが通常である。この表明・保証事項が貸付実行日においても真実かつ正確なものであることが貸付実行の前提条件の1つとなり、また、表明・保証事項のいずれかが不正確なものであったことが後日判明した場合には、期限の利益喪失事由の1つとなる。なお、保証付シンジケートローンの場合には、保証人に関する一定の事実についても表明および保証がなされるのが通常である。

　表明および保証の内容は案件ごとに異なるが、次のような事項が定められることが多い。

① 借入人は適法に設立され、かつ現在有効に存続する法人であること

② 借入人は、シンジケートローン契約の締結および履行について法令等、定款、その他の社内規則において必要とされるすべての手続を完了していること

③ 借入人のためにシンジケートローン契約に署名・記名押印する者の調印権限

④ シンジケートローン契約は、借入人の法的に有効かつ拘束力を有する債務を構成し、その条項に従い強制執行可能なものであること

⑤ シンジケートローン契約の締結および借入人の債務の履行のために必要となる政府許認可等の取得

⑥ 借入人によるシンジケートローン契約の締結および履行は、(i)借入人を拘束する法令等に反することはなく、(ii)借入人の定款、取締役会規則その他の社内規則に反することはなく、また、(iii)借入人を当事者とする契約に反するものではないこと

⑦ 借入人に関する最新の計算書類その他の情報は、真実かつ正確であり、

また、一般的に公正妥当と認められている会計基準に従い作成されていること

⑧　期限の利益喪失事由の不存在

⑨　借入人がシンジケートローン契約上負担している金銭債務は、借入人が負担している他の無担保かつ非劣後の金銭債務（保証債務を含む）と少なくとも同順位のものであること（パリ・パス条項）

⑩　借入人の財務状態または経営に対し悪影響を及ぼすおそれのある借入人に対する訴訟、和解、調停、仲裁、強制執行その他の裁判上または行政上の手続の不存在

⑪　借入人に関して、すべての重要な契約、文書および情報はエージェントに提供されており、かかる契約、文書および情報は正確なものであること

⑫　借入人がその資産を保有し、業務を遂行するにあたって必要な政府許認可等を取得していること。借入人は、適用法令を遵守して業務を行っていること

(2)　表明・保証の時期

　表明・保証の時期は、シンジケートローン契約の締結日および貸付実行日である。コミットメントラインの場合には、コミットメント期間中は随時貸付の実行がなされることが想定されているため、各貸付実行日に表明・保証が行われることにより、そのつど表明・保証事項が確認される。

　これに対して、当初に貸付実行がなされるだけのタームローンの場合には、契約締結日および貸付実行日における表明・保証だけだとローン期間中は表明・保証事項の確認は特に行われないことになる。そのため、タームローンの場合には、各利払日において、借入人が表明・保証事項を反復したものとみなされる旨規定されることもある。利払日は3カ月または6カ月ごとに定期的に訪れるものであり、その利払日に表明・保証事項が反復されるということは、借入人はその反復対象である事項を、各利払日においても不

正確にならないように維持しなければならないことを意味するものである。つまり、各利払日に反復される表明・保証事項は、実質的には（次の10の）誓約事項に類似した機能を有するといえる。

(3) 追加的な表明・保証事項

また、ノンリコースローンの場合には、上記の一般的な表明保証事項に加えて、キャッシュフローを生み出す資産の権利関係および状態について借入人により表明および保証がなされることが多い。たとえば、不動産ノンリコースローンに関しては、対象不動産に関する一定の事項（借入人が対象不動産を適法に所有していること、対象不動産についての境界確定、瑕疵・欠陥の有無、適用法令に抵触していないこと、対象不動産に入居するテナントの状況、保険付保状況など）について、表明および保証がなされるのが通常である。また、LBOローンに関しては、買収対象会社の資産・事業の一定の内容について、表明および保証がなされることがある。

10 誓約事項

(1) 一般的な誓約事項

シンジケートローン契約には、貸付金が完済されるまでの間、借入人が遵守すべき事項が誓約事項（covenants）として定められる。表明および保証がその時点での一定の事実・状態についてなされるのに対して、誓約事項は将来にわたる借入人の約束である。誓約事項の違反は期限の利益喪失事由の1つとなる。なお、保証付シンジケートローンの場合には、保証人についても一定の誓約事項が定められることがある。

どのような事項が誓約事項として定められるかは案件ごとに異なるが、一般的に定められる事項は次のようなものである。

① 借入人の財務諸表を定期的にエージェント／貸付人に提出すること

② 　上記①のほか、借入人に関する資料および情報で随時貸付人が合理的に要請するものをエージェント／貸付人に提出すること

③ 　期限の利益喪失事由が発生した場合または発生するおそれのある場合には、エージェント／貸付人に通知すること

④ 　（一定の例外を除いて）［全／多数］貸付人の同意がない限り、シンジケートローン契約上の債務以外の借入人の債務または第三者の債務を担保するために借入人の資産に担保権の設定を行わないこと（ネガティブ・プレッジ）

⑤ 　シンジケートローン契約上の一部の貸付人のために借入人の資産に担保権の設定を行わないこと

⑥ 　借入人の事業を営むのに必要な許認可等を維持すること、および適用法令を遵守して事業を行うこと

⑦ 　［全／多数］貸付人の同意がない限り、合併、会社分割、株式交換もしくは株式移転、その事業もしくは資産の第三者への譲渡または第三者の重要な事業もしくは資産の譲受けのいずれも行わないこと

⑧ 　一定の財務制限条項を遵守すること

⑨ 　（担保付シンジケートローンの場合）担保権を有効かつ対抗要件を具備した状態に維持すること

(2)　**追加的な誓約事項**

　また、ノンリコースローンの場合には、上記の一般的な誓約事項に加えて、さまざまな誓約事項が定められるのが通常である。LBOローンを例にとると、次のような事項が定められることが多い。

① 　借入人の年次予算を毎事業年度開始前に作成してエージェント／貸付人に提出し、この予算に従って事業活動が行われるようにすること

② 　借入人の設備投資等を一定の金額の範囲内に制限すること

③ 　借入人の資産の譲渡その他の処分を制限すること

④　借入人の全収入の入金を貸付人が指定する預金口座に集中させるととも
　に、借入人の各種経費の支払を貸付人が指定する預金口座から行うように
　して、資金の流れを管理すること

⑤　借入人の一定の財務指標（次のものを含む）について所定の水準を維持
　するよう義務づけること

　（i）　Debt Service Coverage Ratio（DSCR。借入人の一定期間のフリーキャッ
　　　シュフローの当該期間のローンの元利金支払額に対する比率を指す。第1章
　　　第1節4(1)・22頁参照）

　（ii）　Interest Coverage Ratio（借入人の一定期間の収益（利払い、公租公課
　　　の支払、減価償却前のもの。「EBITDA」（Earnings Before Interest, Tax,
　　　Depreciation and Amortizationの略）と呼ばれる）の当該期間の金利支払額
　　　に対する比率を指す）

　（iii）　Leverage Ratio（借入人の負債残高の一定期間の収益に対する比率を指す）

⑥　（LBOローンを提供した貸付人と同順位の債権者が出現するのを防止する見地
　から）貸付人以外の第三者からの借入れを制限すること

11　期限の利益喪失事由

　期限の利益喪失事由とは、借入金についての期限の利益を喪失させる事由
をいう。期限の利益喪失事由には当然喪失事由と請求喪失事由の2種類があ
り、その事由が発生した場合には、借入人は、当然に（当然喪失事由の場合）
または多数貸付人の請求に基づくエージェントの借入人に対する通知により
（請求喪失事由の場合）シンジケートローン契約上のすべての債務について期
限の利益を失い、直ちに貸付の元本ならびに経過利息、清算金その他シンジ
ケートローン契約に基づき借入人が支払うことを要するすべての金額を支払
わなければならない。また、未実行の貸付に係る貸付人の融資義務は消滅す
る（コミットメントラインの場合には融資枠は終了する）。

どのような事由が期限の利益喪失事由として定められるかは案件ごとに異なるが、一般的に定められる事由は次のようなものである。また、事由によっては、発生と同時に期限の利益喪失事由に該当するというのではなく、一定日数の猶予期間ないし治癒期間が設けられることがある[5]。なお、次の各事由のうち、どれが当然喪失事由となり、どれが請求喪失事由となるかは案件ごとに異なるが、少なくとも借入人の倒産・廃業にかかわる事項については、当然喪失事由として定められるのが一般である。

① 借入人が支払を停止した場合、または借入人について破産手続開始、民事再生手続開始、会社更生手続開始、特別清算開始その他これらに類似する倒産手続開始の申立てがなされた場合

② 借入人が手形交換所の取引停止処分または株式会社全銀電子債権ネットワークによる取引停止処分もしくは他の電子債権記録機関によるこれと同等の措置を受けた場合

③ 借入人が解散の決議を行った場合

④ 借入人が事業を廃止した場合

⑤ 借入人がシンジケートローン契約に基づく支払債務の履行を遅滞した場合

⑥ 借入人がシンジケートローン契約上の義務および誓約事項に違反した場

5　期限の利益喪失事由の発生には至っていないが、期間の経過または通知の送付によって期限の利益喪失事由となりうる事実・状態を「潜在的期限の利益喪失事由」という。
　　たとえば、⑥の期限の利益喪失事由（誓約事項の違反）に10日間の猶予期間が付されている場合、借入人にシンジケートローン契約の誓約事項の違反が発生しても、10日間のうちにその違反が治癒されれば期限の利益喪失事由は発生しなかったことになる。この場合の違反発生から治癒期間経過までの状態が「期間の経過によって期限の利益喪失事由となりうる状態」すなわち潜在的期限の利益喪失事由である。
　　また、たとえば、⑩の期限の利益喪失事由（クロス・デフォルト）に関して、借入人の他の借入金債務に契約違反が発生し、その借入金債務の貸主が借入人に通知することによって期限の利益が失われる場合、実際にその通知が貸主により送付されるまでは期限の利益喪失事由の発生には至らないことになる。この場合の当該契約違反発生から実際の通知送付までの状態が、「通知の送付によって期限の利益喪失事由となりうる状態」すなわち潜在的期限の利益喪失事由である。

合（上記⑤に該当する場合を除く）

⑦　シンジケートローン契約に定める借入人の表明・保証事項のいずれかが不正確なものであったことが判明した場合

⑧　借入人の資産について、差押え、仮差押え、保全差押えもしくは仮処分の命令・通知が発送された場合または競売手続の開始があった場合

⑨　借入人について特定調停の申立てがなされた場合

⑩　借入人がシンジケートローン契約に基づく債務以外の債務で合計額が○円[6]を超えるものについて所定の支払期日に履行することができなかった場合または期限の利益を喪失した場合（クロス・デフォルト条項）

⑪　借入人が事業を停止した場合、または借入人が監督官庁から業務停止の処分を受けた場合

⑫　（担保付シンジケートローンの場合）担保権設定契約に基づく担保権が有効かつ対抗要件を具備したものでなくなった場合

⑬　借入人の事業もしくは財産の状態が悪化し、または悪化するおそれがあり、債権保全のために必要であると認められる場合（前各号のいずれかに該当するものを除く）

⑭　（保証付シンジケートローンの場合）上記のいずれかに準じた事由が保証人について発生した場合、または保証人による保証が有効でなくなった場合

12　違法性・増加費用

(1)　違 法 性

現実にはあまり想定できないことではあるが、シンジケートローン契約に

6　合計額が○円超という金額の基準が設けられているのは、他の債務の僅少な金額の不履行についてまで本ローンの期限の利益を喪失させることを防ぐためで、この基準となる金額は「threshold amount」と呼ばれている。

基づく貸付の実行または貸付の維持が適用法令の変更等により違法となった場合、そのまま貸付を実行ないし継続したのでは貸付人に法令違反のペナルティが科せられることになりかねない。そこで、万が一そのような事態が発生した場合において、違法性を解消するような対応策が見つからないときは、借入人は貸付金の期限前弁済をなすべき旨が定められる。

(2) 増加費用

適用法令の変更またはその解釈・運用の変更、準備金の設定・増額等によって、いずれかの貸付人のシンジケートローン契約上の貸付費用が増加した場合（当該貸付人の課税所得の税率変更に起因する増加を除く）には、費用の増加分を借入人が負担すべき旨が定められる。その場合、借入人が費用の増加分を負担してまで借入れを継続することを望まなければ、その選択により当該貸付人に対して貸付金を期限前弁済することができる旨定められることがある。

13 地位譲渡・貸付債権の譲渡

(1) 借入人による譲渡

シンジケートローン契約上の借入人の地位の譲渡は、基本的には禁止される。貸付人による与信判断が特定の借入人に関してなされるものである以上、当然のことである。

(2) 貸付人による譲渡

シンジケートローン取引においては、貸付人の地位および貸付債権の譲渡は、基本的には認められる。譲渡に際して借入人の承諾を必要とするかどうか、譲渡の相手方の属性に制限を設けるかどうか（たとえば、譲渡の相手方を金融機関に限定するかどうか）、また譲渡の金額の最小単位など一定の条件を

充足することを要するかどうかは、案件ごとに異なりうる。

　タームローン型のシンジケートローン取引において融資の実行がすべて完了している場合には、貸付人による譲渡は貸付債権の譲渡として行われる。譲受人は、シンジケートローン契約の規定を遵守することを求められる。

　コミットメント期間終了前のコミットメントライン型のシンジケートローン取引または融資実行完了前のタームローン型のシンジケートローン取引の場合には、貸付人は将来にわたって融資を実行する義務を負担している。そのため、この場合は、貸付人による譲渡は貸付債権のみならず、貸付人の地位および権利義務の譲渡（融資を実行する義務の譲受人による免責的債務引受）として行われる。譲受人は、貸付人の地位および権利義務を譲り受けるものであるので、シンジケートローン契約の規定を遵守することを求められる。もっとも、この場合であっても、貸付債権のみを譲渡し、将来にわたって融資を実行する義務は引き続き譲渡人たる貸付人にとどまるということもありうる。ちなみに、JSLA標準CL契約29条は、貸付人の融資を実行する義務と貸付債権とがともに譲渡される場合（契約上の地位の譲渡）についての規定であり、同契約30条は、貸付債権のみが譲渡される（譲渡後も、融資を実行する義務は譲渡人にとどまる）場合についての規定である。JSLA標準CL契約29条は、契約上の地位の譲渡について借入人およびエージェントの事前の承諾が必要とされており（ただし、一定の条件を満たしている譲渡の場合、承諾は合理的な理由がない限り拒絶されないことになっている）、同契約30条は、一定の条件を満たしている貸付債権の譲渡の場合は借入人またはエージェントの承諾は不要とされている。

　貸付債権の譲渡が行われる場合には、借入人に譲渡の事実を確定日付ある証書をもって通知する（譲渡に借入人の承諾を要しないケース）か、または借入人から譲渡について確定日付ある証書をもって承諾を得ることにより、譲受人への譲渡の対抗要件を具備する。また、担保付シンジケートローンの場合には、貸付債権ないし貸付人の地位の譲渡に伴って移転する担保権につい

ても、譲受人への移転について対抗要件を具備する。

　地位譲渡通知書／承諾書の様式例（タームローン（トランシュA融資：融資実行ずみ）とコミットメントライン（トランシュB融資：実行ずみの貸付債権と残存コミットメント期間の貸付義務がともに譲渡される場合）とが併用されているケース）は書式2−2のとおりである。

【書式2−2】

地位譲渡通知書

〇年〇月〇日

［借入人］　御中

　　　　　　　　　　　　　　［住所］
　　　　　　　　　　　　　　［譲渡人］

　　　　　　　　　　　　　　［住所］
　　　　　　　　　　　　　　［譲受人］

　□□銀行（以下「譲渡人」という）は、××株式会社（以下「借入人」という）を借入人とし、譲渡人その他の金融機関（以下総称して「貸付人」という）を貸付人とし、〇〇をエージェントとする〇年〇月〇日付シンジケートローン契約書（以下「本件ローン契約」という）に関して、以下の事項を通知します。この通知書において特に定義されている場合および文脈上別異に解釈すべき場合を除き、本件ローン契約において定義された用語はこの通知書においても同様の意義を有するものとします。

1．譲渡人は△△銀行（以下「譲受人」という）に対して、〇年〇月〇日付地位譲渡契約書に基づき、本件ローン契約上の貸付人としての権利義務その他の地位のうち下記の部分を下記のとおり〇年〇月〇日（以下「譲渡日」という）付で譲渡します。譲渡人は、譲渡日以後、かかる譲渡の限度で貸付人の義務を免責されるものとし、かかる譲渡の部分について本件ローン契約上の一切の責任を負担しないものとします。譲受人は、譲渡人から譲り受けた貸付人としての権利義務その他の地位について、本件ローン契約の規定を順守するものとします。

$$記$$

(1) 譲渡人：□□銀行

(2) 譲受人：△△銀行

(3) 譲渡元本の額：トランシュA融資：元本金額○円

トランシュB融資：元本金額○円

(4) 譲渡されるトランシュB融資枠の金額：○円

2．譲渡人および譲受人は、本件ローン契約第○条第○項に従い、かつ前項の譲渡の対抗要件を具備するために、この通知書［3］通を譲渡日に借入人に交付します。この通知書の交付を受けた場合は、全通につき以下に署名または記名押印いただき譲渡人宛ご返送ください。

3．第1項の譲渡に伴い、本件ローン契約上の貸付人ならびにその個別貸付実行金額および貸付極度額は譲渡日付で別紙のとおりとなります。

以　上

上記の譲渡を異議なく承諾いたします。

○年○月○日

借入人：　　　　　　　　　［住所］

　　　　　　　　　　　　　［借入人］

　［確定日付］

　債権の譲渡性に関して、現行民法466条2項は当事者の特約により債権の譲渡を禁止すること（ただし、その特約について善意かつ無重過失の第三者に対抗することができない）を認めているが、民法改正要綱第19、1（民法改正法案466条2項・3項）は、債権に譲渡制限の意思表示がなされた場合であっても、それに反してなされた譲渡自体は有効であり、ただ、譲渡制限について悪意または重過失の譲受人に対しては、債務者は、その債務の履行を拒むことができるほか、譲渡人に対する弁済等をもって譲受人に対抗することができるというように譲渡制限の効力を弱めることとしている。また、現行民法は契約上の地位の移転に関して明文の規定を有していないが、民法改正要綱

第22（民法改正法案539条の2）は、契約の当事者の一方が第三者との間で契約上の地位を譲渡する旨の合意をした場合において、その契約の相手方がその譲渡を承諾したときは、契約上の地位は、その第三者に移転する旨の規律を設けることとしている。コミットメントライン契約において貸付人の融資を実行する義務と貸付債権とがともに譲渡される場合は、契約上の地位の譲渡に該当するので、その地位譲渡に借入人の承諾が必要である[7]。いずれにせよ、民法改正後も、地位譲渡・貸付債権譲渡は、シンジケートローン契約の規定に従ってなされることを要する。

　シンジケートローン契約上の貸付債権を譲り受けようとする者はローン契約の内容を事前に確認するのが通常であるので、譲受人は譲渡の条件に違反していることを知っているはずであり、たとえそのことを知らなかったとしても、譲受人には知らなかったことにつき重大な過失があると考えられる。このことを前提にすると、仮に、民法改正後に、シンジケートローンの貸付人がローン契約上の譲渡の条件に違反して貸付債権を譲渡した場合（たとえば、ローン契約上は借入人の承諾なしに貸付債権を譲渡することが禁止されているにもかかわらず承諾を得ないで貸付債権が譲渡された場合とか、ローン契約上は金融機関への譲渡のみが認められているにもかかわらず一般の会社に貸付債権が譲渡された場合など。なお、コミットメントローンまたは未実行の融資の貸付義務の譲渡は契約上の地位の移転にかかわるものであるので、そのような貸付義務を除いた実行ずみの貸付債権のみを譲渡するケースを想定する）、貸付債権の譲渡自体は有効であるものの、借入人は、譲受人に対してその債務の履行を拒むことができ、かつ、譲渡人に対する弁済その他の債務を消滅させる事由

7　なお、貸付債権のみが譲渡される場合について、JSLA標準CL契約30条1項1号は「譲受人が譲り受けた貸付債権について、本契約の貸付債権に関連する各条項に拘束されること」を要する旨定めているが、これは単なる貸付債権の譲渡の場合でも、譲受人はシンジケート団の一員としてローン契約の規定に従う必要がある（たとえば、多数貸付人の意思結集により決定すべき事項については、その意思結集の結果に従うことを要する）からであって、契約上の地位の譲渡がなされるわけではないと考えられる。

をもって譲受人に対抗することができる。この場合（借入人が譲受人を貸付人として認めない場合）のシンジケートローン取引における取扱いがどのようになるか問題となる。

① まず、借入人は、ローン契約の規定に反する譲渡であることを理由に譲受人または譲渡人のいずれにも債務の履行を拒むことはできないと考えられる。民法改正要綱第19、1(2)（民法改正法案466条4項）によれば、借入人が債務を履行しない場合において、譲受人が借入人に対して相当の期間を定めて譲渡人への履行の催告をし、その期間内に履行がないときは、借入人は譲受人に対してその債務の履行を拒むことができないことになる。したがって、借入人が譲受人を貸付人として認めたくないのであれば、譲渡後も譲渡人に対して債務を弁済すべきことになる。ローン契約上の債務の弁済はエージェントを通じてなされることになっているので、借入人は譲渡人に対する弁済額もエージェントに送金することになる（なお、民法改正要綱第19、1(3)（民法改正法案466条の2第1項）によれば、借入人は、譲渡債権に係る弁済額を供託することもできることになっている）。

② 借入人から弁済額を受領したエージェントは、（借入人が譲受人に対して債務の履行を拒む意向であることを確認したうえで）譲渡人に弁済金を交付することになると考えられる。エージェントとしては、借入人が譲受人に対して債務の履行を拒む意向であるにもかかわらず、貸付債権の譲渡自体は有効であるからといって、譲受人に弁済金を交付するわけにはいかないであろう。弁済金が譲受人に交付されてしまうと、借入人からの弁済が譲受人になされた結果となり、借入人が譲受人を貸付人として認めたと解釈される可能性がある（ちなみに、JSLA標準CL契約18条1項によれば、エージェントは全「貸付人」のために借入人からの弁済を受領するものであり、エージェントが弁済を受領したと認められる時点をもって貸付人に対する債務の履行があったものとみなされることになっている）。つまり、エージェントが弁済金を譲受人に交付すると、譲受人を貸付人として認めないという借入人

の立場に悪影響を与えることになりかねない。

③　他方、弁済を受けられなかった譲受人は、弁済金を受領した譲渡人にその金額を不当利得返還請求することになるであろう。

　もっとも、シンジケートローンの貸付人はプロの貸し手であり、ローン契約の規定に違反して譲渡を行うことは考えにくいので（譲渡制限の意思表示がされた債権の譲渡自体は有効であるとしても、そのような譲渡を行った貸付人がローン契約に違反しており、その責任を問われうることに変わりはない）、上記のような事態が実際に起こる可能性は小さい。ただ、万一そのような事態が起こったときに備えて、どのように対処するかについての規定をローン契約に設けておくことも考えられる。

　また、現行民法468条1項は債務者が異議をとどめないで債権譲渡の承諾をしたときは、譲渡人に対抗することができた事由があっても、これをもって譲受人に対抗することができない旨を定めているが、民法改正要綱第19、4(1)（民法改正法案468条1項）は、現行の民法468条1項を削除し、債務者は、対抗要件具備時（債権譲渡の通知または承諾の時）までに譲渡人に対して生じた事由をもって譲受人に対抗することができることとしている。これは、「異議をとどめない承諾」による抗弁の切断の制度を廃止し、抗弁の切断は抗弁を放棄するという意思表示の一般的な規律に委ねるもののようである。

　改正後の民法のもとで、抗弁の放棄が異議をとどめない承諾と同様の機能を有するのかどうかについては要検討である。たとえば、最判昭42・10・27民集21巻8号2161頁は、未完成仕事部分に関する請負報酬金債権の譲渡について、債務者の異議をとどめない承諾がされても、その債権が未完成仕事部分に関する請負報酬金債権であることを譲受人が知っていた場合には、債務者は、その債権の譲渡後に生じた請負人による仕事完成義務不履行を事由とする当該請負契約の解除をもって譲受人に対抗することができる旨を判示している。請負契約の債務者（注文者）が代金債権の譲渡を承諾するに際して

抗弁を放棄しても、その代金債権が未完成仕事部分に関する請負報酬金債権であることを譲受人が知っていた場合には、債務者は上記の契約解除をもって譲受人に対抗することができるのであろうか。それとも、債務者が承諾書において、承諾時点において現に有する抗弁だけでなく、将来有することとなるいっさいの抗弁も放棄する旨を明示すれば、譲渡対象債権が未完成仕事部分に関する請負報酬金債権であることを譲受人が知っていた場合であっても、上記の契約解除をもって譲受人に対抗することができなくなるのであろうか。現行民法のもとでは、仮に債務者が将来のいっさいの抗弁まで放棄した場合であっても、譲渡対象債権が未完成仕事部分に関する請負報酬金債権であることを譲受人が知っていたときは、最判昭42・10・27の趣旨との平仄から、上記の契約解除による抗弁は放棄の対象外と解する余地があったのであるが、民法改正後は、最判昭42・10・27の趣旨を実質的に凌駕するような抗弁の放棄まで認められるのかが問題となりうる。

　また、最判平27．6．1（平26㊤1817号および平26㊤2344号の2件の判決；裁判所ウェブサイトに掲載）は、上記の最判昭42.10.27を引用しつつ、「債務者が異議をとどめないで指名債権譲渡の承諾をした場合において、譲渡人に対抗することができた事由の存在を譲受人が知らなかったとしても、このことについて譲受人に過失があるときには、債務者は、当該事由をもって譲受人に対抗することができると解するのが相当である」と判示している。民法改正後は、最判平27．6．1の趣旨を実質的に凌駕するような抗弁の放棄が認められるのか（すなわち、抗弁事由を知らなかったことについて譲受人に過失がある場合のその抗弁事由の放棄も無制限に認められるのか）が問題となりうる。

　なお、債権譲渡の対抗要件については、（債権譲渡登記に一元化するという案はなくなり）現行民法の制度が維持されるようである（民法改正要綱第19、3（民法改正法案467条1項・2項））。

14 契約の変更

　一般的に、いったん締結された契約の内容を変更するためには、契約当事者全員の同意を必要とするのが原則である。ただ、シンジケートローン取引に関しては、前述（本章第2節3(1)c・111頁）のとおり、貸付人の権利行使の局面においては多数決原理を導入すべき要請があり、契約の変更に応じるかどうかについても全貸付人一致ではなく多数貸付人の決定に従う旨が定められることが珍しくない。もっとも、特に重要な一定の事項については、全貸付人の一致をもって決定するのが通常である。

　契約の変更に関する条項のサンプルは、契約書例2.6のとおりである。

【契約書例2.6】

第○条　（契約の変更）
1．本契約は、借入人、多数貸付人およびエージェントの書面による合意をもって、これを変更することができるものとする。
2．前項の規定にかかわらず、次に掲げる事項については、借入人、全貸付人およびエージェントの書面による合意がなければ、これを行うことができないものとする。
  (1)　タームローンの個別貸付実行金額またはコミットメントラインの貸付極度額の増額。
  (2)　個別貸付未払金額の減免。
  (3)　元本返済日（各元本返済日において借入人により支払われるべき金額を含む）の変更、その他本契約に基づき借入人が支払うべき金銭債務の支払期限の延期。
  (4)　適用利率、基準金利またはスプレッドの変更。
  (5)　多数貸付人の定義の変更。
  (6)　本条の規定の変更。
  (7)　本契約上明示的に全貸付人の同意または承諾を要するものとされている事項の変更。

---

15 貸付人による意思結集

(1) 意思結集の方法

　ローン契約において貸付人による意思決定が必要となる場合（たとえば、借入人側から契約変更の要請があった場合に応諾するかどうかを決定するとき、借入人による誓約事項の違反が発生した場合にそれを理由にローンの期限の利益を喪失させるか、それとも権利放棄するかを決定するときなど）、意思結集手続が行われる。意思結集は、エージェントから全貸付人に対して意思決定対象事項について賛否を問う旨の通知がなされ、各貸付人がそれに対して回答するという手続によりなされる。意思結集の成立に全貸付人の賛成を要するか、それとも多数貸付人の賛成で足りるかについては、ローン契約の定めによる。

　ローン契約に複数のトランシュが存在する場合でも、貸付人による意思結集の手続は、基本的にはトランシュに関係なく（トランシュごとではなく）ローン契約全体について行われる。これは、ローン契約にかかわる貸付人による意思決定は基本的に貸付人全体をベースになされるのが適切であると考えられるからである。たとえば、【設例7】の事例を参照されたい。

【設例7】

　次の3個のトランシュからなるシンジケートローンで、貸付人は、P銀行、Q銀行、R銀行、S銀行およびT銀行の5名。トランシュAおよびトランシュBについてはP銀行、Q銀行およびR銀行の3名で多数貸付人を構成し、トランシュCについてはS銀行およびT銀行の2名で多数貸付人を構成する。トランシュAおよびトランシュBは全額融資実行ずみで、トランシュCは融資枠50億円のうち30億円が使用されている。

・トランシュA（タームローン200億円　元本分割返済型）：P銀行80億円、Q銀行50億円、R銀行40億円、S銀行20億円、T銀行10億円

・トランシュB（タームローン150億円　満期一括返済型）：P銀行70億円、Q銀行40億円、R銀行30億円、S銀行10億円、T銀行ゼロ
・トランシュC（コミットメントライン50億円）：P銀行10億円、Q銀行ゼロ、R銀行ゼロ、S銀行20億円、T銀行20億円

【設例7】のローン契約において、期限の利益喪失事由（請求喪失事由）が発生した場合に実際に期限の利益を喪失させるかどうかの意思結集をトランシュごとに行い、期限の利益喪失への賛成が成立したトランシュについてはそのトランシュのローンの期限の利益を喪失させることとした場合、トランシュCについてS銀行とT銀行が賛成すれば、期限の利益を喪失させることができる。その場合、P銀行、Q銀行およびR銀行としては、自分たちは期限の利益を喪失させることに慎重であっても（すなわち、トランシュAおよびトランシュBについて、多数貸付人を構成するP銀行、Q銀行およびR銀行が期限の利益喪失に反対しても）、トランシュCについて借入人が期限の利益を喪失した以上、トランシュAおよびトランシュBについても同様に期限の利益喪失とせざるをえず、事実上（ローン契約全体では400億円中80億円の参加割合を有するだけで、実際の融資残高は64億円の）S銀行およびT銀行の意向により期限の利益喪失が決定されうることになってしまう。そのようなトランシュごとの意思決定に齟齬が生じる事態またはローン全体の参加割合が小さい貸付人が事実上決定権を握ってしまうような事態を避けるために、全トランシュ共通の意思結集が行われるのが通常である。【設例7】においてローン全体についての意思結集を行った場合には、P銀行、Q銀行およびR銀行をもって多数貸付人を構成しうるので、これら3名が期限の利益喪失に消極であれば、S銀行およびT銀行が期限の利益を喪失させたいと考えたとしても、その旨の意思結集は成立しない（ただし、例外的に、特定のトランシュのみにかかわることが明らかな事項に関しては、そのトランシュ内でのみ意思結集が行われることがある）。

⑵ 貸付人の意思結集の際の同意手数料

　借入人による誓約事項の違反が発生したような場合において、その違反について権利放棄（ウェイバー）するかどうかに関する意思結集を行う際に、借入人が貸付人に同意手数料を支払うことがある。この場合、実務上、①意思結集の結果、ウェイバーが成立した場合に全貸付人に対して同意手数料が支払われるケースと、②意思結集においてウェイバーに賛成した貸付人にのみ同意手数料が支払われ、（結果的にウェイバーが成立したにもかかわらず）意思結集において反対した貸付人には同意手数料が支払われないというケースがある。上記①のケースであれば特段の問題はないのであるが、上記②のケースのような偏向的な手数料の定め方は、多数貸付人の賛成が得られるかどうか微妙な事案において、各貸付人の疑心暗鬼を惹き起こして、ウェイバーを成立させやすくする効果がある（すなわち、ウェイバーを認めるべきでないと自分では考えている貸付人であっても、結局（他の貸付人が賛成に回ることによって）多数貸付人の賛成が得られてしまい、反対した自分だけが手数料を得られないという最悪の事態を避けようとして、本来なら反対すべきところを賛成してしまう）という点で問題があるとの指摘がなされている。上記②のような手数料の定めは、貸付人の意思決定をゆがめかねず公正さを欠くのではないか、また本来ならば期限の利益を喪失させてしかるべきであるのに貸付人がそれを猶予してしまうことになりかねず債権保全の見地からも問題ではないかという疑問があるが、それを明確に違法であるということはなかなかむずかしい。

　ただ、ウェイバー等を多数貸付人の意思により決定することとしているのは、（前述のとおり）あらゆるウェイバー等に貸付人の全員一致を要求していたのでは、何も権利放棄・変更することができなくなるおそれがあるからであり、各貸付人がウェイバー等を応諾しても債権保全上問題ないかどうかを主体的に判断することができる（各貸付人の判断が手数料の定め方等によってゆがめられることはない）ことが暗黙の前提であるはずである。上記②の偏

向的な手数料の定めはかかる前提を覆すものであり、多数決原理を正常に機能させなくするおそれがある（偏向的な手数料の定めは、ウェイバー等を多数決により決められるとしたことと相まって各貸付人の判断に影響を与えうる効果を有しており、その意味では多数決原理の死角をついた方法である）。

そこで、１つの考え方としては、借入人が偏向的な手数料の定めを企てている場合には、まずそのような手数料の定めを許容するかどうかについて貸付人の意思結集を行い、多数貸付人がそれを許容するときに限って、偏向的な手数料の定めを用いてウェイバー等を認めるかどうかの貸付人の意思結集を行う（すなわち、２段階の意思結集を行う）という取扱いも考えられる（もちろん、第一段階の意思結集において偏向的な手数料を用いてはならない）。ただ、２段階の意思結集を行うというのは時間がかかり実務上は煩瑣であろう。なお、２段階の意思結集を行わないまでも、かなりの参加割合を占める貸付人から偏向的な手数料の定めに疑問が呈せられたときは、エージェントは慎重に判断して、借入人に再考を促すのが望ましいであろう。いずれにしても、このような偏向的な手数料の定め方を避ける必要があるのであれば、ローン契約においてそれを禁止する旨の規定を設けておくのが望ましい。

16 一般規定

前述の各種規定のほか、一般的な規定がシンジケートローン契約に設けられる。ちなみに、JSLA標準CL契約33条においては、シンジケートローン契約の一般規定として次の事項が定められている。

① 守秘義務（の例外）……一般的に、銀行等の金融機関は顧客（借入人）との取引により知りえた情報について守秘義務を負っていると解されている。ちなみに、銀行法12条の２第２項および金融庁の監督指針（「主要行等向けの総合的な監督指針」Ⅲ－３－３－３など）にも、銀行が守秘義務を負っていることを前提とした規定が設けられている。JSLA標準CL契約33

条1項は、このような守秘義務の例外を定めたものである。すなわち、一定の場合には、エージェントおよび各貸付人が入手している借入人および借入人との取引に関する情報を、貸付人間で共有することができる。また、貸付人が地位譲渡または貸付債権の譲渡を行おうとする場合に、譲受人候補者に対して借入人に関する情報を開示することができる。

② 証書が減失・毀損した場合の取扱い、借入人の印鑑が偽造・盗用された場合のエージェントおよび貸付人の免責、ならびに借入人がシンジケートローン契約の規定に違反した場合のエージェントおよび貸付人に生じた損害の賠償

③ 契約の可分性

④ 銀行取引約定書等の適用除外

⑤ 各当事者の通知先住所

⑥ 届出事項の変更

⑦ 計算方法

⑧ シンジケートローン契約上の借入人の債務に関する強制執行認諾約款付公正証書の作成

⑨ 準拠法……日本国内のシンジケートローン取引であれば、（当然のことながら）日本法が準拠法となる。

⑩ 合意管轄……多くのケースにおいて、東京地方裁判所または（場合によっては）大阪地方裁判所が第一審の合意管轄裁判所として指定される。管轄の合意には、非専属的合意管轄と専属的合意管轄との2種類がある。非専属的合意管轄の場合には、合意管轄裁判所として指定された裁判所のほかに、係争案件について適用法令上管轄権を有する裁判所にも訴訟を提起することは妨げられないのに対して、専属的合意管轄の場合には、合意管轄裁判所として指定された裁判所以外の裁判所には訴訟を提起することができなくなる。

⑪ 契約書の言語……日本国内のシンジケートローン取引であれば、通常は

日本語が使用される。

⑫　シンジケートローン契約に定めのない事項または契約解釈に疑義が生じた事項についての契約当事者による協議

17　シンジケートローンの解体

シンジケートローンにおいても、各貸付人が借入人に対して個別に自己の貸付実行金額相当の貸付債権を有していることは、各貸付人がそれぞれ別個の金銭消費貸借契約に基づいて貸付を行っている場合と同様である。ただ、後者の場合には、各貸付人が他の貸付人とは無関係に自由に自己の権利を行使するのに対して、シンジケートローンにおいては、（これまで述べてきたとおり）貸付債権の管理回収の局面で各貸付人は一定の制約を受ける。たとえば、貸付債権の回収は基本的にエージェントを通じて、各貸付人の債権額に比例して行われることになっており、抜駆け的な回収は認められず、按分比例額よりも多額の債権を回収した貸付人は他の貸付人との間で回収額が比例額になるように調整することを義務づけられる。また、期限の利益喪失事由のうち請求喪失事由が生じた場合に実際に期限の利益を喪失させるかどうかは多数貸付人の判断によって決定され、多数貸付人が期限の利益を喪失させることに賛成しなかったときは、各貸付人の一存で期限の利益を喪失させることはできないことになっている。

ただ、借入人が倒産したような場合には、貸付債権の回収をエージェントを通じて行うよりは、むしろ各貸付人が自己の判断で回収を行うのが望ましいともいえる。また、借入人がエージェントフィーを延滞して支払わない場合には、エージェント業務を遂行するのはエージェントにとって過度の負担となる。このような場合に、シンジケートローンをエージェント不在の状態にして、各貸付人が自己の判断で回収を行えるようにすることを、実務上は「シンジケートローンの解体」と呼んでいる。JSLA標準CL契約の26条5項

および28条2項は、シンジケートローンの解体を想定した規定である。

18 クロスボーダーのシンジケートローン契約の特色

　本節のこれまでの記述は、主として日本国内のシンジケートローン取引に関するものである。これらの記述は、基本的にはクロスボーダーのシンジケートローン取引（借入人が外国法人である場合）にも当てはまるものである（ただ、契約書は英文となることが多い）。それに加えて、クロスボーダーのシンジケートローン取引の場合には若干特殊な要素があるので、以下簡単に触れることとする。

(1)　現地の弁護士による法律意見書

　借入人が適用法令に基づき有効に存在する法人かどうか、シンジケートローン契約の締結および履行が借入人の社内手続により適法に授権されているかどうか、あるいはシンジケートローン契約の締結および履行が適用法令に抵触することはないか、などといった事項は、シンジケートローン契約の有効性にかかわる根本的な事項である。借入人が外国法人である場合には、シンジケートローン契約自体の準拠法が日本法であっても、これらの事項は、借入人の設立準拠法である現地の法律にかかわる問題である。たとえば、借入人が有効に存在する法人かどうかというのは、借入人の設立準拠法に照らして判断されるべき事項であって、日本法上の問題ではないと考えられる。

　これらの事項については、日本国内のシンジケートローン取引一般においては、本節5(1)（147頁以下）において述べたとおり、貸付実行の前提条件として借入人から提出されるべき書類（借入人の定款、取締役会規則、シンジケートローン契約に基づく借入れの承認を決議した借入人の取締役会議事録など）により確認すべきことが予定されている。また、本節9(1)（159頁以下）にお

いて述べたとおり、これらはシンジケートローン契約中の借入人による表明・保証の対象となっている。借入人が日本の会社であれば、日本の法令については貸付人側もよくわかっているので、借入人から提出される書類の内容を確認し、借入人による表明・保証に依拠するということでも特に支障はないかもしれない（もっとも、LBO、プロジェクトファイナンス、不動産ファイナンスなどのストラクチャード・ファイナンスに関しては、取引の内容が通常のコーポレートローンよりも若干複雑であるため、純粋に日本国内の取引であっても、法律意見書（日本法上のもの）を徴求することがある）。

これに対して、借入人が外国法人である場合には、現地の法令について貸付人側は必ずしも熟知していないことが多いであろうから、貸付実行の前提条件として借入人から提出される書類が現地の法令に照らして適切かつ十分なものであるかどうかを判断するのは容易ではないであろう。また、上記の事項がシンジケートローン契約の有効性にかかわる根本的な事項であることから、借入人自身の表明・保証に全面的に依拠するのはリスクを伴うであろう。そこで、クロスボーダーのシンジケートローン取引においては、上記の事項を含む現地の法令にかかわる一定の事項に関して、貸付実行の前提条件の１つとして、現地の弁護士から法律意見書（legal opinion）を徴求するのが通常である。かかる法律意見書には、通常は次のような事項について意見が述べられる（案件によっては、それ以外の事項についての意見も盛り込まれることがある）。

① 借入人がその設立準拠法に従って適法に設立され、かつ有効に存続していること
② 借入人によるシンジケートローン契約の締結、交付および履行が適法に授権されていること
③ 借入人によるシンジケートローン契約の適法な締結および交付
④ シンジケートローン契約が借入人の法的に有効かつ拘束力を有する債務を構成し、その条項に従い強制執行可能であること

⑤ 借入人によるシンジケートローン契約の締結、交付および履行のために必要とされることのある政府許認可等がすべて取得ずみであること

⑥ 借入人によるシンジケートローン契約の締結、交付および履行が借入人の定款その他のconstitutive documentsに抵触せず、かつ現地の法令に違反しないこと（ならびに借入人によるシンジケートローン契約の締結、交付および履行が借入人が当事者となっている他の契約等に抵触しないこと）

(2) 源泉徴収税

日本国内のシンジケートローン取引については、現時点の税制のもとでは貸付金の利子に源泉徴収税が課せられることはない。

クロスボーダーのシンジケートローン取引の場合、現時点では源泉徴収税が課せられないケースであっても、将来の現地の税制の変更により源泉徴収税が課せられる可能性がある。そこで、クロスボーダーのシンジケートローン契約においては、仮に将来の税制の変更により借入人によるシンジケートローン契約に基づく支払に源泉徴収税が課せられることとなった場合には、借入人は本来の支払額のほかに、源泉徴収税が課せられなかったならば貸付人が受領できたであろうと考えられる金額をネットで受領できるようにするために必要な金額を追加して支払う旨を規定することが多い。このような規定は「グロスアップ条項」と呼ばれている（もっとも、このことは、日本国内のシンジケートローン取引に関して国内の税制が将来変更された場合にも同様に当てはまりうることである。ちなみに、JSLA標準CL契約18条5項はグロスアップ条項を定めている）。

仮に将来源泉徴収税が課せられて借入人がグロスアップの義務を負担することとなった場合、借入人がグロスアップによる支払額の増加分を負担してまで借入れを継続することを望まなければ、その選択により貸付人に対して貸付金を期限前弁済することができる旨定められることがある。

　クロスボーダーのシンジケートローン取引においても円貨建ての貸付であれば、貸付の元利金の返済は日本円にてなされることを要する。借入人が外国法人の場合は、借入人が通常用いる通貨は外貨であるので、借入人の財務状態が悪化したような場合には、元利金の返済が円貨でなされず、円貨相当の外貨でなされることもありうるであろう。その場合、為替レートの変動その他の理由により、貸付人が受領した外貨建金額を円貨に転換した結果得られる円貨ベースの金額が所要の元利金支払債務額に満たないという事態が考えられる。仮にそのような事態が発生した場合には、借入人は円貨ベースでの不足額を追加して支払わなければならない旨の規定がシンジケートローン契約に設けられることが多い。このような規定（currency indemnity（通貨補償）と呼ばれる）のサンプルは、契約書例2.7のとおりである。

【契約書例2.7】

第○条（Currency Indemnity）
　本契約上の円および東京での支払の指定はきわめて重要であり、円がすべての場合における計算上および支払上の通貨であるものとする。本契約上の支払債務は、判決その他によるかどうかを問わず、他の通貨によりまたは他の場所において支払われた金額によっては弁済されないものとする。判決その他によるかどうかを問わず、円以外の通貨によりまたは東京以外の場所において支払がなされる場合、当該金額は、通常の銀行業務手続によりすみやかに円に換算され、東京へ送金されるものとする。かかる支払が本契約上の借入人の債務を弁済するに十分でない場合、貸付人は、貸付人への支払債務額に関する円貨不足額の即時支払に対する権利を有するものとし、それについて別個の請求原因を有するものとする。

　上記のようなcurrency indemnityの規定は一般的には有効であると考えられる。ただ、【設例8】のような事例において、貸付人は差額の2億円について、currency indemnity条項に基づいて借入人に請求できるかどうかが問題となりうる。

【設例8】

① 貸付人（日本の金融機関）が借入人（外国法人）に100億円を貸し付けていたところ、借入人が任意に借入金債務を弁済しないため、貸付人は借入人に対して100億円の支払を求める貸金請求訴訟を提起し、貸付人勝訴の判決がなされた。

② 上記①の判決の確定後、（日本国内には借入人の資産が存在しないため）貸付人は借入人の本国（外国）において、借入人の資産に対して強制執行を行い、競売の結果、現地通貨で100億円相当額の弁済を配当として受領した。

③ 上記②により貸付人が受領した現地通貨を円転したところ、為替レートの変動等により、98億円にしかならなかった。

【設例8】の場合には、不足額2億円について貸付人がさらに借入人に対して支払を求める訴訟を提起することが前訴の確定判決の既判力に抵触するのではないかという問題がありうるであろう。

(4) 送達受領代理人

クロスボーダーのシンジケートローン取引においても、債権回収の便宜のため、準拠法を日本法とし、管轄裁判所を東京地方裁判所の合意管轄と定めることが多い。ただ、実際に貸付人が東京地方裁判所において借入人に対して訴訟を提起する際に、借入人が日本国内に支店その他の営業所を有していない場合には、国際司法共助により借入人の本国において訴状等を送達する必要がある。外国における送達には時間がかかるため、迅速な訴訟の遂行が困難となるおそれがある。そこで、日本において借入人に対する訴訟が提起される場合に備えて、日本国内に在住する者を借入人の送達受領代理人（agent for service of process）としてあらかじめ指名しておき、実際に貸付人

が借入人に対して訴訟を提起する際には送達受領代理人に対して訴訟関係書類を送達すれば足りる旨の規定がシンジケートローン契約に設けられることが多い。

　日本国内に送達受領代理人を指名する規定は、当該送達受領代理人に送達された訴訟関係書類がすみやかに借入人本人に交付されることが合理的に想定されるのであれば、有効と解することが可能であろう。ただ、民事訴訟法上は事前に送達受領代理人を指名することを許容する規定は特に設けられておらず（民事訴訟法104条1項に定める送達受取人の受訴裁判所への届出は、実際に訴訟が提起された時点でなされるものである）、当事者間の契約においてあらかじめ送達受領代理人を指名することの有効性については議論の余地があるであろう。

(5)　貸付債権の譲渡

　借入人が日本の法人であって、シンジケートローン契約の準拠法が日本法である場合には、貸付債権の譲渡は日本法の規定に従って行えば足りる。これに対して、借入人が外国法人である場合は、シンジケートローン契約の準拠法が日本法であっても、日本法のみに従って貸付債権の譲渡を行えば足りるとは限らない。

　この点に関して、「法の適用に関する通則法」23条は「債権の譲渡の債務者その他の第三者に対する効力は、譲渡に係る債権について適用すべき法による。」と定めており、債権譲渡の債務者その他の第三者に対する効力は譲渡の対象となる債権の準拠法によることとされている。つまり、日本法を準拠法とするクロスボーダーのシンジケートローン契約に関しては、借入人の本国がどこであるかを問わず、貸付債権の譲渡およびその対抗要件の具備を日本法の規定に従って行えば足りることになる。ただ、これは日本の国際私法が適用された場合のことであり、日本の裁判所に訴訟が提起された場合にはこのルールが適用されるけれども、外国の裁判所に訴訟が提起された場合

には、当該外国の国際私法が適用される可能性が大きい。当該外国の国際私法における債権譲渡に関する準拠法の定めの内容が日本の国際私法における定めと異なる場合には、当該外国の裁判所における訴訟では、シンジケートローン契約の準拠法たる日本法の規定に従って対抗要件を具備した債権譲渡が対抗力を否定されるという事態も起こりうる。もっとも、このことは各国の国際私法の内容が共通でない限り発生しうることであり、債権譲渡に関する準拠法に限ったことではない。

(6) 主権免除

借入人が外国等（海外のソブリン（国家、国家機関または国営企業）を指す）の場合には、主権免除（sovereign immunity）がかかわってくる可能性がある。主権免除とは、主権国家が他の国家の裁判権に服することはないという国際慣習法上の原則である。外国等向けのローンにおいて借入人がローンの返済を怠った場合に、貸付人が借入人に対して日本の裁判所において貸付金回収のための訴訟を提起することができるかどうかが問題となる。

主権免除については、絶対免除主義（外国等が被告である限り、応訴があった場合等を除いて広く裁判権免除を与える立場）と制限免除主義（国家の主権的行為に関しては裁判権免除を与えるが、私法上の取引に関する訴訟その他一定の場合には裁判権免除を否定する立場）という2つの考え方がある。わが国のかつての大審院判例は絶対免除主義をとっていたが、最高裁は平成18年に制限免除主義を採用した（最判平18・7・21民集60巻6号2542頁）。その後、「外国等に対する我が国の民事裁判権に関する法律」（以下「対外国民事裁判権法」という）が平成22年に施行され、同法に定める制限免除主義ルールにより事案が処理されることとなった。

対外国民事裁判権法8条1項は、商業的取引については、外国等は日本の民事裁判権から免除されない旨を定めている。金銭の貸借についての契約または取引は商業的取引に含まれるので、ローン契約に関しては外国等は日本

の民事裁判権から免除されないことになる（ただし、取引当事者が明示的に別段の合意をした場合は、この限りではない。同法8条2項2号）。

　なお、従来から外国等向けのローン契約においては、借入人に主権免除を放棄させる趣旨で契約書例2.8のような規定が設けられることが多い。対外国民事裁判権法の施行後は、上記のとおり、制定法において制限免除主義が定められているのであるが、確認の趣旨でローン契約中に主権免除の放棄の規定を設けておくことには意義があるであろう。

【契約書例2.8】

> 第○条（主権免除の放棄）
> 　本契約その他の関連契約に関連して借入人がいずれかの国・地域において自己またはその資産について手続、訴訟、強制執行、差押え（強制執行を補助するためのものであるか、それとも判決前その他であるかを問わない）またはその他の法的手続の免除を求めることができ、かつ、かかる国・地域においてかかる免除特権が借入人またはその資産に帰せられる限度において（主張されているか否かを問わない）、借入人は、取消不能のかたちで、強制執行（国有財産の差押え、留置または売却を含む）により、救済手段が発動されることに異議なく同意するとともに、借入人は、かかる国・地域の法令が許容する最大限度においてかかる免除特権を主張しないことに取消不能のかたちで同意し、かかる免除特権を取消不能のかたちで放棄する。

第5節

担保付シンジケートローン

1 担保付きのシンジケートローン

(1) 担保権の設定方法

シンジケートローン取引において、貸付人のために物的担保が設定されることがある（特に、ノンリコースローンに関しては、借入人保有の各種資産に担保権が設定されるのが通常である）。この場合、①各貸付人のために担保権を設定する方法（以下「各貸付人方式」という）と、②セキュリティトラスト（信託法3条、55条）を用いる方法とがある。また、これらとは別に、③パラレルデットを用いる方法が提案されている。

a 各貸付人方式

各貸付人のために担保権を設定する方法は、シンジケートローンにおいて各貸付人がそれぞれ自己の融資実行分だけの貸付債権を有していることを反映したものである（図表2-8参照）。担保権の付従性により、担保権も各貸付人にそれぞれの債権額に応じて帰属するというのが原則であり、セキュリティトラストが信託法上認められるようになるまでは、各貸付人方式が実用的なほとんど唯一の方法であった。この方式における具体的な担保権の設定方法には、各貸付人に個別の担保権を同順位で設定する場合と、全貸付人のために1個の担保権を設定する場合とがあり、後者では貸付人が担保権を共有することになる。

各貸付人方式においては、担保権設定者と全貸付人との間で担保権設定契約が締結される。実務上、担保権設定契約は、貸付人団を代表してエージェントのみにより担保権設定者との間で調印されることがあるけれども、これ

【図表2−8】 各貸付人方式

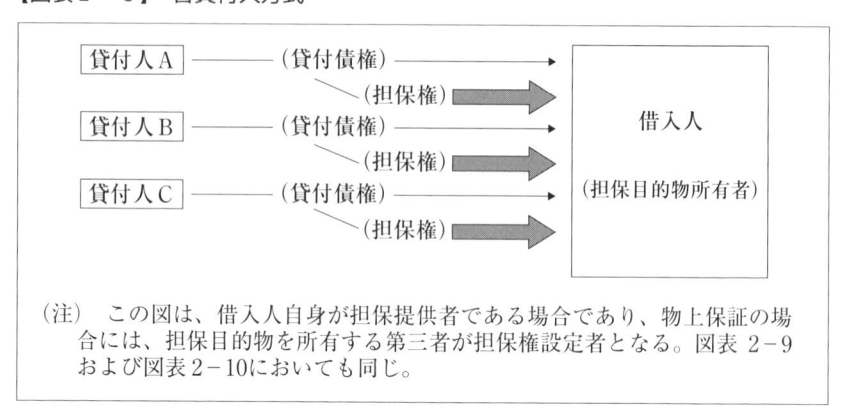

（注） この図は、借入人自身が担保提供者である場合であり、物上保証の場合には、担保目的物を所有する第三者が担保権設定者となる。図表 2−9 および図表2−10においても同じ。

はあくまでエージェントが貸付人本人としておよび他の貸付人の代理人として調印するのであって、担保権のみが貸付債権と切り離されてエージェントに帰属しているわけではない。したがって、担保権設定の対抗要件を具備するうえでも、担保権が各貸付人に帰属していることを反映させる必要がある。たとえば、売掛債権を譲渡担保にとる場合において、債務者に対する通知により対抗要件を具備するのであれば、通知において譲受人たる各貸付人の名称を記載する必要があると考えられる。エージェント行の名称のみを明記した「売掛債権を（エージェント行）その他の銀行団に譲渡しました」という趣旨の通知では、少なくともエージェント以外の貸付人に関しては対抗要件を具備していないと判断される可能性がある。

　また、シンジケートローンにおいては貸付債権の譲渡がしばしば行われる。この場合、貸付債権の譲渡に伴う担保権の移転について対抗要件を具備しておく必要が生じる。

b　セキュリティトラスト方式

　セキュリティトラスト方式（図表2−9参照）は、平成19年施行の（新）信託法により認められた方式であり、担保提供者が委託者となって貸付人を受益者として受託者（セキュリティトラスティ）のために担保権を設定する方

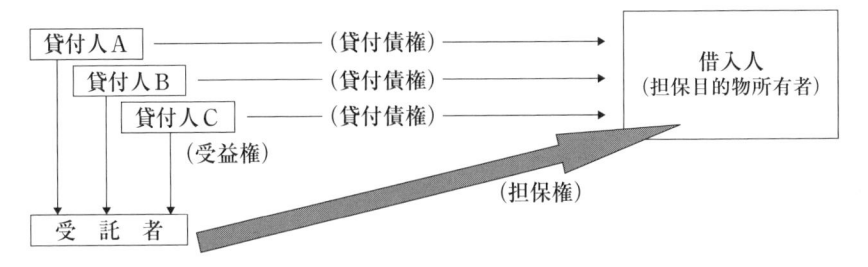

【図表2－9】 セキュリティトラスト方式

貸付人A ──────（貸付債権）──────→ 借入人（担保目的物所有者）

貸付人B ──────（貸付債権）──────→

貸付人C ──────（貸付債権）──────→

（受益権）

（担保権）

受 託 者

法である。

　この方式によると、貸付債権が譲渡されても担保権者は受託者のままであり、担保権の移転のための手続をとる必要がない。また、シニア・ローンとメザニン・ローン（劣後特約付ローン）とが併存する案件では、シニア・ローンのために優先担保権を設定し、メザニン・ローンのために劣後担保権を設定することがあるが、振替株式のように順位の異なる担保権の設定登録を行うことが困難なものについても、セキュリティトラスティのために担保権を設定し、シニア・ローン貸付人を優先受益権者とし、メザニン・ローン貸付人を劣後受益権者とすることによって、優先劣後関係を作出することが可能となる。

　このように、セキュリティトラスト方式には利点があるが、実務上は、盛んに利用されているとはいえないようである。セキュリティトラストを設定する場合、受託者は信託業の免許を有している必要があると考えられていること、信託の組成に一定の労力・費用がかかること、担保権者と被担保債権の保有者とが分離することによる解釈上の問題点が生じることなどの事情によるのかもしれない。たしかに、貸付債権の譲渡が頻繁に行われ、貸付人の異動が常時生じうるようなシンジケートローン案件でないと、セキュリティトラストを利用するメリットがあまり大きくないかもしれない（担保権設定時にシンジケーションが完了しており、かつ、その後の貸付人の異動があまり想定されない案件では、実際に貸付債権の譲渡が発生したときにそのつど対応する

ことにしても過大な負担にならないので、将来発生するかどうかわからない貸付債権の譲渡に備えて、わざわざセキュリティトラストを組成するには及ばないという判断もありうるであろう）。

　なお、セキュリティトラスト方式による場合には、信託という枠組を用いることから、受託者の義務がエージェントの義務よりも加重されるのではないかという問題がありうる。受託者の善管注意義務および忠実義務は信託法29条2項および30条ならびに信託業法28条1項および2項に定められており、善管注意義務については合理的な範囲で軽減することが可能であるとしても[8]、忠実義務を軽減できるかどうかについては疑問の余地があり、エージェントによる自己の債権保全と利益相反の問題がより尖鋭化する可能性がある。もっとも、シンジケートローンのエージェント自身がセキュリティトラストの受託者にならず、借入人とはあまり取引のない信託会社（信託銀行）が受託者になるのであれば、利益相反の問題が生じる懸念は小さいであろう。

c　パラレルデット方式

　最近、海外で利用されているパラレルデット方式を日本国内の担保権設定に利用しようという試みがなされている。パラレルデット方式とは、貸付人が借入人に対して保有する貸付債権に対応する債権をエージェントも借入人に対して保有することとし、そのエージェント保有の債権を被担保債権として担保権を設定する形態をいい、この形態における借入人のエージェントに対する債務はパラレルデットと呼ばれる（図表2-10参照）。この方式においては、担保権者はパラレルデットの保有者であるエージェントのみであり、貸付人が貸付債権を譲渡した場合でもパラレルデットはエージェントにより

---

[8]　信託法29条2項ただし書は明文で善管注意義務の軽減を許容している。また、信託業法28条2項にはそのような明文の定めはないものの、受託者の善管注意義務の具体的内容・範囲を合理的な範囲で制限することは信託業法上も許容されるとの見解が有力である。

【図表 2 −10】 パラレルデット方式

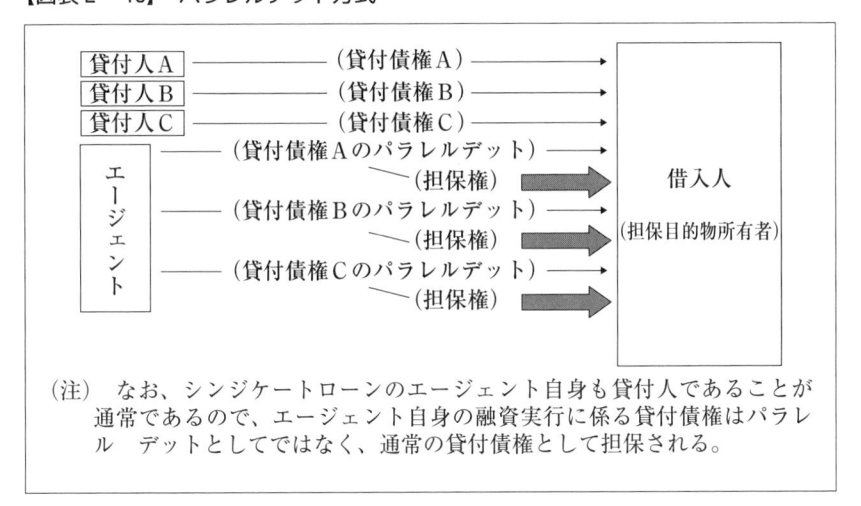

（注）　なお、シンジケートローンのエージェント自身も貸付人であることが
　　　通常であるので、エージェント自身の融資実行に係る貸付債権はパラレ
　　　ル　デットとしてではなく、通常の貸付債権として担保される。

保有され続けるため、担保権の移転の手続をとる必要はないことになる。

　このパラレルデット方式を日本法のもとで採用することができるかどうかに
ついては、1つの法律構成として、民法改正要綱において想定されている
連帯債権の利用が考えられる（なお、現行民法のもとでも、連帯債権は裁判例
および学説において認められている）。同要綱第17、6（民法改正法案432条）は
連帯債権に関して次のような規律を設けることとしている。

　「債権の目的がその性質上可分である場合において、法令の規定又は当事
者の意思表示によって数人が連帯して債権を有するときは、各債権者は、全
ての債権者のために全部又は一部の履行を請求することができ、債務者は、
全ての債権者のために各債権者に対して履行をすることができる。」

　この連帯債権をパラレルデット方式に当てはめれば、各貸付人が融資実行
した貸付に係る債権について、当該貸付人とエージェントとが連帯債権とし
て保有し（債権の持分割合は、当該貸付人100％、エージェント0％）、そのうち
エージェントの保有する債権のために担保権を設定するということになるで
あろう。そして、担保権が実行された場合、エージェントが受領する連帯債

権の回収金の全額が該当する貸付人に交付されることになる。ただ、連帯債権として法律構成するためには、次の点が問題となるであろう。

① 民法改正要綱第17、6（民法改正法案432条）は「法令の規定又は当事者の意思表示によって数人が連帯して債権を有するときは」と定めており、貸付人、エージェントおよび借入人が合意さえすれば、各貸付人が融資実行した貸付に係る債権を当該貸付人とエージェントが連帯して有する債権とすることができるかのようである。しかし、本来ならば各貸付人のみが有するはずの貸付債権を当該貸付人とエージェントとの連帯債権とするためには、単にその旨の意思表示があれば足りるというのではなく、意思表示に加えて債権の連帯性を裏付けるなんらかの実質的根拠が必要であると考えるべきであろう（特に、シンジケートローンの参加貸付人全体について連帯債権とするのではなく、各貸付人とエージェントとの間でのみ連帯債権関係が生じることについての理由付けが必要であると考えられる）。その実質的根拠の１つの例として考えられるのは、いずれかの貸付人がローン契約の規定に違反して融資実行を怠った場合には、エージェントがその貸付人にかわって融資を実行する旨を約束する（エージェントが各貸付人の融資を実行する義務の履行を連帯保証する）ことである[9]。つまり、貸付債権の発生の段階においてエージェントが各貸付人と連帯する関係にあることに、融資実行後の貸付債権が連帯債権となる実質的根拠を求めるのである。ただ、このようにエージェントが各貸付人の融資を実行する義務を保証するということは、通常はエージェントにとって受け入れがたいのではないかと思われ、そうであれば実質的根拠を別の何かに求めるべきことになろう。

---

[9] シンジケートローンにおいては複数の貸付人が共同して融資を実行するとはいっても、各貸付人が貸付義務を負うのは自己の参加分のみであって、ある貸付人がその貸付義務に違反して融資を実行しなかったからといって、他の貸付人が違反した貸付人の参加分についてまで融資を実行する義務を負わないのが原則である（JSLA標準CL契約2条3項第2文参照）。パラレルデットの連帯債権性を基礎づけるために、このシンジケートローンの原則を、エージェントと各貸付人との関係について修正するものである。

② また、併存的債務引受との対比からパラレルデットが有効に成立しうることが説明されている。すなわち、併存的債務引受に関しては、債権者・債務者以外の第三者が債務者の債務を（債務者と併存して）引き受けるのであり、その債務引受行為は当事者間の合意によってなしうる。このことから、パラレルデットも当事者間の合意により成立しうると解することが可能であるとの見解もある。しかし、併存的債務引受は、元の債権債務関係を維持しつつ、第三者に債務を追加的に負担させることによって債権を強化するという機能があり、保証類似のものであって、当事者間の合意によって併存的債務引受の成立を認めることには理由がある。これに対して、上記①のような実質的根拠なしに当事者間の合意のみによってパラレルデットの成立を認めるのは、貸付人による貸付債権の譲渡がなされても担保権の移転の手続を不要にするという便宜のために連帯債権関係の創出を認めることを意味する。併存的債務引受が当事者間の合意によって認められるからといって、パラレルデットのような技巧的な法律関係も同様に当事者間の合意によって認められるとはいえないのではないかという疑問がありうる。貸付人による貸付債権の譲渡がなされても担保権の移転の手続を不要にするという目的を達成するためであれば、セキュリティトラストを設定すれば足りるはずであり、セキュリティトラストの実務上の使い勝手があまりよくないからといって、パラレルデットを認める理由があるのかどうかは要検討であろう。

③ 各貸付人とエージェントとが連帯債権を有するということは、当該貸付人だけでなくエージェントも借入人に対して貸付債権の全額の弁済を請求することができるということを意味する。たとえば、エージェントの債権者が当該貸付債権を差し押さえた後にエージェントが倒産したような場合には、貸付人は当該貸付債権を回収できなくなってしまう可能性がある。貸付人がエージェントの信用リスクを負いたくないと考えるのであれば、この点についてなんらかの措置を講じる必要があるであろう。

④　パラレルデットにおいては、各貸付人とエージェントが借入人に対して連帯債権を保有することになる。この場合、各貸付人とエージェントとの内部的な持分割合は100：0になる。このように、連帯債権者のうちの一部の者の持分割合がゼロとなるような連帯債権が認められるのかどうかについて要検討であろう。

⑤　また、登記・登録を要する担保権（不動産抵当権など）については、パラレルデット方式に合致した登記・登録の方法について検討する必要がある。

(2)　担保権の種類

a　各種の担保権

担保権の種類には抵当権、質権、譲渡担保権があり、担保の目的物に応じていずれかの担保権が設定される。また、被担保債権が不特定の債権かどうかで普通担保権と根担保権とに分かれる。

なお、民法349条は「質権設定者は、設定行為又は債務の弁済期前の契約において、質権者に弁済として質物の所有権を取得させ、その他法律に定める方法によらないで質物を処分させることを約することができない。」と定め、いわゆる流質特約を禁止しているが、商法515条は「民法第349条の規定は、商行為によって生じた債権を担保するために設定した質権については、適用しない。」と定めているので、商取引における融資を担保するための質権設定契約には流質特約が定められるのが通常であり、質権者は私的実行により質権の目的物を第三者に売却し、または代物弁済として取得することができる。

b　タームローンのための担保権

タームローンのように被担保債権が特定されている場合は、（普通）抵当権、（普通）質権または（普通）譲渡担保権が設定される。

複数の貸付人の各々のために担保権を設定する場合、抵当権および質権に

ついては、個々の貸付人ごとに同順位の担保権が設定されるのが通常である。譲渡担保権については、法形式的には設定者から譲渡担保権者への譲渡（所有権の移転）であるため、抵当権または質権とは異なる面があると考えられる。たとえば、1個の目的物について同順位または異なる順位の複数の譲渡担保権を設定することは、あたかも同一の物を「二重譲渡」したかのような状態になってしまうため、そのようなことができるのかどうかについて議論が分かれている。この点に関して、（後述の）最判平18・7・20は後順位の譲渡担保権の設定が認められるかのような判示をしているものの、後順位譲渡担保権者による私的実行を認めていないので、この判例が重複した譲渡担保権の設定を正面から認めたものといえるかどうかは微妙である。実務上は、複数の貸付人の各々のために譲渡担保権を設定する場合、個々の貸付人ごとに同順位の譲渡担保権を設定するのではなく、全貸付人のために1個の（共有の）譲渡担保権を設定するのが無難であろう（なお、貸付債権まで全貸付人の共有になるわけではなく、貸付債権自体はあくまで各貸付人に帰属するという前提である）。

c　コミットメントラインのための担保権

コミットメントラインのように被担保債権が不特定である場合は、根抵当権、根質権または根譲渡担保権が設定される。

複数の貸付人の各々のために根抵当権を設定する場合、各貸付人のために別個の根抵当権を同順位にて設定する方法と、全貸付人の共有の根抵当権（民法398条の14）を設定する方法とがある（詳細については、後述（本章第5節2(4)・215頁）を参照されたい）。

複数の貸付人の各々のために根質権を設定する場合、貸付人ごとに同順位の担保権が設定されるのが実務上は一般的である。質権に関しては、抵当権と異なり、民法上は条文のうえで普通質権と根質権とに分かれて規定されているわけではない。その意味では、民法上の質権は、普通質権のみならず根質権をも含んだ概念であると考えられる。根質権の有効性は、民法の解釈上

認められているが、民法の根抵当権に関する個々の規定がどこまで根質権に類推適用ないし準用されるのかは必ずしも明確ではない[10]。ちなみに、不動産を目的とする質権に関しては、抵当権の規定が準用される（民法361条）ので、不動産根質権については根抵当権の規定が準用される。特許権、商標権などの知的財産権を目的とする根質権に関しては、特許庁の登録実務上は、民法の根抵当権の規定に準じた運用がなされているようである。また、電子記録債権法に基づく電子記録債権を目的とする根質権に関しては、債務者、被担保債権の範囲および極度額の定めが必要とされており（同法37条3項3号および4号）、根抵当権に関する民法の規定の一部が準用されている（同法36条3項）。

譲渡担保権はそもそも民法典に明文の規定がなく、判例上認められているものなので、普通譲渡担保権と根譲渡担保権とでどのような差異があるのか、あるいは民法の根抵当権に関する規定がどこまで根譲渡担保権に類推適用ないし準用されるのかは必ずしも明確ではない。（前述のとおり）1個の目的物について同順位または異なる順位の複数の譲渡担保権を設定することができるのかどうかについては議論があり、複数の貸付人の各々のために根譲渡担保権を設定する場合、（被担保債権が特定されている場合の（普通）譲渡担保権と同様に）全貸付人のために1個の（共有の）根譲渡担保権を設定するのが無難であろう。

---

10 たとえば、根抵当権については極度額を定めなければならないが、根質権については、（不動産、知的財産権および電子記録債権を目的とする根質権を除いて）極度額を必ず定めなければならないとは解されていないようである。

　なお、民法362条2項は、財産権を目的とする「質権については、この節に定めるもののほか、その性質に反しない限り、前3節（総則、動産質及び不動産質）の規定を準用する。」と定めており、民法361条は「不動産質権については、この節に定めるもののほか、その性質に反しない限り、次章（抵当権）の規定を準用する。」と定めているが、これらの規定によって抵当権（根抵当権を含む）に関する規定が準用されるのは不動産物権上の権利質であると解されている（林良平編『注釈民法（8）物権(3)』（有斐閣、1965年）343頁）。

(3) サービサー法との関係

　担保に関しては、エージェントが担保物の管理等の事務を行う（本章第3節1・117頁参照）。貸付債権の弁済が滞った場合には、貸付債権の回収のための借入人との交渉および期限の利益の喪失の際の担保権の実行に関してエージェントが主導的な役割を果たすことが想定される。この場合、エージェントの行為が債権管理回収業に関する特別措置法または弁護士法に抵触しないように留意する必要がある。担保権の実行その他の担保権者（貸付人）による権利行使の局面においては、多数貸付人の意思結集の結果に基づいて全貸付人が自ら権利を行使することとし、エージェントは自ら判断を行うことを避けて全貸付人による権利行使の調整を行うにとどめるのが無難であろう。

2　担保の目的物

　担保権設定の対象となる資産としては、預金債権、売掛債権、動産（在庫商品を含む）、不動産、有価証券、無体財産権、敷金・入居保証金返還請求権、保険金請求権などがある。それぞれ担保の目的物の種類に応じて担保権の設定および対抗要件の具備を行う必要がある。

(1)　預金債権

　預金債権には質権が設定される。預金債権には、普通預金、当座預金などのように口座残高が日々変動するものと、定期預金のように口座残高の変動が原則としてないものとがある。定期預金債権に関しては、質権設定について口座銀行による確定日付ある承諾を得ることにより対抗要件を具備することが可能である。

　普通預金に関しては、その質権設定の有効性に議論があることは周知のとおりである。ただ、自行預金への質権設定の場合は、質権設定が仮に有効で

ないとしても、相殺権を行使する（貸付債権と預金返還債務とを対当額にて相殺する）ことが可能である。相殺については、前述（本章第4節6(3)・152頁）を参照されたい。

　なお、民法改正要綱第19、1(1)（民法改正法案466条2項）は譲渡制限の意思表示（譲渡禁止特約）の効力を弱めることとしている。ただ、預金債権には一般的に譲渡禁止特約が付されており、民法改正要綱の定める原則的ルールが預金債権にも適用されると金融機関にとって負担が大きいことから、同要綱第19、1(5)（民法改正法案466条の5）は預金債権について特則を設け、預金受入金融機関は譲渡制限の意思表示を悪意または重過失の第三者に対抗することができるものとされ、現行民法上の扱いが維持されることとなっている。

(2)　売掛債権

a　売掛債権の担保設定

　売掛債権は担保目的で貸付人に譲渡される（すなわち、貸付人のために譲渡担保権が設定される）。このような債権譲渡について対抗要件を具備する方法としては、民法467条に定める第三債務者への通知または第三債務者による承諾（いずれも確定日付を付したもの）と「動産及び債権の譲渡の対抗要件に関する民法の特例等に関する法律」（以下「対抗要件特例法」という）に定める債権譲渡の登記を行う方法とがある。ただし、売掛債権について手形が振り出されている場合には、その譲渡および対抗要件の具備は、当該手形の貸付人への裏書譲渡および交付によりなされる必要がある。また、売掛債権が電子記録債権化されている場合は、電子記録債権法に従って担保権設定を行う必要がある。

　売掛債権の譲渡担保は、将来債権の譲渡というかたちで行われることが多い（実務上は、将来債権についての質権設定というかたちで行われることもある）。将来債権の譲渡に関しては、どの程度の期間までの譲渡が有効なのか

につき議論があるところ、最判平11・1・29民集53巻1号151頁は従来の判例の考え方を実質的に変更して将来債権譲渡を広く認める考え方を示し、具体的事案として8年3カ月の将来にわたる診療報酬債権の譲渡を有効と判断している。

対抗要件特例法に基づく債権譲渡登記を用いることにより、第三債務者に債権譲渡の事実を知らしめることなく第三債務者以外の第三者に対する対抗要件を具備することが可能である。また、第三債務者が不特定の将来債権の譲渡の登記が認められている。特に、第三債務者を特定することなく債権譲渡の対抗要件を具備することができるというのは、民法467条の定める対抗要件の具備方法にはない利点である。

債権譲渡登記により対抗要件を具備した場合には、債権譲渡を第三債務者に対しても対抗するためには、譲渡人（担保権設定者）もしくは譲受人（貸付人）が当該第三債務者に対抗要件特例法11条2項に規定する登記事項証明書を交付して通知することまたは当該第三債務者が譲渡を承諾することが必要とされる（同法4条2項）。また、債権譲渡登記により対抗要件を具備することができるのは譲渡禁止特約の付されていない債権に限られる。もっとも、譲渡禁止特約が付された債権の譲渡は、譲受人が特約の存在につき善意かつ無重過失の場合は有効であるけれども[11]、貸付人は担保を取得するに際して目的物の状況を調査したうえで融資をするかどうかの判断を行うのが通常であろうと思われるので、譲渡禁止特約の存在につき悪意（少なくとも特約を知らないことにつき重大な過失あり）と判断されることが多いであろう[12]。

b　最判平19・2・15

将来債権の譲渡において目的債権が譲渡担保権者に移転する時期については、次の2つの見解が対立している。

---

[11]　民法466条2項ただし書は譲受人が譲渡禁止特約につき善意であることを要求しているのみであるが、判例（最判昭48・7・19民集27巻7号823頁）によれば、譲受人に特約を知らないことにつき重大な過失があるときは、譲渡によって債権を取得しえない。

① 債権が現実に発生した時に移転するという説（「債権発生時説」）

② 譲渡担保契約が締結された時に移転するという説（「譲渡契約時説」）

譲渡担保契約の締結と同時に対抗要件具備のための措置が講じられたことを前提とすると、債権発生時説によれば、対抗要件も個々の目的債権について債権が現実に発生した時に効力が生じることになり、譲渡契約時説によれば、すべての目的債権について譲渡担保契約締結時に対抗要件を具備したことになる。この点に関連して、最判平19・2・15民集61巻1号243頁（以下「平成19年最判」という）は、将来債権譲渡担保と国税との優先性が争われた事案（図表2−11参照）において、（平成19年法律第6号による改正前の）国税徴収法24条6項の解釈として、「国税の法定納期限等以前に、将来発生すべき債権を目的として、債権譲渡の効果の発生を留保する特段の付款のない譲渡担保契約が締結され、その債権譲渡につき第三者に対する対抗要件が具備されていた場合には、譲渡担保の目的とされた債権が国税の法定納期限等の到来後に発生したとしても、当該債権は「国税の法定納期限等以前に譲渡担保財産となっている」ものに該当すると解するのが相当である」と判示し、原審の東京高判平16・7・21金法1723号43頁が債権発生時説に依拠して譲渡担保権者の物的納税責任を肯定する判断を示していたのを破棄して、国税局

12　この点に関して、民法改正要綱第19、1（民法改正法案466条2項・3項）は、債権に譲渡制限の意思表示（譲渡禁止特約）がなされた場合であっても、それに反してなされた譲渡自体は有効であり、ただ、譲渡制限について悪意または重過失の譲受人に対しては、債務者は、その債務の履行を拒むことができるほか、譲渡人に対する弁済等をもって譲受人に対抗することができるというように譲渡制限の効力を弱めることとしている。これによれば、譲渡制限の意思表示が付された債権の譲渡についても債権譲渡登記により対抗要件を具備することは可能となるが、ただ、悪意または重過失の譲受人は、債務者から履行を拒まれるということになるであろう。

　なお、民法改正要綱第19、2(2)（民法改正法案466条の6第3項）によれば、将来債権の譲渡後に譲渡制限の意思表示がされた場合、意思表示の時期が債務者対抗要件の具備時期の前か後かによって取扱いが異なる。すなわち、譲渡制限の意思表示が債務者対抗要件の具備時期の後になされた場合は、債務者はその意思表示を譲受人に対抗できない。他方、譲渡制限の意思表示が債務者対抗要件の具備時期までになされた場合は、債務者は、その債務の履行を拒むことができるほか、譲渡人に対する弁済等をもって譲受人に対抗することができる（ただ、譲渡自体は有効である）。

> ①　平成９年３月、Ａ社は、Ｂ社がＸ社に対して負担する債務の担保として、Ｃ社に対する将来の一定期間の売掛債権をＸ社に譲渡した。
> ②　平成９年６月、上記①の売掛債権譲渡についてＡ社が内容証明郵便にてＣ社に通知（対抗要件を具備）した。
> ③　Ａ社が国税を滞納したため、平成10年４月、Ｘ社に譲渡されていた上記①の売掛債権の一部が滞納処分として差し押さえられた。
> ④　平成10年５月、Ｃ社は、売掛債権について供託した。
> ⑤　平成13年11月、Ｙは、国税徴収法の規定に基づきＸ社を第二次納税義務者とみなして上記④の供託金の還付請求権を差し押さえた。Ｘ社はその差押えの取消しを求めた。

長側を敗訴させた。

　平成19年最判の事案では、２つの論点が関係していると考えられる。第一の論点は、上記の債権発生時説と譲渡契約時説とのいずれをとるべきかという問題であり、第二の論点は、国税徴収法24条６項にいう「国税の法定納期限等以前に譲渡担保財産となっている」ものの意義である。そして、第二の論点は、第一の論点において譲渡契約時説をとった場合に問題となるものであって、債権発生時説をとった場合には、個々の債権が現実に発生した時に譲渡担保権者に移転し、かつそれと同時に対第三者対抗要件が具備されるのであるから、法定納期限等の到来後に現実に発生した債権は「国税の法定納期限等以前に譲渡担保財産となっている」ものに該当しないと考えられる。国税徴収法８条に「国税は、納税者の総財産について、この章に別段の定がある場合を除き、すべての公課その他の債権に先だって徴収する。」と定められているとおり、国税債権には一般的な優先徴収権が認められている。一般の債権譲受人同士の関係で考えると、債権発生時説によれば、将来債権が二重譲渡され、先後して対抗要件が備えられた場合に、どちらの譲渡についての対抗要件も債権が現実に発生した時に効力が生じることになり、その間の優劣を決することができないことになる。債権発生時説に依拠しながら国

税徴収法24条6項の適用において法定納期限等の到来後に現実に発生した債権が「国税の法定納期限等以前に譲渡担保財産となっている」ものに該当すると解釈することは、結果的に、一般債権よりも優遇されているはずの国税債権を一般債権よりも劣後的な取扱いをする（すなわち、一般の債権譲受人同士であれば前述のとおり優劣を決することができない（同順位）にとどまるのに対して、国税債権と一般の債権譲受人との間では前者が後者に劣る）ことになり、奇異な感じは否めない。つまり、平成19年最判が結論として譲渡担保権者を勝訴させたということは、その前提として債権発生時説に依拠しておらず、譲渡契約時説に立ったものと考えるのが率直な解釈であろう[13]。

　他方、譲渡契約時説をとった場合に、平成19年最判の事案において論理必然的に譲渡担保権者が勝訴するという結論になるとは限らないように思われる。一般の債権譲受人同士の関係で考えると、譲渡契約時説によれば、将来債権が二重譲渡された場合には、先に対第三者対抗要件を具備した譲受人が目的債権を取得することになる。ただ、国税債権と一般の債権譲受人との間では、譲渡契約時説に立ちつつも、法制度上は前者が後者よりも優遇されていることおよび国税債権の徴収の確保の必要性を重視して、国税徴収法24条6項の解釈としては法定納期限等の到来後に現実に発生した債権が「国税の法定納期限等以前に譲渡担保財産となっている」ものに該当しないと判断することも論理的には可能なはずである[14]。その意味で、平成19年最判は（国税債権が法制度上優遇されているにもかかわらず）国税徴収法24条6項の局面において国税債権よりも将来債権譲渡担保の優先性を幅広く認めた判決であるといえる。

13　ただし、平成19年最判の調査官解説では、債権発生時説に立ったとしても、法定納期限等の後に発生した目的債権が「国税の法定納期限等以前に譲渡担保財産となっている」ものに当たらないとの結論が当然に導かれるものではなく、同判決は、譲渡担保の目的とされた将来債権の移転時期に関する民法上の論点については判断を留保し、あくまで国税徴収法の解釈問題として事案を解決したものである旨述べられている（増田稔（平成19年度【5】事件）法曹時報61巻8号129頁）。

c 将来債権の譲渡担保をめぐる論点

　将来債権の譲渡担保については、種々の問題点が論じられている。第三債務者を特定することなく債権譲渡の対抗要件を具備することができるようになったこともあって、従前は発生しなかった論点が顕在化してきている。以下では、それらのうち、倒産手続における効力、不動産の賃料債権、複数の担保提供者が合併した場合について述べる。

(イ) 倒産手続における効力

　たとえば、Ｐ社がその商品の販売から生じる将来の一定期間の売掛債権をＱ社に対する債務を担保するためＱ社に譲渡し、その後にＰ社が倒産した場合に、倒産手続における将来債権の譲渡担保の効力がどうなるかという問題がある。この点について、倒産手続開始決定時以降に発生する売掛債権には譲渡担保の効力は及ばない（「固定化」が生じる）という効力否定説と、かかる売掛債権にも譲渡担保の効力は及ぶという効力肯定説とが対立している。効力否定説は破産管財人または再生債務者が担保提供者の地位を承継しないことを理由としているようであるが、その理論構成は譲渡担保権の効力が倒産時以降に発生する債権に及ばないことを十分に説明しきれていないように思われる。将来債権の譲渡担保の有効性を承認した平成19年最判（および同判例が拠って立つと思われる譲渡契約時説）を前提とするならば、基本的には効力肯定説をとるべきであろう。ただ、効力肯定説をとり、倒産手続開始決定時以降に発生する債権に無限定に将来債権譲渡担保の効力が及ぶと解すると、企業再生に支障が生じる懸念があるのは効力否定説の指摘するところで

14　譲渡契約時説によれば、将来債権の譲渡において目的債権が譲渡担保権者に移転する時期は譲渡担保契約が締結された時であるが、これはあくまで競合する他の債権者・譲受人との優先劣後関係を画定するための論理構成であって、譲渡契約時説をとったからといって、将来発生すべき債権が譲渡担保契約締結時に現実に発生するわけではないのは当然のことである。一般の債権譲受人同士の関係では譲渡契約時説に従って処理するとしても、国税徴収法24条6項のような特別な規定の解釈としては、国税債権が一般債権よりも優遇されていることを考慮して、譲渡契約時説を単純に適用した結果とは異なる結論を導くことも可能であると思われる。

ある。この点については、効力肯定説をとりつつも、倒産法の趣旨により譲渡担保の効力が一定の制限に服すると解すべきものと思われる[15]。

不動産の賃料債権に関してもさまざまな問題が生じうる。たとえば、図表2-12のようなケースの取扱いである。

図表2-12のケースにおいては、Cは甲建物の賃貸人としての地位もA社から承継するのであるが、BはCに甲建物が譲渡された後に具体的に発生する賃料債権についても譲り受けたことをCに対抗できるかどうかという問題が生じる。上記の点については、次の3つのケースに分けて検討する必要がある。

① 賃料債権のBへの譲渡の時点においてすでに存在する甲建物の賃借人に対する賃料債権（既存の賃貸借契約に基づく賃料債権）

② 賃料債権のBへの譲渡の後であって甲建物のCへの譲渡の前に（A社を賃貸人として）締結された賃貸借契約に基づく賃料債権

③ 甲建物のCへの譲渡後に（Cを賃貸人として）新たに締結された賃貸借契約に基づく賃料債権

まず、上記①の賃料債権については、「建物の賃料債権の差押えの効力が発生した後に、建物が譲渡され賃貸人の地位が譲受人に移転したとしても、譲受人は、建物の賃料債権を取得したことを差押債権者に対抗することができない」旨を判示した最判平10・3・24民集52巻2号399頁の趣旨にかんがみれば、BはCに対抗できると解することができる。そして、上記②の賃料

---

15 伊藤教授は、効力肯定説に立ったうえで、「再生手続や更生手続が開始され、あるいはその前に保全管理命令が発令されたときであっても、それらの事象にもとづいて固定化の効力が発生することはなく、会社が事後に取得する債権にも譲渡担保の効力は及ぶ、しかし、譲渡担保権者がこれらの事象発生前に担保権実行に着手していれば、その時点で目的債権の範囲は固定化するし、また、再生手続に見られるように、手続開始後に別除権たる譲渡担保権の実行に着手すれば、その時点で固定化が生じる」とされる（伊藤眞「集合債権譲渡担保と事業再生型倒産処理手続再考—会社更生手続との関係を中心として」法曹時報61巻9号14〜15頁）。

> ①　A社は、2010年3月1日、Bに対する債務を担保するため、A社の所有する建物（「甲建物」）について将来の一定期間内に発生するすべての賃借人に対する賃料債権をBに譲渡した。同日、その譲渡について債権譲渡登記により対抗要件の具備がなされた。
> ②　A社は、2010年9月1日、甲建物をCに譲渡した。その譲渡について建物所有権移転登記により対抗要件の具備がなされた。

債権については、将来債権の譲渡の有効性が広く認められ、かつ債権譲渡登記によりその対抗要件が具備されることを考慮するならば、上記最判平10・3・24の趣旨が同様に妥当すると考えられるので、やはりBはCに対抗できると解することができる。

　これに対して、上記③の賃料債権については、将来債権をBに譲渡したのはあくまでA社であって、その賃料債権は（A社ではなく）Cとの間で締結された賃貸借契約に基づくものであり、CはA社の賃料債権譲渡人としての地位まで承継しているわけではないことを考慮するならば、BはCに対抗できないと解すべきであろう。なお、上記③に関して、賃借人がまったく新しいテナントである場合は、BはCに対抗できないという結論になるとしても、甲建物のCへの譲渡前から存在する賃借人との間の賃貸借契約がCへの譲渡後に更新された場合をどのように解すべきか要検討である。既存の賃貸借契約の期間が満了し、その更新時期が甲建物のCへの譲渡後である場合には、更新後に発生する賃料債権についてBはCに対抗できないとの考えも成り立ちうる。他方、その賃借人に対する債権はA社によりCに譲渡されているということを重視するならば、更新後に発生する賃料債権についてもBはCに対抗できると解することが可能であろう。ただ、いずれの見解に拠ったとしても、Cが既存賃借人との間の賃貸借契約を期間満了前にいったん合意解約したうえで同様の契約を再締結したような場合には、合意解約後に発生する賃料債権についてもBはCに対抗できると解すべきであろう。

なお、上記のような考え方に対しては、賃料債権も取得できることを期待して甲建物を取得するCが不測の不利益を被りかねないこと、A社が甲建物に関する賃料債権を他に譲渡しているかどうかをCが調査しようとしても正確かつ完全な情報を入手できるとは限らないことを理由に、上記①〜③すべてについて、BはCに対抗できないとする考え方もある。しかし、上記①および②についてBはCに対抗できないと解することは、いったん有効に成立して対抗要件が具備された担保権が、担保権者であるBのあずかり知らないところでCに対する関係で消滅してしまうことを意味し、妥当でないであろう。

ちなみに、事業の譲渡に関しても類似の問題が生じうる。たとえば、X社がその商品の販売から生じる将来の一定期間の売掛債権をYに対する債務を担保するためYに譲渡した後に、X社がその商品の販売を含む事業をZに譲渡した場合、YはZがその商品を販売したことにより生じる売掛債権についても譲り受けたことをZに対抗できるかどうかが問題となる。この点については要検討であるが、不動産の譲渡においては譲受人がその不動産の賃貸借契約上の賃貸人の地位を承継するのに対して、事業の譲渡においては事業譲受人がその事業にかかわる諸契約上の地位を当然に承継するわけではないし、また、事業譲受人が基本契約である継続的取引契約上の地位を事業譲渡人から承継したとしても、具体的な売掛債権は個別契約から発生するものであり、事業譲渡の場合は不動産譲渡の場合とはかなり状況が異なるので、前者を後者と同様に解すべき必然性はないであろう。

(ハ) 複数の担保提供者が合併した場合

複数の担保提供者が合併した場合には、たとえば、図表2－13のようなケースの取扱いが問題となる。

図表2－13のケースにおいて、まず、本件合併の結果、Bは合併後の存続法人たるC社の同じ種類の商品の顧客（合併前のA社の顧客のみならず、合併前のC社の顧客も含む）への販売により生じる将来の売掛債権のすべてを譲

> ①　A社は、2010年3月1日、ある種類の商品の顧客への販売により将来の一定期間内に生じるすべての売掛債権を（第三債務者を特定することなく）Bに譲渡した。同日、その譲渡について債権譲渡登記により対抗要件の具備がなされた。
> ②　A社と同業種のC社は、2010年6月1日、上記①と同じ種類の商品の顧客への販売により将来の一定期間内に生じるすべての売掛債権を（第三債務者を特定することなく）Dに譲渡した。同日、その譲渡について債権譲渡登記により対抗要件の具備がなされた。
> ③　上記②の後、A社とC社は合併することになり、C社を存続会社として、2010年12月1日を効力発生日として合併した（以下「本件合併」という）。

り受けたことになるのかどうか、そしてこのような譲受けについてBは対抗要件を具備していることになるのかどうかという問題がある。この点について、本件合併によりC社はA社の売掛債権譲渡人としての地位を承継していると考えられるので、Bがすべての売掛債権を譲り受けたことになり、かつこのような譲受けについて対抗要件を具備していると解することができる。また、本件合併の結果、Dは合併前のC社の顧客のみならず、合併前のA社の顧客への販売により生じる将来の売掛債権のすべてを譲り受けたことになり、かつこのような譲受けについてDは対抗要件を具備していることになると解することができる。

　そうすると、本件合併後に発生するかかる商品の売掛債権については、BとDのどちらが優先するのかという問題が発生する。単純に、Bへの債権譲渡登記の時期とDへの債権譲渡登記の時期とでいずれか早いほうが本件合併後のすべての売掛債権について優先するという考え方もあるであろうが、それでは（債権譲渡登記の時点ではA社とC社とは別法人であったにもかかわらず）登記時期が遅いほうが本件合併後の売掛債権の譲受けについていっさい対抗できないことになってしまい、登記時期が遅いほうにとっていささか酷な結果となるのではないかと思われる。また、本件合併後も、従来のA社の

顧客であった第三債務者についてはBが優先し、従来のC社の顧客であった第三債務者についてはDが優先するという考え方もあるであろうが、A社とC社の共通の顧客であった第三債務者についての取扱い、および本件合併後に新たに顧客となった第三債務者についての取扱いが問題となる。この点に関して、本件合併後に発生する売掛債権のうち、本件合併前のA社によりBに譲渡されたのか本件合併前のC社によりDに譲渡されたのか特定できないものに関しては、BとDは（Bに譲渡された売掛債権の担保価値とDに譲渡された売掛債権の担保価値に応じて按分した）売掛債権の持分について譲渡担保権を有するという説がある。

　ちなみに、この種の問題は、企業担保法に基づく企業担保権を設定した株式会社同士が合併した場合にも起こりうるのであるが、企業担保法8条2項は、「合併をする会社の双方の総財産が企業担保権の目的となつているときは、合併後の企業担保権の順位に関する企業担保権者間に協定がなければ、合併をすることができない。」と定めており、企業担保法上はこの種の問題が起きないように未然に手当てがなされているといえる。

　なお、この種の問題は、（後述の）集合動産譲渡担保に関する動産譲渡登記についてはおそらく起こらないであろう。動産譲渡登記において譲渡に係る動産を特定するための方法としては、動産の特質によって特定する方法と動産の所在によって特定する方法とが認められており（対抗要件特例法7条2項5号、動産・債権譲渡登記規則8条1項）、在庫商品のような集合動産の譲渡担保について動産譲渡登記を行う際には、動産の所在によって特定する方法が用いられる。つまり、集合動産譲渡担保の目的たる集合物の特定に必要な要素の1つとして、集合物の所在場所（動産の保管場所の所在地）の記載が登記上求められており、動産譲渡登記のなされた集合動産譲渡担保権を設定している会社同士が合併した場合でも、動産の保管場所の所在地の記載により、どの（合併前の）担保権者がどの集合動産に優先権を有するかを識別することが可能であると考えられるからである。

(3) 動　産

a　動産の譲渡担保

　動産は、対象会社の営業所に存在する機器、什器備品などと在庫商品とに分かれる。機器、什器備品などについては通常の動産譲渡担保権が設定される。対抗要件の具備（譲渡担保権者（貸付人）への引渡し）は占有改定（民法183条）または対抗要件特例法に基づく動産譲渡登記によりなされる。

　在庫商品については集合動産譲渡担保権が設定される。担保権の目的となる動産は、その種類、量的範囲および所在場所によって特定される。対象会社が在庫商品を自ら占有している場合には、対抗要件の具備は占有改定によりなされる。これに対して、在庫商品が第三者により占有されている場合には、引渡しは指図による占有移転（民法184条）によりなされる。また、いずれの場合も、対抗要件特例法に基づく動産譲渡登記によっても対抗要件を具備することができる。

　平成17年10月施行の対抗要件特例法の改正以前は、占有改定（民法183条）という外形的には判然としない方法によって動産譲渡の対抗要件を具備するしかなかったため、このことが企業による動産を活用した資金調達の円滑化を阻害している原因の1つであると指摘されていた。対抗要件特例法により創設された動産譲渡登記制度は、法人が行う動産の譲渡について、公示性に優れた登記によって対抗要件を備えることを可能とするものである。

b　動産譲渡登記と即時取得

　動産には即時取得（民法192条）の規定が適用される。動産譲渡登記がなされた譲渡の目的物である動産の譲受人について、どのような場合に即時取得が認められるかに関しては、対抗要件特例法には特段の規定が設けられておらず、最終的には裁判所の判断に委ねられることとなる。この点については、法務省担当官によりなされている解説（NBL・803号31－32頁）によれば、次のような解釈になるようである。

①　在庫商品のような集合動産に譲渡担保権が設定され、動産譲渡登記がな

された場合……この場合には、譲渡人がその通常の営業の範囲において商品を処分する権限を有するのが普通であり、（即時取得の成否を論ずるまでもなく）譲受人は商品の所有権を有効に取得する（このことは、後述の平成18年最判においても判示されている）。また、仮に被担保債権に係る債務不履行等により譲渡人が商品の処分権を喪失した場合であっても、商品の譲受人は、そのような事情を知りえないのが通常であり、登記の有無を調査しなくても譲受人に過失があるとはいえないので、即時取得が成立する。

② 個別動産に譲渡担保権が設定され、動産譲渡登記がなされた場合……この場合についても、通常は取引の迅速性が要請されること、一般に買主が売主に登記事項証明書の提示を強制する立場にないことを考慮すると、譲受人が登記の有無を調査しなくても直ちに過失があるとはいえず、即時取得が成立する。

③ 金融機関が集合動産を譲渡担保として譲り受けるような場合……この場合には、譲受人が登記の有無を調査しなかったときは、譲受人としてなすべき注意義務を尽くしたとは言いがたく、即時取得が認められないこともありうる。また、たとえば、相当に高額な機械設備等一定の動産について、活発に譲渡担保の目的として利用されており、その際には動産譲渡登記がなされているという取引慣行が形成されている場合には、譲受人が登記の有無を調査せずにその動産を譲り受けたときは、注意義務を尽くしたことにはならないとして過失が認定され、即時取得が認められないこともありうる。

c 後順位の動産譲渡担保権

動産譲渡担保権について、最判平18・7・20民集60巻6号2499頁（以下「平成18年最判」という）は、次のように判示した。

① 重複して譲渡担保を設定すること自体は許されるとしても、劣後する譲渡担保に独自の私的実行の権限を認めた場合、配当の手続が整備されている民事執行法上の執行手続が行われる場合と異なり、先行する譲渡担保権

者には優先権を行使する機会が与えられず、その譲渡担保は有名無実のものとなりかねない。このような結果を招来する後順位譲渡担保権者による私的実行を認めることはできない。

② 構成部分の変動する集合動産を目的とする譲渡担保においては、集合物の内容が譲渡担保設定者の営業活動を通じて当然に変動することが予定されているのであるから、譲渡担保設定者には、その通常の営業の範囲内で、譲渡担保の目的を構成する動産を処分する権限が付与されており、この権限内でされた処分の相手方は、当該動産について、譲渡担保の拘束を受けることなく確定的に所有権を取得することができる。

③ 対抗要件を備えた集合動産譲渡担保の設定者がその目的物である動産につき通常の営業の範囲を超える売却処分をした場合、当該処分は上記権限に基づかないものである以上、譲渡担保契約に定められた保管場所から搬出されるなどして当該譲渡担保の目的である集合物から離脱したと認められる場合でない限り、当該処分の相手方は目的物の所有権を承継取得することはできない。

上記の判旨①は、仮定的な表現ながら、同一の目的物に重複して譲渡担保権を設定することを認めるかのようである（譲渡担保権を法形式的な所有権の移転と解する立場からは、理論的整合性が問題となりうるが、担保としての実質を重視すれば、重複して譲渡担保権を設定することも認められる余地がある）。ただ、後順位の譲渡担保権は、担保権者による私的実行が認められないので、完全な効力のある担保権とはいえない。私的実行が認められないとすると、どのような効力が認められるのであろうか。この点については、(i)後順位の譲渡担保権者には、先順位の譲渡担保権の実行の結果その被担保債権が完済された場合に譲渡担保設定者が有する清算金請求権について優先的に弁済を受ける権利が与えられるのか、あるいは、(ii)先順位の譲渡担保権がその被担保債権の弁済等により私的実行に至ることなく消滅したときには、後順位の譲渡担保権者が爾後第一順位の担保権者として私的実行をできるようになる

のかといったことが指摘されている。いずれにしても、譲渡担保権について は私的実行しかできず、複数の譲渡担保権者間の利害を調整する制定法上の 仕組みが存在しないので、後順位の譲渡担保権者が上記の点について自己の 権利を確保しようとすれば、先順位の譲渡担保権者および担保権設定者との 間で担保権者間契約を締結するなりして、先順位の譲渡担保権が実行された 場合または私的実行に至ることなく消滅した場合の取扱いに関して合意して おく必要がある。この点は、（実務上は私的実行が一般的である）質権の後順 位担保権者についても当てはまる。なお、平成18年最判は後順位の譲渡担保 権が設定された事案であったが、同順位の複数の譲渡担保権が設定された場 合にはどのようになるのかという点も問題となりうる。

　また、平成18年最判の判旨③は、集合動産譲渡担保の設定者がその目的物 である動産につき通常の営業の範囲を超える売却処分をした場合の集合物か らの離脱について言及している。ただ、集合物からの離脱がありさえすれば 売却処分の相手方は集合動産譲渡担保の負担のない動産を取得することがで きるのか、それとも集合物から離脱したうえでさらになんらかの要件を満た す必要があるのかは明らかにされていない。平成18年最判の事案では、問題 となる動産が集合物から離脱したと解すべき事情がなかったため、この点に まで踏み込んだ判断は示されていないが、担保権設定者が目的動産について 本来認められていない売却処分をした場合に、集合物からの離脱があっただ けで集合動産譲渡担保権の効力が及ばなくなると解するのは、担保権者の保 護に欠けるように思われる。

d　集合動産譲渡担保権の実効性の確保

　譲渡担保権の実行手続については、民事執行法において明文の規定はな く、実務上、私的実行によるものと解されている。集合動産譲渡担保権を実 行する場合、一般的に、①集合物を構成する個々の動産の流動性を止めて対 象を固定化したうえで、②譲渡担保権者が固定された担保対象動産を処分し （または自ら取得し）、被担保債権額と担保対象動産の処分代金（または評価

額）との差額を清算することになる。

　担保権実行に関して担保権者が担保権設定者から担保対象動産の引渡しを受ける必要がある場合において、設定者が任意に対象動産を引き渡さないときは、担保権者が設定者を被告として所有権（譲渡担保権）に基づく引渡請求訴訟を提起し、勝訴判決を得たうえで動産引渡しの強制執行を行うことが考えられる。ただ、訴訟の提起から執行手続の完了までには相当の期間を要し、その間に担保権設定者により目的物が処分されたり隠匿されたりすることがありうるため、そういった事態を防止するために民事保全の手続（具体的には、担保対象動産を執行官に保管させる手続として「占有移転禁止の仮処分」および担保権設定者から仮に担保対象動産を取り上げる手続として「引渡断行の仮処分」）を利用することができる。この点に関して、東京地方裁判所のウェブサイトに「集合動産譲渡担保権の目的物の占有移転禁止・引渡断行の仮処分Ｑ＆Ａ」が掲載されている。

⑷　不 動 産

　不動産には（普通）抵当権または根抵当権が設定されるのが通常である。前述のとおり、タームローン型のみのシンジケートローンについては普通抵当権が用いられ、コミットメントライン型を含むシンジケートローンについては根抵当権が用いられる。

　複数の貸付人の各々のために根抵当権を設定する場合、各貸付人のために別個の根抵当権を同順位にて設定する方法と、全貸付人の共有の根抵当権（民法398条の14）を設定する方法とがある。各貸付人のために別個の根抵当権を設定する方法による場合は、貸付人ごとに極度額が設定されるので、貸付人相互間で極度額を融通することができない。共有根抵当権の場合は、別段の定めの登記がない限り、各貸付人は（全貸付人について設定された）極度額の限度で根抵当権実行時の自己の債権額の割合に応じて弁済を受ける。したがって、タームローンおよびコミットメントラインの併用型のシンジケー

トローンであって、両者をカバーする根抵当権が設定される場合において、タームローンとコミットメントラインとで貸付人の構成が異なるとき（すなわち、コミットメントラインの残高に応じて、タームローンおよびコミットメントライン全体についての各貸付人の債権額の割合が変動しうるとき）には、共有根抵当権のほうが便利であろう。これに対して、併用型のシンジケートローンであっても、タームローンについては普通抵当権が設定され、コミットメントラインについては根抵当権が設定される場合は、別個の根抵当権でも不便さはないであろう。なお、共有根抵当権の場合は、各貸付人は他の共有者（貸付人）の同意がないと自己の共有持分を譲渡できない（民法398条の14第2項）。

　なお、根抵当権の場合は元本の確定前に被担保債権を譲渡しても根抵当権は譲受人に移転しないので、貸付債権を譲渡する際には注意を要する。貸付債権を譲渡する際に、根抵当権により担保された状態を維持する必要があるのであれば、根抵当権を譲受人に譲渡したうえで（これには、根抵当権設定者の承諾が必要である。民法398条の12第1項）、譲り受けた貸付債権を特定の債権として被担保債権とする旨の民法398条の4による債権の範囲の変更登記をしなければならない。譲り受けた根抵当権は譲受人と債務者との間で行われた取引を担保するものであり、貸付債権を根抵当権と同時に譲り受けても、このような貸付債権は譲渡人と債務者との間の取引により生じたものであって譲受人と債務者との間の取引により生じたものではないので、被担保債権の範囲を変更しない限り譲り受けた根抵当権によって担保されない。

　シンジケートローン契約の利息の定めは変動金利であることが少なくない。これに付随して普通抵当権に関して登記上の問題が生じる。すなわち、民法375条は抵当権者は2年分の利息および遅延損害金について優先権を有する旨定めているところ、現在の不動産登記実務では抵当権の被担保債権の記載として変動金利による利息を登記することが認められていないようである。利息を抵当権によりカバーしようとするならば、便宜上固定金利の利率

を登記するしかないようである。

⑸　有価証券（主として株式）

　株式には質権が設定されるのが通常である。株券発行会社の株式に質権を設定するためには、当該株式に係る株券を質権者に交付することを要する。そして、株券発行会社の株式の質権者は、継続して当該株式に係る株券を占有しなければ、その質権をもって株券発行会社その他の第三者に対抗することができない。

　株券廃止会社の株式についての質権の設定は、質権設定者および質権者の合意によってなされ、その対抗要件は質権者の氏名または名称および住所の株主名簿への記載である。なお、株券発行会社の場合の株式質権には略式質と登録質とがあり、両者の間で質権の効力に差があるのに対して、株券廃止会社の場合の対抗要件を具備した株式質権は、常に登録質である。

　なお、株式発行会社に定款上の株式譲渡制限が付されている場合には、担保権の実行を容易にするため、このような譲渡制限を廃止しておくのが望ましい。

　また、上場株式については、株券電子化に伴い株券が廃止されて「社債、株式等の振替に関する法律」に基づく振替株式となっており、その質入れは、質権者の口座における質権欄に対象株式の数の増加の記載・記録をすることによって効力を生じる。

　上場株式についての質権を実行する場合には、金融商品取引法上のいわゆるインサイダー取引規制に抵触しないようにする必要がある。

⑹　無体財産権

　無体財産権（特許権、実用新案権、意匠権、商標権、著作権など）には、質権または譲渡担保権が設定される。もっとも、譲渡担保の場合、（現在の特許庁の実務では譲渡担保による特許権等の移転登録が認められているものの）登

録上は担保権者があたかも特許権等の所有者であるかのように記載され、担保権設定者は特許権等の権利者として扱われなくなる可能性があるので、担保権設定者による特許権等の管理の見地からは、質権のほうが望ましいといえる。ただ、質権の登録の場合には、被担保債権額に応じた登録免許税が課せられるため、ローン金額が高額になるケースでは当該無体財産権の実際の担保価値に比して過大ともいえる登録免許税が適用される可能性がある。

特許権、実用新案権、意匠権および商標権に関しては、質権または譲渡担保権の設定のためには登録が（単なる対抗要件ではなく）効力発生要件となる（特許権につき、特許法98条1項1号または3号）。また、これらの権利が共有に係るときは、その持分の譲渡または質権設定には他の共有者の同意が必要である（特許権につき、同法73条1項）。また、特許を受ける権利等の出願中のものは質権の目的とすることができない（特許権につき、同法33条2項）ので、出願中の権利に担保権を設定するには譲渡担保を用いるしかない。

また、特許権、実用新案権および意匠権の実施権ならびに商標権の使用権に質権を設定する場合には、次のようになる。

① 特許権、実用新案権および意匠権の専用実施権への質権設定については、登録が効力発生要件となる。

② 特許権、実用新案権および意匠権の通常実施権については、その登録制度が廃止され、通常実施権者は登録なしに第三者に対抗することができるようになった（特許権につき、特許法99条）。通常実施権は指名債権に該当すると解されることから、通常実施権の権利変動についての対抗要件は、民法上の指名債権一般の規定（同法467条等）に従って規律されることとなる。つまり、通常実施権への質権設定については、(i)特許権者等に対する対抗要件は「質権設定者（通常実施権者）から特許権者等に対する通知または特許権者等による承諾」であり、(ii)特許権者等以外の第三者に対する対抗要件は「質権設定者から特許権者等に対する確定日付ある通知または特許権者等による確定日付ある承諾」であると考えられる。

③　商標権の専用使用権への質権設定については、登録が効力発生要件となる。

④　商標権の通常使用権については、登録制度が維持されており、その質権設定については、登録が対抗要件となる。

(7)　敷金・入居保証金返還請求権

　敷金・入居保証金返還請求権には質権が設定されるのが通常である。質権設定者となる賃借人と賃貸人との間の土地または建物の賃貸借契約において敷金・入居保証金返還請求権の譲渡その他の処分が禁止ないし制限されている場合には、賃貸人（第三債務者）から確定日付ある証書による質権設定の承諾を得ることによって、対抗要件を具備する[16]。

　賃貸借の目的物件の所有権が譲渡された場合には、新所有者が賃貸人の地位（敷金・入居保証金返還債務を含む）を承継するというのが判例である。この点に関連して、敷金返還請求権に質権が設定された状態で賃貸借の目的物件が譲渡された事案において、大阪高判平16・7・13金法1731号67頁は、敷金返還請求権に質権が設定されている場合であっても、賃貸借の目的物件が譲渡されれば、敷金返還債務は新所有者（新賃貸人）に承継され、質権者は質権に基づいて旧所有者（旧賃貸人）に対して敷金返還請求権を行使することはできない旨判示した。

16　現行民法においては譲渡が禁止された債権に質権を設定することはできないと解されているが、前述のとおり、民法改正後は、債権に譲渡制限の意思表示（譲渡禁止特約）がなされた場合であっても、それに反してなされた債権の譲渡自体は有効であり、ただ、譲渡制限について悪意または重過失の譲受人に対しては、債務者は、その債務の履行を拒むことができるほか、譲渡人に対する弁済等をもって譲受人に対抗することができるというように譲渡制限の効力を弱めることとしている。したがって、民法改正後は、譲渡が禁止された債権に質権を設定することも可能となると考えられる。ただし、質権の行使により質権者が債権を直接取り立てる際には、譲渡制限について悪意または重過失の質権者は債務者から支払を拒まれる可能性があることを考慮すると（民法改正法案466条3項、4項などの規定が譲渡制限の意思表示がされた債権の質権設定の場合にも適用されるのかどうかは要検討である）、民法改正後も、賃貸人から質権設定について承諾を得ておくのが望ましい。

なお、一般に入居保証金と呼ばれているもののなかには、いわゆる建設協力金もある。建設協力金は賃貸借契約に付随・関連して行われる賃借人を貸付人とし、賃貸人を借入人とする一種の金銭消費貸借取引であって、狭義の敷金とは性質を異にしている。建設協力金は賃貸借契約が継続中であっても、一定期間経過後は分割して賃借人に返済されることになっているケースが多い。建設協力金の返還債務については、賃貸借の目的物件が譲渡され、新所有者が賃貸人の地位を承継した場合であっても、当然には新所有者により承継されないと考えられる。

第 3 章

知的財産ファイナンス[1]

　「知的財産ファイナンス」を、既存の特許権、商標権、著作権などの知的財産権に担保権を設定して行う融資と狭義にとらえた場合、効力発生要件ないし対抗要件を備えるための登録免許税などの手続費用がかさむこともあって、それほど頻繁に行われているものではないのが実情である。しかし、資金供給者が、資金需要者の有する知的財産ないし知的財産権に注目して、当該資金需要者の株式その他のequityと引き換えに資金提供を行うことは、ベンチャー投資などにみられるように頻繁に行われており、このような形態も「知的財産ファイナンス」の一形態とみなせば、ファイナンスの対象としての知的財産ないし知的財産権の重要性は増すばかりである。もっとも、何が知的財産に該当するかはあいまいであり、知的財産権は、擬似的に物権に近いものとして構成されてはいるものの、本質的には排他的権利でしかないという点において、物権とは大きく異なっている。また、権利の根拠法規は産業政策次第で常に変化するものであって、権利が人為的かつ不安定であるという点にも注意が向けられなければならない[2]。本章は、このような知的財産権を引当てとし、または、知的財産の活用により得られる収益を引当てとしたファイナンスについて注意すべき事項を概観する。

知的財産権とは何か

1 所有権と知的財産権の違い

　知的財産ないし知的財産権に着目したファイナンス（本章では、便宜上、「知的財産ファイナンス」と称する）を行うためには、まず、所有権と知的財産権の違いを認識しておく必要がある。ファイナンスの実質的な引当てとなる代表的な資産は、不動産、動産、有価証券および金銭債権である。このうち、有価証券および金銭債権と知的財産権との違いは、明らかである。これに対して、不動産または動産に対する所有権と、知的財産権の違いは、わかりにくいし、しばしば誤解されている。こうした誤解の背景には、知的財産権の中核をなしている特許権、実用新案権、意匠権、商標権および著作権が、所有権の法的な構成に似せて人為的につくりあげられているということもあるようである。

　所有権と知的財産権の違いを示したのが図表 3 - 1 である。いずれの権利も、他人による知的財産の利用を妨害する力をもっており、この力を背景として、ライセンス相手からロイヤルティを取得したり、事業を独占したりで

1　本章は、九州大学法学研究院国際関係法学部門　寺本振透教授（元西村あさひ法律事務所パートナー弁護士）が執筆した初版に改訂を加えたものである。寺本教授からは、今回の改訂にあたっても多大なご示唆をいただいた。ここに心より感謝を申し上げたい。

2　本章は、著作権法の一部を改正する法律（平成26年法律第35号。施行日：平成27年1月1日）および特許法等の一部を改正する法律（平成26年法律第36号。施行日：平成27年4月1日）による著作権法、特許法等の改正を前提として記載している。従業員の行った発明を初めから会社の帰属とすることを可能とする特許法等の改正法が、平成27年通常国会に提出されている。かかる法改正の行方についてもご留意されたい。

【図表3－1】 所有権と知的財産権の異同

	所有権	知的財産権
取戻請求権（占有回収請求権）の有無	あり	なし。知的財産は、有体物と違って、占有ということを観念できない
妨害排除請求権	あり	あり
妨害予防請求権	あり	あり
法律が権利を定めていなければ、物理的に、2人以上が同時に財産を利用できるか？	原則としてできない。1本の鉛筆は、同時に1人しか使えない	利用できる。1つの歌を、同時に何人もが歌ったり聴いたりできる
権利の存続期間	対象物が滅失しない限り、永久	法律により定まるのが原則
登記または登録の意味	対抗要件	効力要件の場合と、対抗要件の場合とがあり、それぞれ、法律に規定されている
権利範囲の明確性	明確であるのが普通。不動産の境界紛争はどちらかというと少ない例	明確にするための工夫が法律によって提供されているにもかかわらず、権利範囲について不明確であり、争いが絶えない
権利の有効性	転々譲渡における取得の有効性はしばしば争われるが、権利そのものの存在の有無はあまり争われない	特許庁によって付与された特許権ですら、後の無効審判や判決によって無効とされることがある
外国における権利	1つの対象物に対する所有権は1つであり、適用される法律によって制約が異なりうるのみ	国ごとに権利が成立する

【図表3－2】 各種の知的財産権

```
                     ┌ 特許法
                     │ 実用新案法
                     │ 意匠法
              創作法 ┤ 著作権法
                     │ 種苗法
                     └ 半導体集積回路の回路配置に関する法律

              標識法 ┌ 商標法
知的財産権法 ┤       │ 不正競争防止法
                     └ （商品表示に関する権利）

                     ┌ 不正競争防止法
                     │ （営業秘密に関する権利、技術的制限手段が付
              穴埋め │ された情報の保護を受ける権利、商品形態の保
              的な法 ┤ 護を受ける権利）
                     │ パブリシティ権など、不法行為法によって形づ
                     └ くられていく権利
```

きるところに、権利の経済的価値が見出されることになる。また、各種の知的財産権の根拠となる知的財産権法について、一般的によくなされる分類に従って列挙したのが、図表3－2である。

　なお、「知的財産」とは、発明、考案、意匠、商標、著作物などの無形の創造物であるとか、信用を表象するものを指す。これに対し、「知的財産権」とは、これらのものについて他人による利用を排斥できる権利を意味する。本章では、簡便のため、個々の「知的財産」と「知的財産権」の対応関係はいちいち説明しない。たとえば、ある「知的財産」について述べた後、その他人による利用を排斥できる権利を、単に「知的財産権」と呼ぶことがある。また、ある「知的財産権」について述べた後、この権利によって守られている財産を単に「知的財産」と呼ぶことがある。

2 特許権、実用新案権、意匠権、商標権の取得と 性格

　特許権、実用新案権、意匠権および商標権は、いずれも特許庁における登録によって発生する権利である。これらの権利の概略を図表3－3に示す。この図表では、概略を把握しやすくするため、必ずしも法的に正確な表現をしてはいない。また、知的財産権法は、頻繁に法改正が行われる分野であるから、具体的な案件の取扱いにあたっては、最新の条文と教科書にあたっていただきたい。

　いかなる財産を引当てとするファイナンスにおいても、当該財産に対するデューデリジェンスを的確に行うことが重要である。そこで、いくつかの特殊な概念について、これらの権利についてのデューデリジェンスを行うための視点から、簡単に説明しておく。

(1)　特　許　権

a　発　　明

　発明には、「物の発明」「方法の発明」および「物を生産する方法の発明」がある（特許法2条3項）。

　「物の発明」の典型例としては、自動車用エンジンに関する発明や、医薬品の発明があげられる。コンピュータ・プログラムの発明も「物の発明」に含まれる。日本では、かつては、コンピュータ・プログラムが組み込まれた装置はもちろん「物の発明」として認められていたものの（特許庁『コンピュータ・ソフトウェア関連発明の審査上の取扱い（案）』昭和63年）、コンピュータ・プログラムそのものを「物の発明」としては取り扱ってこなかったが、平成14年の特許法改正により、コンピュータ・プログラムそのものを「物の発明」に含むことを明確にした（特許法2条3項1号・4項）。この点の取扱いは、国によって異なるから、コンピュータ・プログラムそのものを独

	特許権 ／ 特許法	特許権 ／ 主な参照条文	実用新案権 ／ 実用新案法	実用新案権 ／ 主な参照条文	意匠権 ／ 意匠法	意匠権 ／ 主な参照条文	商標権 ／ 商標法	商標権 ／ 主な参照条文
根拠となる法律								
保護の対象	発明（自然法則を利用した技術的思想の創作のうち高度のもの）	2条1項 29条1項	物品の形状、構造または組合せに係る考案（自然法則を利用した技術的思想の創作）	2条1項 3条1項	意匠（物品（物品の部分を含む）の形状、模様もしくは色彩またはこれらの結合であって、視覚を通じて美感を起こさせるもの）	2条1項	商標（人の知覚によって認識することができるもののうち、文字、図形、記号、立体的形状もしくは色彩またはこれらの結合であって、以下のもの（1業として商品を生産し、またはこれについて使用をする者がその商品について使用をするもの、(2業として役務を提供し、または証明する者がその役務について使用をするもの）	2条1項
保護の効果	業として特許発明の実施をする権利を専有。	68条	業として登録実用新案権利行使をするためには、あらかじめ実用新案技術評価書（特許庁）を提示して警告しておくことを要する。	16条 12条 29条の2	業として登録意匠および類似する意匠の実施をする権利を専有。	23条	指定商品または指定役務について登録商標の使用をする権利を専有。	25条
保護の要件	産業上利用できること。新規性。進歩性。公序良俗に反しないこと。	29条1項 32条	産業上利用できること。新規性。進歩性。公序良俗に反しないこと。	3条 4条	工業上利用できること。新規性。創作性。他人の意匠に反しないこと。物品の機能を確保するために不可欠な形状のみからなる意匠でないこと。	3条 5条	識別力があること。公序良俗に反しないこと。その他の商標登録を受けることができない不登録事由に該当しないこと。	3条 4条
最初に権利を取得する者	発明者（発明の特許を受ける権利、譲渡可能といえども、特許を受ける権利に帰属する。	29条1項 33条1項 35条2項	考案をした者（実用新案登録を受ける権利、譲渡可能といえども、実用新案登録を受ける権利に帰属する。	3条1項（特33条1項準用） 11条3項（特35条2項を準用）	意匠の創作者（意匠登録を受ける権利、譲渡可能といえども、意匠登録を受ける権利に帰属する。	3条1項 15条3項（特33条1項準用） 15条3項（特35条2項準用）	出願人（商標登録出願により生じた権利は、譲渡可能）。	5条1項 13条2項（特33条1項準用）
権利取得の手続の原則	特許庁への特許出願→審査→特許査定→特許料納付→設定登録	36条 47条 51条 66条	特許庁への実用新案登録出願→登録料納付→設定登録	5条 14条 31条 32条	特許庁への意匠登録出願→審査→意匠登録査定→登録料納付→設定登録	6条1項 16条 18条 20条	特許庁への商標登録出願→審査→商標登録査定→登録料納付→設定登録	5条1項 16条 18条
権利範囲の定め方	願書に添付した特許請求の範囲の記載に基づいて定まる。	70条	願書に添付した実用新案登録請求の範囲の記載に基づいて定まる。	26条（特法70条を準用）	願書の記載および願書に添付した図面に記載され、もしくは添付した写真、ひな形もしくは見本により現された意匠に基づいて定まる。	24条	願書に記載した商標、および指定商品または指定役務の範囲に基づいて定まる。	27条
権利の存続期間	設定登録に始まり、特許出願の日から20年（原則）。	67条	設定登録に始まり、実用新案登録出願の日から10年。	15条	設定登録に始まり、この日から20年（関連意匠の場合は、本意匠の設定登録の日から20年）。	21条	設定登録に始まり、この日から10年（更新可能）。	19条

占できるグローバルな地域の検討にあたっては、注意が肝要である。遺伝子組換動物や植物についても、「物の発明」となりうる。

「方法の発明」のうち、「物を生産する方法の発明」以外の典型例としては、測定、分析、通信、運搬、殺虫、除草などの方法があげられる。また、通信装置や計測装置の発明については、通信方法や計測方法の発明としても表現しうることに留意すべきである。

「物を生産する方法の発明」の典型例としては、化学薬品を製造する方法、ある種の動物や植物を増殖する方法などが考えられる。すでに公知公用となっているような物であっても、従来よりも好ましい生産方法が開発できた場合、これについて特許を受けることで、他社よりも優位に立つことができる。

1つの技術開発の成果は、「物の発明」「方法の発明」および「物を生産する方法の発明」といった多面的な局面から表現して特許を受けることができるし、そうすることによって競合他社の参入を阻む力が増すことがあるから、ファイナンス先の企業の特許権の強弱を検討するためには、知的財産権とファイナンスの双方に詳しい弁護士と弁理士とを活用しつつ、丹念に出願内容を読み込んでいくことが好ましい。

なお、しばしば、「ビジネスモデル特許」という誤った俗語が使われるが、「発明」は自然法則を利用したものであることを要するから、人為的な約束事にすぎないビジネスモデルに対して特許権が付与されることはない。これに対して、ビジネス手法をコンピュータ・システム等を用いて実行するための装置や方法は、発明となりうる。このような発明を「ビジネス関連発明」と呼んでいる。

参考のため、いくつかの特許発明について、発明の名称、および請求項の一部を図表3－4に例示しておく。

b 実　施

特許法2条3項に、発明の「実施」の意味が規定されている。「実施」と

【図表3－4】 さまざまな発明の例

発明の種類	日本国特許番号	登録日	特許権者	発明の名称	請求項の記載（抜粋）
物の発明	特許第3352120号	平成14年9月20日	マツダ株式会社	過給器付内燃機関の吸気騒音低減装置	【請求項1】 V型エンジンの左右バンク間に過給機を配置し、該過給機より下流の吸気通路にレゾネータを連通させた過給機付内燃機関の吸気騒音低減装置において、前記レゾネータを該V型エンジンの左右バンク間に配置し、前記レゾネータの側面部を該V型エンジンの左右バンクのシリンダブロック壁部により構成したことを特徴とする過給機付内燃機関の吸気騒音低減装置。
	特許第3048602号	平成12年3月24日	エーザイ株式会社	ポリプレニル系化合物を含有する医薬組成物およびその製造方法	【請求項1】 一般式(I)（式中、nは1～3の整数を意味する）で表されるポリプレニル系化合物と、ポリオキシエチレンポリオキシプロピレングリコールおよびポリオキシエチレン硬化ヒマシ油から選ばれる一種または二種以上の界面活性剤および／またはオレイン酸、リノール酸およびリノレン酸から選ばれる一種または二種以上の不飽和脂肪酸とを必須正文とする医薬組成物。
	特許第3667279号	平成17年4月15日	明治安田生命保険相互会社	保険管理システム	【請求項1】 所定の期間ごとに計算された保険契約の積立金の積立情報と、該積立金に加えられるべき増額分の金額の積立情報と、該積立金から減じられるべき減額分の金額の積立情報を記憶する第1格納部と、 電子データとして作成された保険契約者からの支払に関する入金電文を受け付ける受付部と、 前記入金電文の項目を参照して、該支払が複数次払いのうちの一回の支払であるか又は一時投入払いであるかを判別する入金判別部と、 前記第1格納部に記憶された増額分および減額分の金額の積立情報と前記入金電文による金額とを、前記第1格納部に記憶された前記積立金に対して加算または減算することにより積立金額を算出する積立金計算部と、 保険契約者が契約している所定の保険について支払う予定の保険料を記憶した第2格納部と、 該支払が複数次支払いのうちの一回の支払の場合に、算出した積立金額と、前記第2格納部に記憶した保険料とを比較する比較部と、 前記比較部における比較の結果、この積立金額が支払う予定の保険料の額以上である場合に、積立金額からこの保険料を支払う保険料支払部と、 前記保険料支払部により保険料が支払われる場合に、支払われる保険料を減額分の積立情報として前記第1格納部に書き込む書込部と、 該支払が一時投入払いである場合に、算出した積立金額と複数次払いのうちの一回の支払による払込保険料とが、保険料払込期間中の所定の時期における積立金額が所定の上限額を超えないように設定された最大払込保険料に関する条件を満足する

物の発明・方法の発明の特許請求の範囲等を例示した一覧表（縦書き）

発明のカテゴリー	特許番号	登録日	特許権者	発明の名称	特許請求の範囲（抜粋）
物の発明	特許第3463061号	平成15年8月22日	国立がんセンター総長、科学技術振興事業団	ヒト正常型c-Ha-ras遺伝子トランスジェニックラット	【請求項1】ヒト正常型c-Ha-ras遺伝子（human c-Ha-ras proto-oncogene）をSDラットの受精卵に導入して作出された、当該遺伝子が3コピー導入されたMNU誘発乳癌がんに高感受性のトランスジェニックラット。
	特許第2954376号	平成11年7月16日	寶酒造株式会社	イネパーオキシダーゼ遺伝子	【請求項1】配列表の配列番号1で表されることを特徴とするイネ様パーオキシダーゼcDNAのB遺伝子。
方法の発明	特許第3184967号	平成13年5月11日	農林水産省蚕糸・昆虫農業技術研究所長（現在は、独立行政法人農業生物資源研究所となっている）	微生物除草剤および除草方法	【請求項1】シュードモナス属に属し、セイタカアワダチソウに対して病原性を示し、微生物を有効成分として含有することを特徴とする除草剤。【請求項2】植物生物を有効成分として含有することを特徴とする除草草剤。【請求項3】請求項1又は2記載の除草草剤を用いたセイタカアワダチソウの防除方法。

（上記表の上部に記載された「保険管理システム」に関する特許請求の範囲の例示）

か否かを評価する評価部とを備え、前記書込部は、前記算出した積立金額を、増額分の積立情報として前記第1格納部に書込み、前記積立金計算部は、一時金受入金額を、前記第1格納部に格納されている増額分および減額分の積立情報を用いて、任意の時期の時点管理における積立金額を算出する手段をもつことを特徴とする保険管理システム。

【請求項2】コンピュータに、電子データとして作成された保険契約者からの支払いに関する入金電文が該当する入金電文を受け付ける機能と、前記入金電文の項目を参照して、該支払いが複数次払いのうちの一回の支払いであるか否かを判別する機能と、第1格納部に記憶されている、所定の期間ごとに計算された積立金の積立情報を読み出して、前記第1格納部による金額を、前記第1格納部に記憶された減額分の金額を前記積立情報として加算または減算することにより、積立金額を算出する機能と、該支払いが複数次払いのうちの一回の支払いの場合に、算出した積立金額と、第2格納部に記憶された保険契約者が契約している所定の保険についての積立情報とを比較する機能と、比較の結果、この積立金額が支払う予定の保険料の額以上である場合に、積立金額のうちの支払われる金額を、支払われる金額を前記第1格納部に記憶された積立情報として減算する機能と、該支払いが一時金受入払いの場合に、保険料払込期間中の所定の時期において積立金額が所定の上限額を超えないように設定された最大払込額に関する条件を満足するか否かを評価する機能と、前記積立金額および払込保険契約条件が該当を満足することが評価される場合に、一時金受入金額を前記第1格納部に記憶された積立情報として、積立情報を、積立情報および増額分および減額分の所定の積立金の積立情報として実現する手段を算出するためのプログラム。

区分	特許番号	権利者	登録日	発明の名称	請求項
方法の発明	特許第2570948号	三菱電機株式会社	平成8年10月24日	光記録方法	【請求項1】少なくとも二重直線磁気異方性を有し記録を保持する第1磁性層、およよび記録を保持する第1磁性層に交換結合で結合された第2磁性層を有する磁気記録媒体を用い、記録レーザー光の照射によって媒体温度を少なくとも第1磁性層のキュリー温度近傍まで昇温させて低パワープロセスを行い、強い光強度の照射によって媒体温度を第2磁性層のキュリー温度近傍まで昇温させて高パワープロセスを行いオーバーライトを行う光記録方法であって、強い光強度の行われる温度より低い光変調ダイレクトオーバーライト光を照射した際、記録媒体の最高到達温度は高パワープロセスの行われる温度より低く、低パワープロセスの行われる温度より高くなるようにし、かつ高パワープロセスの行われる温度領域でのセルフシャーニング効果の及ぶ半径範囲の幅を1μm以下とする強度の記録レーザー光を照射することを特徴とする光記録方法。
	特許第2756483号	凸版印刷株式会社	平成10年3月13日	広告情報の供給方法およびその登録方法	【請求項1】コンピューターシステムにより広告情報の供給を行う広告情報の供給方法において、広告依頼者に対して行う、広告情報の入力を促す一方、あらかじめ地図上に広告対象物の位置された地図情報に基づいて地図情報を表示して、当該地図上に広告対象物の座標を、入力を促す手段と、前記指定された広告情報と関連づけて記憶する段階とを備えると一方、広告の受給者に対しては、前記地図情報に基づく地図を表示する地図上の地点に、当該図像化した広告対象物に関連して、図像化した地点と、選択された広告情報と、当該広告対象物に関連する情報を表示して、所望された広告対象物の選択を促す段階と、読み出された広告情報を読み込み出す段階と、選択された広告情報を備えることを特徴とする広告情報の供給方法。
	特許第3409396号	味の素株式会社	平成15年3月20日	α-レーアスパルチル-L-フェニルアラニンメチルエステルの製造法	【請求項1】晶析分離して得られたα-L-アスパルチル-L-フェニルアラニンメチルエステル湿結晶を乾燥処理し含水率を湿量基準で5[%]以下にした後、温度20~80[℃]、相対湿度20~90[RH%]の範囲に調整した気体を流し当該乾燥処理結晶に接触させ、その含水率を制御することを特徴とするα-L-アスパルチル-L-フェニルアラニンメチルエステルの製造法。
物を生産する方法の発明	特許第3051781号	ハウス食品株式会社	平成12年3月31日	スミレ属植物の大量増殖方法	【請求項1】(1)スミレ属植物を容器内で育成して花芽を分化させ、開花させ、スミレ属植物のまま養生することができる当該植物の容器内繁殖方法であって、その無菌状態の植物体の組織の切片を、炭素源を含有し、pH調整された合成培地Aとし、これにオーキシン類とサイトカイニン類とからなる植物ホルモンを含有させしめたカルス誘導培地に置床し、培養することにより、カルスを誘導させる工程、(3)得られたカルスを、ミニカルスとし、(4)次いで、置床し、培養することにより、ミニカルスから芽を分化させる工程、ミニカルスから分化した芽を、炭素源を含有し、pH調整された合成培地Bとした幼植物の誘導及び成長固体誘導に1以下に調整された合成培地の中で養生することにより、幼植物体を誘導し、これを置床し、通気性のある容器の中で養生することを特徴とするスミレ属植物の大量増殖させる工程からなる工程を特徴とするスミレ属植物の大量増殖方法。

【図表３－５】　特許法２条3項

> この法律で発明について「実施」とは、次に掲げる行為をいう。
> 一　物（プログラム等を含む。以下同じ。）の発明にあつては、その物の生
> 　　産、使用、譲渡等（譲渡及び貸渡しをいい、その物がプログラム等である
> 　　場合には、電気通信回線を通じた提供を含む。以下同じ。）、輸出若しくは
> 　　輸入又は譲渡等の申出（譲渡等のための展示を含む。以下同じ。）をする行
> 　　為
> 二　方法の発明にあつては、その方法の使用をする行為
> 三　物を生産する方法の発明にあつては、前号に掲げるもののほか、その方
> 　　法により生産した物の使用、譲渡等、輸出若しくは輸入又は譲渡等の申出
> 　　をする行為

は、特許権者が独占できる行為、つまり、第三者に対して禁止できる行為が
何であるかを示すものである。たとえば、ある自動車用エンジンの発明の特
許権者は、第三者に対して、そのようなエンジンを、製造するな、販売する
な、賃貸するな等といった請求ができる、ということになる（図表３－５参
照）。

c　産業上利用できること

　この要件は、現実的には、「医療は産業ではない」として、人間を手術、
治療または診断する方法について特許権を付与せず、独占を認めないことの
根拠とされている（特許庁『特許・実用新案審査基準』第Ⅱ部第１章「産業上利
用することができる発明」。同庁ウェブサイトhttp://www.jpo.go.jpに掲載）。医療
関係の新技術を開発するベンチャーにファイナンスするような場合は、その
技術について、どこまでは産業上利用可能であるとして特許権によって保護
されることが可能であり、どこから先は独占できないものであるかを知って
おくことが必要となることもある。

d　新　規　性

　特許は、いまだ世に知られていない技術に対して、一定の独占権を与える
かわりに、その内容を公開させようという制度である。したがって、すでに

公知または公用となってしまった（つまり、新規性のない）発明には、特許権は付与されない。技術開発を行う企業に対するファイナンスを行う場合、特許出願前の技術開発の状況や、今後の技術開発の方向性について認識しておくことは必要であるが、融資または投資を行おうとする側の情報管理体制が万全でないと、投融資先の情報が漏れて、発明の権利化に失敗し、ひいては投融資の対象ないし引当てとなる資産を毀損することになりかねない点に、十分に留意すべきである。また、投融資先の発明の権利化活動に十分に配慮した機密保持契約を用意しておくべきである。

　ある企業に対して知的財産ファイナンスを行った者が十分な機密保持義務を負っていないと、次のラウンドのファイナンスがうまく組めないことになりかねない。資金供給者の側も資金需要者に対して十分な配慮をして義務の引受を行う必要があるゆえんである。とりわけ知的財産ファイナンスによって資金調達を行う必要があるようなベンチャーにおいては、事業が軌道に乗るまでには、何回かのラウンドのファイナンスを行う必要がある。あるラウンドのファイナンス取引において、必要以上に資金需要者側に不利な条件が押しつけられていると、次回以降のラウンドのファイナンスの危険を他の資金供給者に分散させることの妨げとなりかねない。

e　進歩性

　当業者、すなわち「その発明の属する技術の分野における通常の知識を有する者」（特許法29条2項）が容易に発明できるような技術は、特許権という独占権が付与されることをインセンティブとして特定の者に一生懸命開発させなくとも、きわめて高い確率でいずれかの当業者から社会に提供されることが予想される。そこで、特許法は、進歩性のない技術に対しては、特許権を付与しないこととしている。多くの特許出願については、審査の過程で進歩性の欠如を理由として特許権の付与が拒絶されることになる。

　資金需要者が特許出願をしただけで特許査定（特許法51条）がいまだなされていない状態では、資金需要者が開発した技術に進歩性がない（したがっ

【図表3－6】 特許を受ける権利を引当てとして投融資を行おうとする場合に検討しておくべき要素の例

> ・特許出願の対象となっている特許の特許可能性
> ・特許権付与の有無にかかわらず資金需要者の技術を用いた事業の収益からの資金回収を確保する方法
> ・特許以外に資金需要者の技術を用いた事業の独占を維持する方法（商標、営業秘密など）
> ・特許以外の引当財産

て、結局は、特許権が付与されない）可能性も多々あるから、当該技術について特許を受ける権利を対象ないし引当てとする投融資は仕組みづらい。このような状態であえて投融資を行おうとするのであれば、資金供給者は、特に、図表3－6に掲げるような要素についてよく検討しておく必要がある。

特許査定がなされ、特許権が付与された発明であっても、実際に権利行使をなそうとすれば、相手方から、進歩性の有無について反撃が加えられることは日常茶飯事である。したがって、このような特許権を引当てとして投融資を行おうとする場合であっても、その特許権の強さ弱さをよく認識しておくことが好ましい。もっとも、特許明細書をみただけでは、発明のどこに進歩性が存在するのかはわかりづらい。審査の過程を示す書類（包袋）を特許庁から取り寄せて、特許庁からの拒絶理由通知とそれに対する出願人の応答をみると、進歩性が認められたポイントと、その強さ弱さが推測できることが多い。包袋の取寄せとその分析は、弁理士または特許専門の調査会社に依頼するのが一般的である。

f　従業員の発明の取扱い

自動車や服飾品ならば、いかに従業員が苦労して製造したものであっても、それが当初より使用者である企業の所有に属することが明らかである。しかしながら、発明について特許を受ける権利は、必ず、当該発明を行った個人に帰属する（特許法29条1項）。それゆえ、企業においては、従業員に帰

属した権利を使用者たる企業に移転する必要がある（同法35条２項など参照）。かかる権利移転が適法に行われていないと、企業が有するようにみえる特許権（または特許を受ける権利）を対象または引当てに投融資を行ったところ、実は、その企業には、投資の対象または融資の引当てとなるはずの資産が有効に帰属していなかったということになりかねない。また、権利移転自体が適法であっても、権利移転に対する相当の対価が使用者たる企業から従業員に対して支払われていないと、後で従業員から企業に対して多額の対価の請求がなされ、投融資のリスクが想定とはまったく異なったものとなってしまうおそれがある。

g　審　　査

特許権は、特許庁による審査を経てはじめて与えられるものである。特許出願が存在することのみをもって、投資の対象または融資の引当てとなる資産が存在すると即断することはできない。また、特許権付与前の発明について特許を受ける権利を対象または引当てとして投資または融資を行う場合は、審査の過程における出願人およびその代理人の対応が易きに流れないように、少しでも広い権利を着実に押さえられるように、監視を続けるべきであろう。なお、出願に対して、いったんは審査官から拒絶理由通知が来るのが通例である。当初の出願においては、可能な限り広い権利範囲を押さえるべく請求項を記載し、審査官からの拒絶理由通知の内容を勘案しつつ、権利範囲を絞り込んでいくのが定石だからである。審査官とのやりとりに要する弁理士の費用を惜しんで、簡単に特許権の取得ができてしまうような安易な出願をさせるべきではない。

h　特許請求の範囲

特許権の効力が及ぶ範囲は、特許請求の範囲の記載（サンプルは、前掲・図表３－４を参照）によって定まる（特許法70条１項）。投資先または融資先が、特許出願によって競合製品の出現を阻止できると思い込んでいても、特許請求の範囲をよく読むと、競合製品が出現する余地がいくらでもあること

が判明することは珍しくない。特許権の取得イコール市場の独占ではないことに留意すべきである。

i 権利の存続期間

権利の存続期間に制限のない所有権と違い、知的財産権は、権利の存続期間に制限がある。特許権に限らず、知的財産権を対象または引当てとする投資または融資を行おうとする場合には、その権利がいつまで存続するのか、また、存続に必要な特許料等の支払がなされているのかを確認しておく必要がある。

j 権利の脆弱性

特許権は、新規かつ進歩性のある発明に対して国家が人為的に与える権利にすぎない（特許法29条）。新規性や進歩性は、人間である審査官が判断するものであるから、その判断が絶対ということはない。そこで、拒絶査定（同法49条）に対する拒絶査定不服審判請求（同法121条1項）、登録された特許権についての特許異議申立制度（同法113条）、無効審判請求（同法123条）、訂正審判請求（同法126条）、審決取消訴訟（同法178条1項）などの制度があるうえに、「特許権又は専用実施権の侵害に係る訴訟において、当該特許が特許無効審判により（略）無効にされるべきものと認められるときは、特許権者又は専用実施権者は、相手方に対しその権利を行使することができない」（同法104条の3第1項）とされているから、裁判において、特許権が無効にされるべきものであると判断されることもある。また、特許請求の範囲の解釈は必ずしも容易ではないし、記載された特許請求の範囲よりも権利範囲が狭く解されることもありうる。このように特許権はきわめて脆弱な権利である。この脆弱性は、実用新案権、意匠権、および商標権にも共通する。なお、特許に関する諸手続の流れは、特許庁のウェブサイトを参照していただきたい（http://www.jpo.go.jp/seido/tokkyo/tetuzuki/index.html）。

(2)　実用新案権

　実用新案法は、特許法と保護対象がほぼ重なり合っているが、もともと
は、特許法で保護されない技術水準の低い小発明を保護することを予定して
立法されたものである。現在では無審査であることもあって、実用新案権
は、投資の対象や融資の引当てにはしづらいものと思われる。もっとも、複
数の知的財産権を束として、投資の対象や融資の引当てにする場合には、多
くの特許権に加えて若干の実用新案権が混じり込むような取引も十分に想定
されうる。

(3)　意　匠　権

　さまざまな工業製品のデザインが保護対象となる。自動車のボディの形
状、食品用容器やその蓋の形状、おもちゃの形状、織物地の柄など多種多様
なものが対象である。特許権と比較して、海外からの模倣品の流入の税関に
おける阻止（水際措置）をしやすい、権利の取得および維持の費用が安価で
あるという特徴がある。もっとも、物品の機能を確保するために不可欠な形
状は保護されない。機能的に優れた製品の形状の要の部分は、実は、意匠権
では保護されない、ということもありうるから、注意すべきである。例を、
図表 3 - 7 に示す。

(4)　商　標　権

　商標とは、自己の取り扱う商品またはサービスを他人の商品またはサービ
スと区別するために、その商品またはサービスに使用するマーク（標識）で
ある。製品やサービスの名称といったものが、保護の対象である。文字列で
もよいし、デザインされたロゴタイプでもよいし、絵柄でもよい。また、平
成26年の商標法改正により、色彩、音、ホログラムなども保護の対象となっ
た（保護の対象となる商標の種類は、法令により変更されたり、国により異なる
点に留意すべきである）。商標権の効力は、指定商品および役務と、類似商品

意匠登録番号	登録日	意匠権者	意匠に係る物品	意匠（図面の一部のみ抜粋）
意匠登録第1247441号	平成17年6月24日	マツダ株式会社	乗用自動車	
意匠登録第1241351号	平成17年4月15日	サントリー株式会社	包装用瓶	
意匠登録第1250707号	平成17年7月29日	ドルチェ・アンド・ガッバーナ・エッセ・エルレ・エルレ	織物地	

および役務に及ぶ。ある商標を登録した場合に、すべての商品および役務に効力が及ぶわけではない。したがって、商標権を対象または引当てとして投資または融資を行う場合に、供給した資金が用いられ、収益をあげるであろう商品および役務が、適切にカバーされているか否かを確認しておく必要がある。なお、以前は小売業を指定役務とすることができないため、チェーン店等に対する投融資において、適切な対象または引当てとなる商標権を見出しがたいという問題があったが、平成18年の商標法改正により、小売業を指定役務とすることが可能となった。登録商標の典型的な例を、図表 3 − 8 に示す。

商標登録 番号	登録日	権利者	商　標	商品及び役務の区分並びに指定商 品又は指定役務
第4537120号	平成14年 1月18日	マツダ株 式会社	MAZDA RX-8	12　自動車並びにその部品及び附属品，二輪自動車・自転車並びにそれらの部品及び附属品，自動車用のエンジン，その他の陸上の乗物用の動力機械（その部品を除く。），自動車用のサスペンション，その他の陸上の乗物用の緩衝器，ばね，陸上の乗物用の軸，軸受け，軸継ぎ手，ベアリング，陸上の乗物用の動力伝導装置，陸上の乗物用の制動装置
第4562910号	平成14年 4月26日	日本郵政 株式会社	ゆうパック	39　鉄道による輸送，車両による輸送，船舶による輸送，航空機による輸送，郵便
第3258904号	平成 9 年 2 月24日	南海電気 鉄道株式 会社		39　鉄道による輸送，車両による輸送，船舶による輸送，航空機による輸送，貨物のこん包，貨物の輸送の媒介，船舶の貸与・売買又は運航の委託の媒介，船舶の引揚げ，水先案内，主催旅行の実施，旅行者の案内，旅行に関する契約（宿泊に関するものを除く。）の代理・媒介又は取次ぎ，寄託を受けた物品の倉庫における保管，他人の携帯品の一時預かり，ガスの供給，電気の供給，水の供給，倉庫の提供，駐車場の提供，コンテナの貸与，パレットの貸与，自動車の貸与，船舶の貸与

3　著作権の取得と性格

　著作物とは、「思想又は感情を創作的に表現したものであつて、文芸、学

術、美術又は音楽の範囲に属するもの」をいう（著作権法 2 条 1 項 1 号）。た
とえば、小説、詩歌、学術論文、機械の設計図、絵画、彫刻、楽曲、漫画、
コンピュータ・プログラム、映画、ビデオゲームといったものが著作物の例
としてあげられる。著作権とは、著作物のさまざまな利用を他人にはさせな
いことができる権利である（同法21条ないし27条）。著作権の内容をなす権利

【図表 3 － 9】 著作権の内容の例示

著作権法の条文	権利の一般的な名称	権利の対象となる行為の例
21条	複製権	小説の印刷 写真の複製 複写機による論文の複写
22条	上演権	脚本に基づく劇の上演
	演奏権	楽曲の演奏
22条の 2	上映権	映画のスクリーンへの映写 写真のプロジェクターによる映写
23条	公衆送信権	映画のテレビ放送 映画をウェブサーバにアップロードして、アクセスした端末から視聴できるようにする ラジオで受信した音楽番組をスピーカで店内に流す
24条	口述権	詩の朗読
25条	展示権	絵画を美術館で展示する 未発行の写真を美術館で展示する
26条	頒布権	映画のビデオテープ、ビデオディスク等の販売
26条の 2	譲渡権	ビデオゲームの販売
26条の 3	貸与権	コミックのレンタル
27条	翻訳権、翻案権	小説の翻訳 小説の戯曲への翻案 楽曲の編曲

の対象の例を、図表3-9に示す。

　著作権は、審査、登録等を要せず、著作物の創作によってのみ成立する。なお、旅行会社の従業員が職務上作成した観光地案内のパンフレットとか、ソフトウェア会社の従業員が職務上作成したコンピュータ・プログラムの著作権は、原始的に会社に帰属する（著作権法15条、図表3-10参照）。

　著作権を特定するためには、対象となっている著作物そのものを確認するほかない点に留意すべきである。なお、著作者が有する著作者人格権（著作権法18条ないし20条）は、とりわけ、著作物の同一性を保持する権利（同一性保持権。同法20条）を含んでいるから、著作物の商業的な利用の障害となることがあるが、譲渡できない権利である。それゆえ、著作権を投融資の対象または引当てとするときは、著作権の価値を損なわないように、著作者人格権の行使を放棄してもらうべき場合もある。

　著作権法には、著作権以外にも、著作隣接権といわれる権利があり、これは、実演家、レコード製作者、放送事業者、有線放送事業者などが有するものである（著作権法89条以下）。これについては説明を省略するが、著作権とよく似た性格の排他的権利である。

　著作権は、審査を経ることなく、創作によってのみ成立するから、いったん成立した権利が審判によって無効とされるといった類の脆弱性はない。し

【図表3-10】　著作権法15条（職務上作成する著作物の著作者）

1	法人その他使用者（以下この条において「法人等」という。）の発意に基づきその法人等の業務に従事する者が職務上作成する著作物（プログラムの著作物を除く。）で、その法人等が自己の著作の名義の下に公表するものの著作者は、その作成の時における契約、勤務規則その他に別段の定めがない限り、その法人等とする。
2	法人等の発意に基づきその法人等の業務に従事する者が職務上作成するプログラムの著作物の著作者は、その作成の時における契約、勤務規則その他に別段の定めがない限り、その法人等とする。

かしながら、コンピュータ・プログラムなど実用的な著作権の保護範囲が狭い、小説や楽曲など芸術的な著作物であっても、ある著作物に類似する他の著作物がはたして前者の著作権を侵害しているかどうかの判断は容易ではない、といった弱さを抱えていることは認識しておくべきである。

4 不正競争防止法上の権利

不正競争防止法により、周知または著名な商品表示、営業秘密、商品形態などが保護されるが、これらは、事実状態を保護するにすぎないものであり、営業譲渡の一環としてなされる場合を除けば譲渡可能性もないから、投融資の対象または引当てとはなりがたい。

5 種苗法上の育成者権

野菜、果物、花卉、観葉植物などの新品種について審査を経て登録することにより、その品種の種苗や収穫物、加工品の生産や販売について独占できる権利である。植物は、交配、細胞培養、挿し木などさまざまな方法で増殖できるし、生産可能な者がきわめて多数かつ全国に遍在している可能性があるから、こうした権利を対象または引当てとした投融資を検討するためには、特許権、商標権、種苗または種子の流通方法、生産物のDNA鑑定手段の整備などさまざまな方法によって実質的にも権利侵害者を排除できるように工夫されているかどうかに注意を払うことが好ましいであろう。

いったん成立した育成者権も取り消される場合があるから（種苗法49条）、特許権などと同様、権利に脆弱性があることを認識しておくべきである。

6 ライセンシーの権利

　種々の知的財産権は、他人による知的財産の利用を排除する力をもっている。それゆえ、かかる力を行使しないかわりに、ロイヤルティ等の対価を要求する、という取引（いわゆる「ライセンス」）が成立する（図表3−11参照）。かかるライセンス契約におけるライセンシーの地位は、知的財産の利用によって収益をあげる機会をライセンシーに与えるものであるから、不動産の賃借人の地位と同様、たしかに価値がある。しかしながら、かかる地位は、契約に基づくものにすぎないから、その安定性や譲渡可能性は、ライセンサーの協力に大きく依存する点に注意が必要である。

　ある種の知的財産権に関するライセンス権限（たとえば、特許権に関する専用実施権）については、登録することにより、知的財産権の譲受人に対してライセンシーが対抗できたり、ライセンシーが第三者による権利侵害について差止請求できる等の効果がある（後述・第2節2(1)・253頁の記述を参照）。もっとも、ライセンス権限の登録は、誰と誰の間でどのようなライセンス取引が行われているかを公にしてしまうから、回避されることも多い。また、ある種のクロスライセンス契約のように、対象となる知的財産権が大量であったり常時増減したりする場合には、費用対効果にかんがみて登録を行うことが現実的でないことも多い。

　なお、以前は特許権等に関する通常実施権は登録が第三者対抗要件とされていたが、平成23年の特許法等改正により、通常実施権の登録制度は廃止され、通常実施権者が自らその権利の存在を立証することにより、特許権等の

【図表3−11】　ライセンス契約

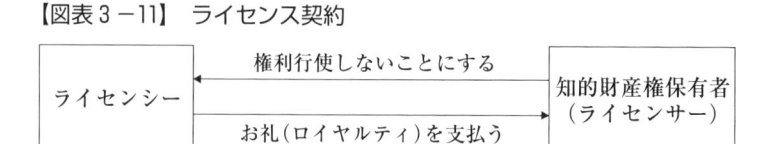

譲受人などの第三者に通常実施権を対抗できるもの（いわゆる当然対抗制度）とされた（特許法99条等）。ただし、通常実施権に関するライセンス契約自体が特許権等の譲受人に承継されるか否か、また、承継されるその範囲については、特許法に特段の規定は設けられておらず、これに関して判例および学説においても明確な結論は出ていない点に留意されたい。

7　さまざまな新しい権利

　個人の氏名や肖像の利用に関する権利（「パブリシティ権」と呼ばれることがある）、大型の公共施設や娯楽施設やイベントに自己の名前を冠する権利（「ネーミングライツ」と呼ばれることがある）など、新たな種類の権利が続々と生まれている。もっとも、これらの新しい権利は、単なる不法行為法上の権利であったり（パブリシティ権）、契約上の権利であったり（ネーミングライツ）するから、それ自体を投融資の対象または引当てにすることは困難である。むしろ、これらの権利を背景として締結されるライセンス契約やネー

【図表3－12】　ネーミングライツ付与契約に基づく金銭
債権を引当てとするファイナンス

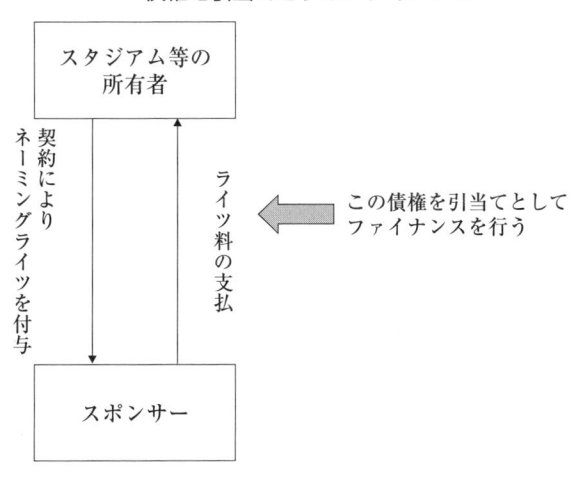

ミングライツ付与契約に基づく金銭債権に着目してファイナンスがなされることになろう（図表3−12参照）。

8 外国における権利

　外国における権利も、しばしば、日本国法に基づく権利と類似の構造をもっているから、同様に、投融資の対象や引当てとすることの可能性を検討することができるし、デューデリジェンスにあたっての留意事項も大きくは変わらないことが多いと思われる。知的財産権は、国ごとに成立し、効力範囲がその国の領域内に限られるのが一般的であるから、収益の重要な源泉が外国にあるような技術、ブランド等に着目して投融資を行う場合には、外国における権利も、対象または引当てに含めることを忘れるべきではない。

知的財産ファイナンスのさまざまな形態

　本節では、知的財産権を対象または引当てとするファイナンスのさまざまな基本型を紹介する。きわめて複雑にみえる取引も、基本型の組合せから成り立っているのであるから、基本型を習得すれば恐れるに足りない。たとえば、特許権の流動化スキームも、これらの基本型の組合せにすぎない（図表3－13参照）。なお、説明の便宜上、投資または融資によって資金を供給する側の視点ではなく、資金の供給を受ける側の視点から記述する[3]。

1　知的財産権の移転を用いる形態

(1)　最も単純な形態（図表3－14参照）

　特許権、実用新案権、意匠権、商標権、著作権、著作隣接権、種苗法上の育成者権といった知的財産権には、一定の経済的価値を見出すことができる場合がある。なぜなら、これらの権利によってある種の事業を独占して収益を得たり、第三者へのライセンスによってロイヤルティを得られる場合があるからである（裏返せば、知的財産権によって守られている知的財産が、事業上の価値を欠いている場合には、知的財産権といえども実質的な価値がないという

3　以下に述べるとおり、知的財産ファイナンスにおいては対象となる知的財産の生み出す価値に関する評価が重要である。特許庁は、「特許等の知的財産を活用している中小企業の事業を適正に評価し、金融機関からの融資可能性拡大に資する」ことを目的として、中小企業等への融資を行っている金融機関に対し、「知財ビジネス評価書」の作成支援を無償で行っている。知財ビジネス評価書は、「金融機関が特許等の知的財産を活用している中小企業への融資を検討するにあたり、客観的な評価に基づく融資判断の補強材料」として活用することが想定されている（平成26年知財ビジネス評価書作成支援公募情報：http://chizai-portal.jp/recruitment/recruitment02.html）。

【図表3－13】 流動化スキーム（例）

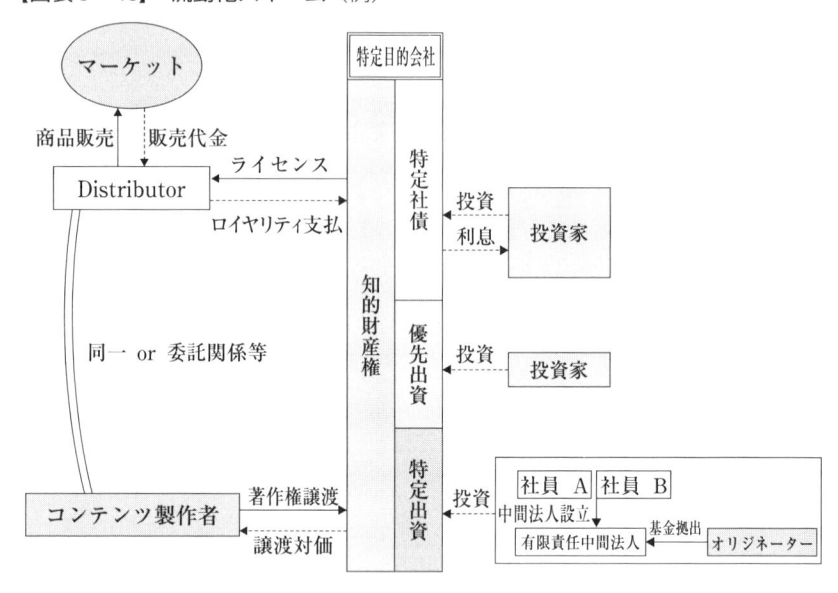

【図表3－14】 知的財産権の移転による資金調達

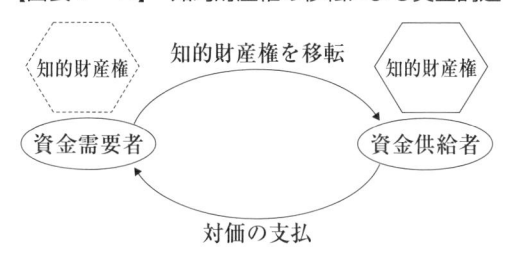

ことになる）。そのような知的財産権であれば、第三者に譲渡することによっ
て、対価のかたちで資金を得ることができる。

　もっとも、知的財産権は知的財産の利用を妨げることのできる排他的権利
であるから、これを他人に移転してしまうと、他人によって知的財産権が行
使される可能性が生ずるから、自分が安心して知的財産を利用することがで
きなくなる。金策のために自動車を売却した場合には、資金に余裕ができた

ら別の自動車を買って乗ればよいが、知的財産権を売却した場合には、同じ知的財産権を買い戻さないと、同じ知的財産の利用ができなくなってしまう。それゆえ、資金調達のために知的財産権を他に移転する場合には、以下に述べるとおり、資金需要者が同じ知的財産を利用し続けられるような仕組みと組み合わせるのが一般的である。

　資金供給者が資金需要者から知的財産権を譲り受ける対価については、資金需要者が調達することを必要とする金額をベースに、資金供給者側のリターンを予測しつつ設定するのが一般的である。また、資金供給者側が、十分なリターンが得られるような金額に対価を設定すべく厳しい交渉をするのが常識的であるから、知的財産権の公正な取引価格を抽象的に算出する必要性は小さい。

　知的財産権を譲り受ける資金供給者としては、現実に当該知的財産権を行使したり、知的財産を利用した事業を実質的に独占したりしようとする事業者のほか、投資ファンド、SPC等がある。投資ファンドやSPCは、知的財産権を、その寿命が尽きるまでもっているわけにはいかない（なぜなら、スキーム上、予定されている投資ファンドやSPCの存続期間が、知的財産権の存続期間よりも短いのが通例だからである）から、適切な時期に、これを売却して換価処分する必要がある。多くの知的財産権は、それを最も必要とする者がもともとの資金需要者であることが多いから、資金需要者への売戻しが最も簡便な処分方法ではある。もっとも、投資ファンドにおいては、ファンド・マネジャーが資金需要者とのなれ合いで、ファンドにとって不利な価格で（あるいは、ファンドにとってもっと有利な価格で売却できたはずなのに、それより低い価格で）知的財産権を処分したわけではない、ということを説明できるようにするためには、知的財産権の評価方法が大きな問題となる。

　一般的に、企業が外部の業務委託先を利用することなく自社内で開発した技術に関する知的財産権については、研究開発費はすべて発生時に費用として処理しなければならないとされており（研究開発費等に係る会計基準三）、

また、出願料、特許料その他登録のために要する費用の額は、取得原価に算入しないことができるため、資産として計上されていないことが多い（あるいは、せいぜい、名目的な金額で計上されているにすぎない）。そのため、ファイナンス目的で自社内で開発した技術に関する知的財産権を他に譲渡すると、譲渡価格全体が売却益として税務上認識されることによって「真水」の調達金額が目減りしかねない、という問題もある。

　なお、融資先として、ある知的財産の創出とそれを利用する事業のみを行う有限責任事業組合（有限責任事業組合契約に関する法律（以下「有限責任事業組合法」という）、平成17年法律第40号参照）を用いることによって、実質的にはリミテッド・リコース（当該プロジェクトに関する収入および資産のみを引当てとする）の性格をもち、かつ、事業者の他のプロジェクトに関するリスクからの隔離がなされたローンを仕組むことも可能である（図表3−15参照）。なぜなら、有限責任事業組合は、組合員の有限責任性を原則として保障するものであるし（有限責任事業組合法3条1項）、有限責任事業組合に帰属する知的財産権は組合員の合有財産となるところ、破産した組合員は自動的に有限責任事業組合を脱退するから（同法26条2号）、脱退組合員の持分払戻請求権を現金に限定するようにすれば、知的財産権が破産していない組合員らの側に残る可能性が高いからである。

【図表3−15】　有限責任事業組合を用いる資金調達

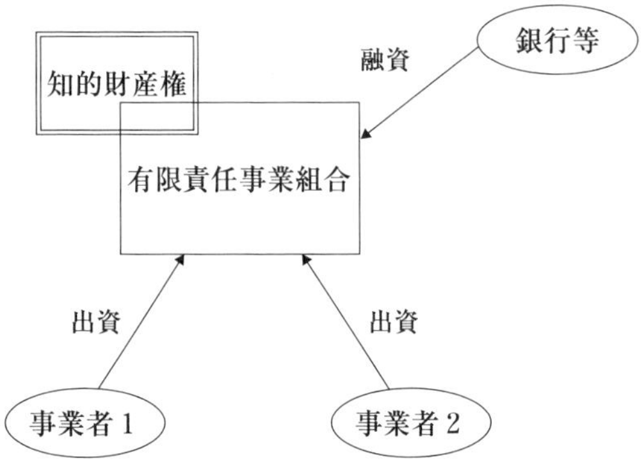

(2)　知的財産権の共有

　資金需要者が有する知的財産権の持分のみを資金供給者に移転して対価を得る方法がある。この場合には、資金需要者が知的財産権によって保護されている知的財産の利用を継続できる。半面、資金供給者の側も知的財産の利用ができるようになる（図表3－16参照）。知的財産権の共有にはこのような利点がある半面、資金供給者は、資金需要者による知的財産の利用を排除する力を獲得できないから、そのような力を保持することによって資金需要者からの見返り（たとえば、いったん資金供給者に移転した知的財産権の持分を、資金需要者に買戻しさせること）を強いる力が弱い、資金供給者が持分をさらにほかに移転して収益を得ることが制限される、といった問題がある。

　知的財産権の共有には、図表3－17に示すように、一方の持分権者による知的財産権の自由な処分や知的財産の利用を制限する効果がある（このことは、一方の持分権者の倒産等に際して、他方の持分権者が管財人等に対して強い立場に立てることを意味する）から、担保権に近い効果を生み出すものとして、しばしば利用される。たとえば、資金需要者が、その有する特許権の持分を資金供給者に対して譲渡し、当該特許権が、資金需要者と資金供給者との共有になったとする。資金需要者は、資金供給者の承認を得ることなく、

【図表3－16】　知的財産権の共有による資金調達

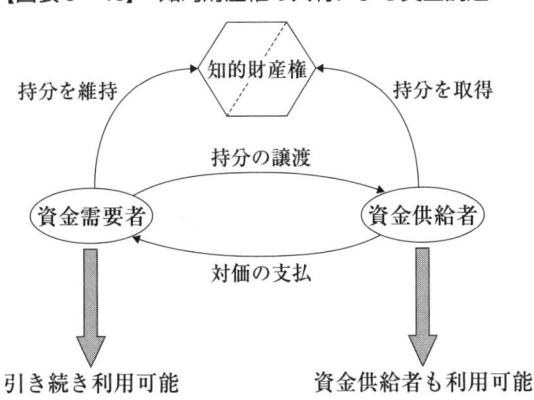

【図表3−17】 共有された知的財産権に関する法律の規定

	特許法（実用新案法、意匠法および商標法は、ほぼ同様）			著作権法（著作者人格権、著作隣接権は省略）	
権利取得、維持、行使等の制限	38条		特許を受ける権利が共有に係るときは、各共有者は、他の共有者と共同でなければ、特許出願をすることができない。	著作権法施行令16条、17条	出願、審査、審判の制度はない。共有されている著作権の登録については、共有者による共同申請が原則。共有持分の譲渡の登録については、譲渡人の承諾書を添付すれば、譲受人と他方の持分権者とで共同申請できる。
	67条の2第4項		特許権が共有に係るときは、各共有者は、他の共有者と共同でなければ、特許権の存続期間の延長登録の出願をすることができない。		
	132条2項		共有に係る特許権について特許権者に対し審判を請求するときは、共有者の全員を被請求人として請求しなければならない。		
	132条3項		特許権又は特許を受ける権利の共有者がその共有に係る権利について審判を請求するときは、共有者の全員が共同して請求しなければならない。		
	侵害者に対する差止請求、損害賠償請求などの権利行使はそれぞれの持分権者において行うことができる。				
持分譲渡、担保権設定等処分の制限	33条3項		特許を受ける権利が共有に係るときは、各共有者は、他の共有者の同意を得なければ、その持分を譲渡することができない。	65条1項	共同著作物の著作権その他共有に係る著作権については、各共有者は、他の共有者の同意を得なければ、その持分を譲渡し、又は質権の目的とすることができない。
	33条4項		特許を受ける権利が共有に係るときは、各共有者は、他の共有者の同意を得なければ、その特許を受ける権利に基づいて取得すべき特許権について、仮専用実施権を設定し、又は他人に仮通常実施権を許諾することができない。		
	73条1項		特許権が共有に係るときは、各共有者は、他の共有者の同意を得なければ、その持分を譲渡し、又はその持分を目的として質権を設定することができない。		
知的財産の利用の自由度	73条2項		特許権が共有に係るときは、各共有者は、契約で別段の定をした場合を除き、他の共有者の同意を得ないでその特許発明の実施をすることができる。		
	73条3項		特許権が共有に係るときは、各共有者は、他の共有者の同意を得なければ、その特許権について専用実施権を設定し、又は他人に通常実施権を許諾することができない。	65条2項	共有著作権は、その共有者全員の合意によらなければ、行使することができない。

自らの持分について処分したり担保権を設定したりすることができなくなる。また、資金需要者が破産した場合も、破産管財人は、特許権の持分を勝手に換価処分できなくなるから、資金供給者は、破産管財人と交渉して、かかる持分を有利に取得できる可能性が高まることが予想される。

(3)　**セール・アンド・ライセンスバック**（図表 3 − 18参照）

　多くの場合、資金需要者は、知的財産権を資金供給者に移転した後も、それによって保護されている知的財産の利用を継続したい（つまり、資金供給者またはこれから知的財産権を譲り受けた者から差止請求や損害賠償請求を受けたくない）と考える。また、知的財産権は、知的財産を自らまたは他人へのライセンスによって利用したい人にとってしか価値がないのが一般的であるから、簡単に第三者に売却できるものではない。それゆえ、資金供給者も、資金需要者から移転された知的財産権を他に転売することによってではなく、資金需要者自身に知的財産を利用させることによって、投下した資金と利潤を回収したいと考える。

　そこで、資金供給者は、いったん知的財産権を取得したうえで、知的財産の利用を資金需要者に対してライセンスし、ロイヤルティの支払を受けるこ

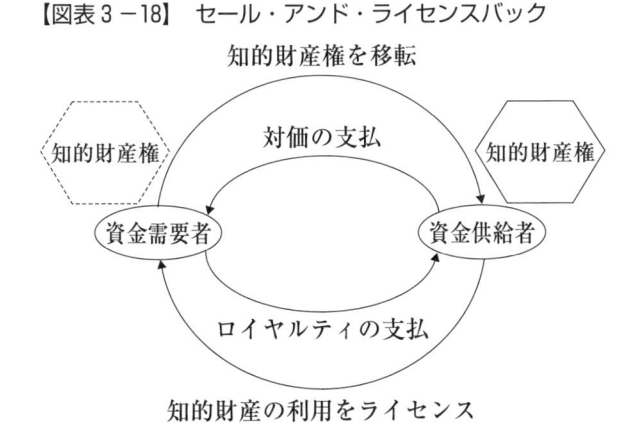

【図表 3 −18】　セール・アンド・ライセンスバック

とによって、資金と利潤の回収を図る。ロイヤルティには、元本保証がない半面、レートや支払総額について制約がないのが原則だから、相応のリスクを許容できる資金の投資対象として知的財産権が選択されうることとなる。資金需要者の知的財産の利用の増大に応じてロイヤルティ率を逓減させることによって、資金需要者にインセンティブを与えることも、行われうる。

　なお、資金需要者が、知的財産権を他に移転しつつ、それによって保護されている知的財産の利用を続けることが、知的財産権の移転についてのいわゆる「真正売買性」を疑わせることにつながらないか、というのは、ファイナンス目的の資産譲渡に共通する関心事項である。図表3－18と図表3－19とを比較すると、ほとんど差がないようにみえること、つまり、真に知的財産権をほかに移転する意図をもって行った取引も、知的財産権を譲渡担保に付したのと外見が酷似することは、かかる懸念の大きな理由になると思われる。もっとも、譲渡担保権者は、形式上は担保物件の権利者と構成されても、担保目的以上に権利行使しない義務を負うこと（大判昭8・4・26民集12巻8号767頁）からすると、譲渡担保権者たる資金供給者の資金需要者に対する知的財産の利用許諾は存在しないと考えうるのに対し[4]、当事者間で真に知的財産権を移転する意図がある場合には、知的財産権の譲受人たる資金供給者から、譲渡人たる資金需要者に対する知的財産の利用許諾が存在する（かつ、その条件は、両者間で真剣に交渉される）という大きな違いがある。かかる利用許諾の存在、その条件がライセンサーたる資金供給者とライセンシーたる資金需要者との間で真剣に交渉されること、および資金需要者が知的財産権を買い戻せることが確実なわけではなく、技術やコンテンツの連続性（技術もコンテンツも、過去の技術やコンテンツの積重ねによって創造されることが多いから、一連の技術やコンテンツに関する知的財産権をすべて同じ者に

---

[4]　おそらく、この点について定説はない。筆者の個人的見解ではある。もっとも、実務的にも、譲渡担保権者たる資金供給者と資金需要者との間でライセンス契約が締結される例を知らない。

【図表 3 −19】　譲渡担保

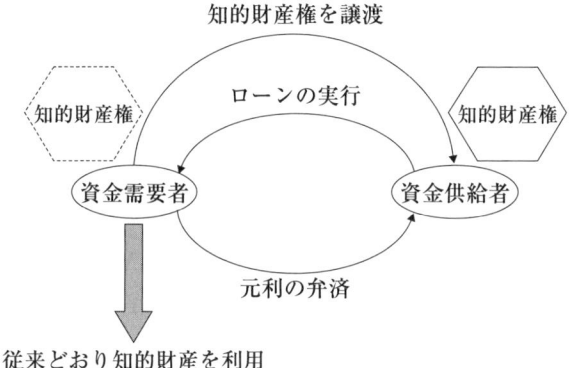

【図表 3 −19】　譲渡担保

帰属させるほうが効率がよい）からして資金需要者が最も好ましい買い手になることが多いにすぎないことからすると、多くのケースでは、かかる知的財産権の移転が真正な売買であると結論づけることにさほどの抵抗感を覚えないことになろうかと思われる。もっとも、この問題については、個別具体的な案件ごとに綿密な判断を加えるべきであって、安易に一般論をふりかざすべきではない。

2 　知的財産権担保を用いる形態

⑴　**譲渡担保**（図表 3 −19参照）

　資金供給者から資金需要者に対して金銭消費貸借契約などの方法によって資金が供給されるに際し、その元利弁済等の債務を担保するために、資金供給者から資金需要者に対して知的財産権を譲渡する方法である。なお、当然のことながら、移転可能な知的財産権でなければ譲渡担保に供することはできないから、著作者人格権や不正競争防止法上の権利は譲渡担保に供することができない（本章第 3 節 2 ・274頁参照）。

　資金需要者自身以外に買受希望者が容易に見つかるような知的財産権でな

ければ（現実には、そのような知的財産権は、ほとんど存在しない）、担保とされた知的財産権の処分によって資金供給者が資金回収を図ることが困難である。譲渡担保権者が自己に知的財産権を帰属させることも可能であるが、譲渡担保権者自身がその事業において当該知的財産を必要としていない場合、ほかに知的財産の利用を許諾するほかない。もっとも、銀行法12条は、銀行が同法10条または11条の規定により営む業務および担保附社債信託法（明治38年法律第52号）その他の法律により営む業務のほか、他の業務を営むことを禁止している。銀行が譲渡担保権の実行により取得した知的財産権に関する利用許諾は、外観上、銀行法10条1項各号に明記されている業務、同条2項各号に明記されている業務、同法11条の業務、および、担保附社債信託法その他の法律により営む業務（同法12条）のいずれにも該当しない。したがって、かかる利用許諾は、同法10条2項柱書所定の「銀行業に付随する業務」（以下「付随業務」という）、または、同法10条ないし12条にいう「業務」に該当しない、事実上の行為（以下「事実行為」という）のいずれかに該当するのでない限り、銀行が行うことはできないということになる。銀行が担保権を実行して取得した不動産を一般に賃貸することは不動産業に当たるから、他業禁止規定に抵触するとされていることからすると、銀行がかかる利用許諾をなすことが事実行為であって許されると解するのは困難である。よって、銀行は、譲渡担保権を実行して知的財産権を取得したとしても、これを他に譲渡する以外には資金回収の手だてが実質的に見つからないということになろう。結局のところ、知的財産権の譲渡担保は、銀行のような金融機関にとっては、下記に示すような資金需要者へのプレッシャーという意味合いが大きいものといえる。

　譲渡担保と譲渡の違いは特許原簿（特許法27条）、著作権登録原簿（著作権法78条）の記載などの外見からは認識できない。それゆえ、資金供給者が譲渡担保権設定の条件に反して知的財産権を第三者に譲渡したり、第三者に知的財産の利用を許諾したり、資金供給者側の債権者が知的財産権を差し押さ

えたりしても、資金需要者としては対抗する手段を欠くという問題もある（権利移転の対抗要件については、本章第3節を参照）。

　半面、資金需要者にとって虎の子である知的財産権（なぜなら、知的財産権を第三者が取得してしまうと、当該第三者によって、資金需要者による知的財産の利用が差し止められてしまうおそれがある）を担保にとられることによって、真剣に知的財産の利用による事業活動を行うことが期待できるという事実上の効果が、譲渡担保にはある。また、資金需要者が第三者に知的財産権を譲渡したり、資金供給者への債務の弁済に資することのないような第三者に知的財産の利用を許諾または黙認したり、資金供給者の債権者が知的財産権を差し押さえることを妨げることが可能である。資金需要者の破産手続および民事再生手続に際しては、譲渡担保権者は別除権を認められ（破産法65条類推、民事再生法53条類推）、会社更生手続においては更生担保権として行使することは認められるのが原則である（会社更生法135条等）。

　移転可能な知的財産権であっても、その種類によっては、質権を設定することができない（図表3-20参照）。質権の設定ができない権利について担保権を設定しようとすると、譲渡担保を利用するほかない。

　なお、特許権においては、特許原簿への登録は、特許権の移転の「対抗要件」ではなく、「効力要件」である（特許法98条1項1号）。それゆえ、資金需要者が資金供給者のために、資金需要者が有する特許権を譲渡担保に供するためには、資金需要者から資金供給者への特許権の移転を登録しなければ

【図表3-20】　移転可能だが質権を設定できない知的財産権の例

権利の種類	根拠条文
特許を受ける権利	特許法33条2項
実用新案登録を受ける権利	実用新法11条2項（特許法33条2項の準用）
意匠登録を受ける権利	意匠法15条2項（特許法33条2項の準用）
商標登録出願により生じた権利	商標法13条2項（特許法33条2項の準用）

ならない。ところで、特許権を侵害する者に対する差止請求は、特許権者または専用実施権者のみが行うことができる（同法100条1項）。その結果、侵害者に対する差止請求は、担保権者たる資金供給者しかできないということになる。これは、実用新案権（実用新案法26条による特許法98条1項1号の準用、27条1項）、意匠権（意匠法36条による特許法98条1項1号の準用、37条1項）、商標権（商標法35条による特許法98条1項1号の準用、36条1項）、育成者権（種苗法32条1項、33条1項）についても同様である。つまり、資金需要者が、知的財産権を譲渡担保に供すると、侵害者に対して知的財産権に基づく差止請求ができなくなってしまうということである。かといって、担保権者のほうで、侵害者に対する差止請求を行う負担を引き受けることは、通例、現実的ではない。また、担保権者は、無効審判の被請求人となっても実質的に対応することができないであろうし（特許法123条など）、訂正審判の請求を行うことも無理であろう（同法126条など）。資金供給者としては、資金需要者が知的財産権の行使によって事業における優位性を確保することが好ましいのは当然のことであるから、侵害者対策の重要性が高い場合には、知的財産権に対する譲渡担保権の設定は、必ずしも適切な方法とはいえない。

　もちろん、譲渡担保権者たる資金供給者から資金需要者に対して、特許権、実用新案権もしくは意匠権に係る専用実施権（特許法77条、実用新案法18条、意匠法27条）、商標権に係る専用使用権（商標法30条）、著作物に係る出版権の設定（著作権法79条、80条、88条）、育成者権に係る専用利用権の設定（種苗法25条）等を行えば、資金需要者自身が、権利侵害者に対する差止請求を行うことができる。しかしながら、これらの権利は、譲渡担保権者が有する権利に対する制約となるから、その担保価値を低めてしまうおそれもある。また、資金需要者に弁済の履行遅滞等があった場合に、これらの権利の消滅の登録（特許法98条1項2号など）をするのに一定の時間がかかるが、権利に負担が付随していないことを期待するであろう第三者への特許権等の売却が遅れざるをえないという問題もある。また、著作物については、映画や音楽

など出版以外の方法によって利用されるものの場合、ライセンシーが差止請求権を確実にもてるような権利を登録できる制度がない。

(2) **質権**（図表 3 −21参照）

　資金供給者から資金需要者に対して金銭消費貸借などの方法によって資金が供給されるに際し、その元利弁済等の債務を担保するために、資金需要者が有する知的財産権に質権を設定する方法である。質権は、譲り渡すことができない物をその目的とすることができないから（民法343条）、著作者人格権や不正競争防止法上の権利には、質権を設定することができない（本章第3節参照）。また、移転可能であっても、質権を設定できない知的財産権もある（前掲・図表 3 −20参照）。かかる制約については、登録前の権利が不安定なものであることを理由とするという説明もあるものの、立法趣旨が必ずしも定かではない。質権の目的とすることのできる知的財産権、その設定の効力発生要件または対抗要件、および質権の効力は、図表 3 −22に示すとおりである。

　ライセンスによって安定的に収益をあげている知的財産権があるならば、質権の設定によって、収益を他の債権者に優先して確保できるところに利点がある。また、資金需要者自身による差止請求権の行使が可能である。もっ

【図表 3 −21】　質権設定を伴う資金調達

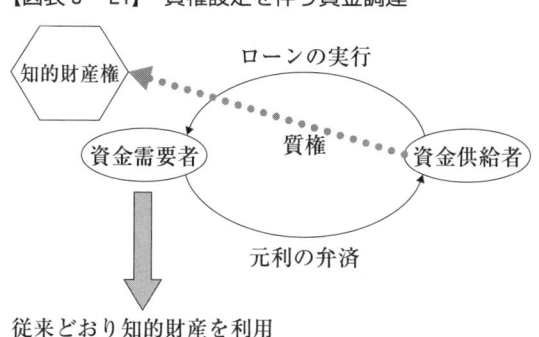

【図表 3 −22】 質権を設定できる知的財産権、質権設定の効力発生要件または対抗要件、

根拠法	知的財産権	質権設定の効力発生要件	質権設定の対抗要件
特許法	特許権（特許法95条）	登録（特許法98条1項3号）	
	専用実施権（特許法95条）		
	通常実施権（特許法95条）		確定日付のある証書による通知または承諾（民法364条、467条）
実用新案法	実用新案権（実用新案法25条1項）	登録（実用新案法25条3項による特許法98条1項3号の準用）	
	専用実施権（実用新案法25条1項）		
	通常実施権（実用新案法25条1項）		確定日付のある証書による通知または承諾（民法364条、467条）
意匠法	意匠権（意匠法35条）	登録（意匠法35条3項による特許法98条1項3号の準用）	
	専用実施権（意匠法35条）		
	通常実施権（意匠法35条）		確定日付のある証書による通知または承諾（民法364条、467条）
商標法	商標権（商標法34条）	登録（商標法34条4項による特許法98条1項3号の準用）	
	専用使用権（商標法34条）		
	通常使用権（商標法34条）		登録（商標法34条2項）
著作権法	著作権（著作権法66条）		登録（著作権法77条2号）
	出版権（著作権法87条）		登録（著作権法88条1項2号）
	著作隣接権（著作権法103条）		登録（著作権法104条2項による同法77条2号の準用）
種苗法	育成者権（種苗法30条）	登録（種苗法32条1項3号）	
	専用利用権（種苗法30条）		
	通常利用権（種苗法30条）		登録（種苗法32条5項）

質権設定の効果

質権設定に必要な承諾	質権設定の効果
特許権者の承諾（特許法77条4項） 特許権者、または、特許権者および専用実施権者（専用実施権者から再許諾を受けることによって設定された通常実施権の場合）の承諾（特許法94条2項）	特許権、専用実施権または通常実施権を目的とする質権は、特許権、専用実施権もしくは通常実施権の（譲渡または設定の）対価または特許発明の実施に対しその特許権者、専用実施権者もしくは通常実施権者（通常実施権者については明文なし。解釈による）が受けるべき金銭その他の物に対しても、行うことができる。ただし、その払渡しまたは引渡し前に差押えをしなければならない（特許法96条）。 質権者は、特許発明を実施する権利を取得するわけではない。
実用新案権者の承諾（実用新案法18条3項による特許法77条4項の準用） 実用新案権者、または、実用新案権者および専用実施権者（専用実施権者から再許諾を受けることによって設定された通常実施権の場合）の承諾（実用新案法24条2項）	実用新案権、専用実施権または通常実施権を目的とする質権は、実用新案権、専用実施権もしくは通常実施権の（譲渡または設定の）対価または考案の実施に対しその実用新案権者、専用実施権者もしくは通常実施権者（通常実施権者については明文なし。解釈による）が受けるべき金銭その他の物に対しても、行うことができる。ただし、その払渡しまたは引渡し前に差押えをしなければならない（実用新案法25条2項による特許法96条の準用）。 質権者は、考案を実施する権利を取得するわけではない。
意匠権者の承諾（意匠法27条4項による特許法77条4項の準用） 意匠権者、または、意匠権者および専用実施権者（専用実施権者から再許諾を受けることによって設定された通常実施権の場合）の承諾（意匠法34条2項）	意匠権、専用実施権または通常実施権を目的とする質権は、意匠権、専用実施権もしくは通常実施権の（譲渡または設定の）対価または意匠の実施に対しその意匠権者、専用実施権者もしくは通常実施権者（通常実施権者については明文なし。解釈による）が受けるべき金銭その他の物に対しても、行うことができる。ただし、その払渡しまたは引渡し前に差押えをしなければならない（意匠法35条2項による特許法96条の準用）。 質権者は、意匠を実施する権利を取得するわけではない。
商標権者の承諾（商標法30条4項による特許法77条4項の準用） 商標権者、または、商標権者および専用使用権者（専用使用権者から再許諾を受けることによって許諾された通常使用権の場合）の承諾（商標法31条6項による特許法94条2項の準用）	商標権、専用使用権または通常使用権を目的とする質権は、商標権、専用使用権もしくは通常使用権の（譲渡または設定の）対価または商標の使用に対しその商標権者、専用使用権者もしくは通常使用権者（通常使用権者については明文なし。解釈による）が受けるべき金銭その他の物に対しても、行うことができる。ただし、その払渡しまたは引渡し前に差押えをしなければならない（商標法34条3項による特許法96条の準用）。 質権者は、商標を使用する権利を取得するわけではない。
	著作権を目的とする質権は、当該著作権の譲渡または当該著作物の利用につき著作権者が受けるべき金銭その他の物（出版権の設定の対価を含む）に対しても、行うことができる（著作権法66条2項）。 質権者は、著作権を行使したり著作物を利用したりする権利を取得するわけではない。
著作権のうち複製権を有する者の承諾（著作権法87条）	出版権を目的とする質権は、当該出版権の譲渡または当該出版権に係る著作物の利用につき出版権者が受けるべき金銭その他の者に対しても、行うことができる（解釈）。 質権者は、出版権を行使したり著作物を利用したりする権利を取得するわけではない。
	著作隣接権を目的とする質権は、当該著作隣接権の譲渡または当該著作隣接権に係る実演、レコード、放送、または有線放送の利用につき著作隣接権者が受けるべき金銭その他の者に対しても、行うことができる（著作権法103条による同法66条2項）。 質権者は、著作隣接権を行使したり実演等を利用したりする権利を取得するわけではない。
育成者権者の承諾（種苗法25条4項） 育成者権者の承諾（種苗法29条2項）	育成者権、専用利用権または通常利用権を目的とする質権は、育成者権、専用利用権もしくは通常利用権の対価または登録品種等の利用に対しその育成者権者もしくは専用利用権者が受けるべき金銭その他の物に対しても、行うことができる（種苗法30条2項）。 質権者は、登録品種等を利用できる権利を取得するわけではない（種苗法30第1項）。

とも、資金需要者が知的財産を自ら利用している場合（典型的には、特許権によって独占を保障されつつ、自ら特許発明を実施する製品を製造販売している場合）、知的財産権に対する質権によってその売上げを他の債権者に優先して確保できるわけではない。

(3)　仮登記担保

　特許権（および、これに関する専用実施権および通常実施権）、実用新案権（および、これに関する専用実施権および通常実施権）、意匠権（および、これに関する専用実施権および通常実施権）、および、商標権（および、これに関する専用使用権および通常使用権）については、仮登記担保による担保権設定も可能である（仮登記担保契約に関する法律、特許登録令2条、実用新案登録令2条による特許登録令2条の準用、意匠登録令2条による特許登録令2条の準用、商標登録令2条による特許登録令2条の準用）。もっとも、金融機関が知的財産権を取得してこれを他に譲渡することによって貸付金等を回収することには困難が伴うから、仮登記担保を単独で利用する利点があるか否かは必ずしも明らかではない。

(4)　財団抵当

　工業所有権に該当する特許権、実用新案権、意匠権および商標権（ならびに、これらに関する専用実施権または専用使用権、および、通常実施権または通常使用権）は、工場抵当法11条5号により、工場抵当法に基づく工場財団の組成物とすることができる。もっとも、コンピュータ・プログラムに関する著作権が、実質的には工場における重要な財産であるにもかかわらず、工業所有権ではないために工場財団の組成物とならないことに留意すべきである。

(5) **企業担保**

　企業担保法1条1項によれば、株式会社の総財産は、その会社の発行する社債を担保するため、一体として、企業担保権の目的とすることができる。したがって、株式会社の有する知的財産権は、企業担保権の目的に含まれることになる。

3　共同事業の法形式を用いる形態

(1)　知的財産権の共有と、共同事業との関係

　知的財産権の共有には、前掲・図表3-16のとおり、実質的には担保権に近い効果がある。また、知的財産権の共有持分権者は、単なる担保権者と違って、知的財産を自ら利用することができる。このような取引は、新規に知的財産権がつくりだされる場合（図表3-23参照）でも、既存の知的財産

【図表3-23】　知的財産権の共有と共同事業
　　　　　　　　（新規に知的財産が創出される場合）

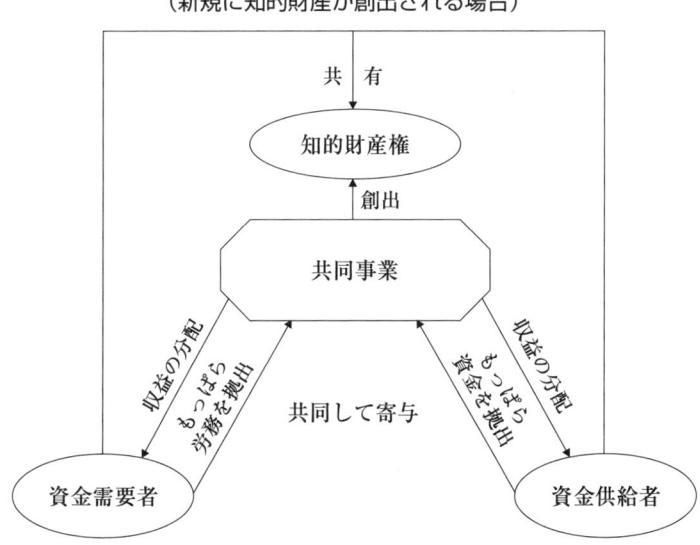

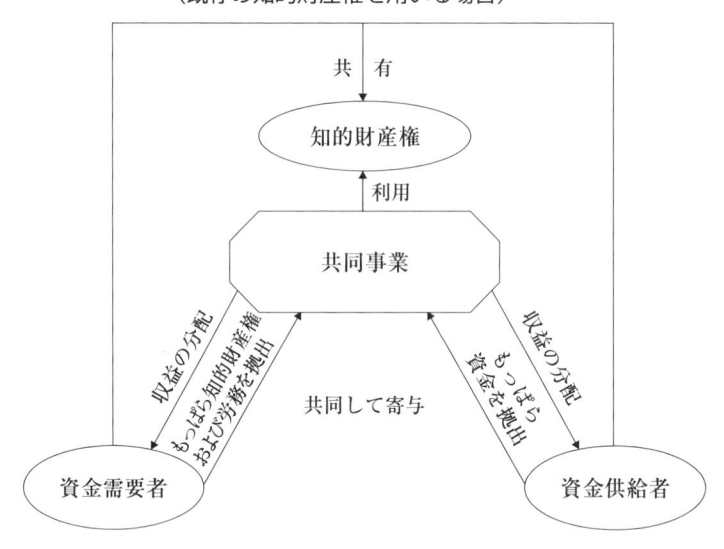

【図表3 -24】　知的財産権の共有と共同事業
　　　　　　　（既存の知的財産権を用いる場合）

権を事業に用いる場合（図表3 -24参照）でも、利用されうる。そこで、資金供給者と資金需要者とが共同事業を行うという法形式を採用することによって資金供給を行う方法が盛んに利用されている。もっとも、銀行など業法によって兼業が規制されている金融機関においては、共同事業を組む資金供給者側に対して（なぜなら、資金需要者側よりも、信用が高く、引当可能な財産も豊富であるから）融資などのかたちで資金供給を行うことになるのが通例である。

⑵　共同事業のためのさまざまな法形式

　共同事業の形態としては、第一に、資金需要者と資金供給者との間の（会社や組合のような組織法理を伴わない）単なる契約に基づくものがあげられる。この方法については、資金需要者がその事業に関連して第三者に対して負った債務について、直ちに資金供給者が責任を負うわけではないことが、

資金供給者にとっての利点といえる。半面、組合のような組織法理が働かないから、当事者が3名以上である場合に多数決でものごとを決めるとか、拠出額によって発言権を調整するといったことがしづらいという問題もある。

第二に、資金需要者と資金供給者との間で民法上の組合（民法667条以下）を組成する方法があげられる。この方法については、資金需要者がその事業に関連して第三者に対して負った債務が組合の債務と解釈される場合には、資金供給者も責任を負ってしまう。かつ、この責任は無限責任である（同法675条）。資金供給者がこのような責任を負うことを避けたい場合には、組合そのものが債務を負う可能性を最小化するべく、組合が組合員以外の者と取引することがないようにすることになる。典型的なのは、組合が資金需要者に対して業務委託をすることによって、第三者との取引はすべて資金需要者が単独で行うようにする方法である（図表3−25参照）。もっとも、この方法では、資金供給者自身が共同事業に対して積極的に関与することができない。したがって、資金供給者自身もメーカーであって、資金需要者の発明を実施する製品を製造する機能を分担するような場合には採用できない。

第三に、資金需要者が無限責任組合員となり、資金供給者が有限責任組合員となるような投資事業有限責任組合（投資事業有限責任組合契約に関する法

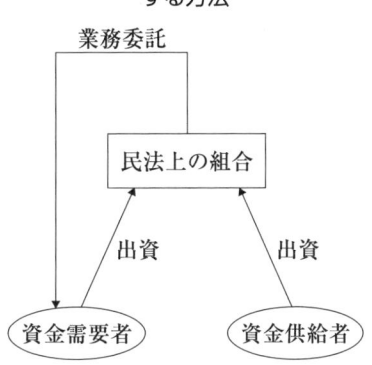

【図表3−25】 民法上の組合を組成する方法

律）を組成する方法も考えられないわけではない。もっとも、投資事業有限責任組合が、知的財産権の保有や知的財産のライセンス（同法3条1項7号）を超えて、積極的に知的財産を自ら利用するような事業を行うことはできないから、前記（図表3−25）のパターンをとらざるをえない。また、資金需要者が投資事業有限責任組合の無限責任組合員としての機能を果たしうる場合は、ほとんどないであろうと思われる。

　第四に、資金需要者と資金供給者が、それぞれ組合員となって有限責任事業組合（有限責任事業組合契約に関する法律）を組成する方法も考えられる。有限責任事業組合においては、すべての組合員が組合の事業の執行を行う必要がある（同法13条1項）から、資金供給者も積極的に資金需要者の事業に関与することが前提となる。したがって、厳しい兼業制限に服する銀行が資金供給者として有限責任事業組合に参加することは考えがたい。投資事業有限責任組合契約のような受動的にしか事業に参加しないファンドが、有限責任事業組合の事業に対して資金供給をする場合には、有限責任事業組合に参加しているある組合員を営業者とし、投資事業有限責任組合を匿名組合員とする匿名組合契約を締結するといった方法を採用するのが無難かと思われる（図表3−26参照）。

　第五に、第四の方法の変型として、資金需要者同士が組成する有限責任事

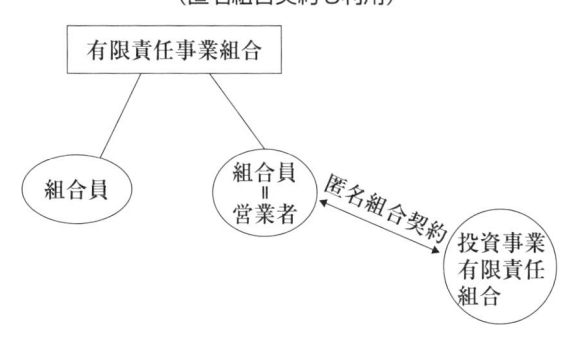

【図表3−26】　有限責任事業組合を組成する方法
（匿名組合契約も利用）

知的財産権の種類	知的財産を創造した者	原始的な権利の帰属	（根拠条文）	共同事業者への権利移転の方法（一般的な方法）	（根拠条文）	共同事業体（共同事業体間の共有）への権利移転の方法
発明について、特許を受ける権利、または特許権	A社の従業員	A社の従業員	特許法29条1項	A社の職務発明規程に従い、A社に権利移転。A社の従業員からA社に権利移転。A社から従業員に対価を支払う。	特許法35条2項3項	契約（共同事業体の組成のための契約に含まれるため、A社に含まれてもよい）により、A社から共同事業体に対して出資、または、A社からB社に移転。B社に対して持分を移転。
	B社の従業員	B社の従業員	特許法29条1項	B社の職務発明規程に従い、B社に権利移転。B社の従業員からB社に権利移転。B社から従業員に対価を支払う。	特許法35条2項3項	契約（共同事業体の組成のための契約に含まれるため、A社に含まれてもよい）により、B社から共同事業体に対して出資、または、B社からA社に移転。A社に対して持分を移転。
	A社の従業員とB社の従業員との共有	A社の従業員とB社の従業員との共有	特許法29条1項	A社の職務発明規程に従い、A社にA社の従業員分（共有持分）移転。A社がA社の従業員に対価を支払う。B社の職務発明規程に従い、B社にB社の従業員分（共有持分）移転。B社がB社の従業員に対価を支払う。	特許法35条2項3項	それぞれの従業員から権利譲渡を受けることにより、A社とB社は、特許権を共有する。それぞれが持分を共同事業体に出資することもありうる。
考案、意匠および品種に関する育成者権については発明に準ずる。						
著作物についての著作権	A社の従業員	A社の発意に基づきA社の名義で公表する（プログラムの著作物は公表不要）ものは、A社	著作権法15条			契約（共同事業体の組成のための契約に含まれるため、A社に含まれてもよい）により、A社から共同事業体に対して出資、または、A社からB社に移転。B社に対して持分を移転。
	B社の従業員	B社の発意に基づきB社の名義で公表する（プログラムの著作物は公表不要）ものは、B社	著作権法15条			契約（共同事業体の組成のための契約に含まれるため、A社に含まれてもよい）により、B社から共同事業体に対して出資、または、B社からA社に移転。A社に対して持分を移転。
	A社の従業員とB社の従業員との共有	A社、B社それぞれの発意に基づきA社およびB社の名義で公表する（プログラムの著作物は公表不要）ものは、A社とB社の共有	著作権法15条			A社とB社は、当初より、著作権を共有する。それぞれが持分を共同事業体に出資することもありうる。
商標権	A社とB社が共同で出願して権利を取得すれば、A社とB社の共有。当初より共同事業体に属するものとすることもできるが、名義は、A社とB社の共有（共同事業体が有限責任事業組合であるときは、組合の名称をあわせて示すことも可）。					

業組合に対して、資金供給者が融資を実行する方法も考えられる。この場合には、有限責任事業組合の組合員が融資の弁済を保証したり、有限責任事業組合に属しない資産を担保に提供したりしない限り、実質的にリミテッド・リコースの融資を提供しているのと変わらないことになる。資金供給者がリミテッド・リコースの融資を行うことを嫌う場合には、組合員に対して融資する方法を選択することもありうる。

(3)　共同事業における知的財産権の帰属

知的財産権の原始的な帰属は、契約ではなく、当該知的財産権の根拠法規によって決まる。代表的なケースについて、図表3－27に整理しておく。この整理は、共同事業体が株式会社Aと株式会社Bとによって組成されており、現実に共同事業の内容たる仕事を行うのが、A社の従業員とB社の従業員とである場合を前提としたものである。

4　ロイヤルティ債権など金銭債権を媒介とする形態

知的財産権を保有する者が他者に知的財産を利用させる場合には、当該利用権限を付与するためのライセンス契約に基づいて、ロイヤルティの支払を

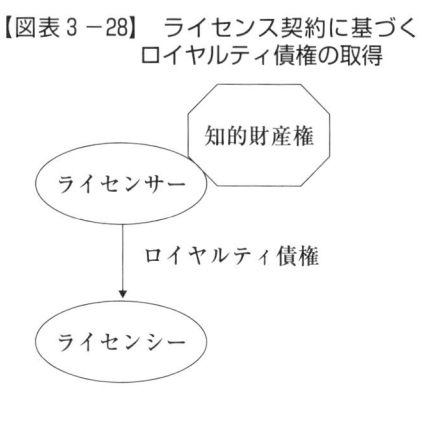

**【図表3－28】　ライセンス契約に基づく
ロイヤルティ債権の取得**

受けることのできる債権を取得するのが通例である（図表3−28参照）。このことは、資金供給者がロイヤルティ債権を買い取ることによって、その対価をもって資金供給を行い、ロイヤルティの支払を受けることによって、資金の回収を図るというスキームが成り立ちうることを意味する（図表3−29参

【図表3−29】 ロイヤルティ債権の譲渡による資金調達

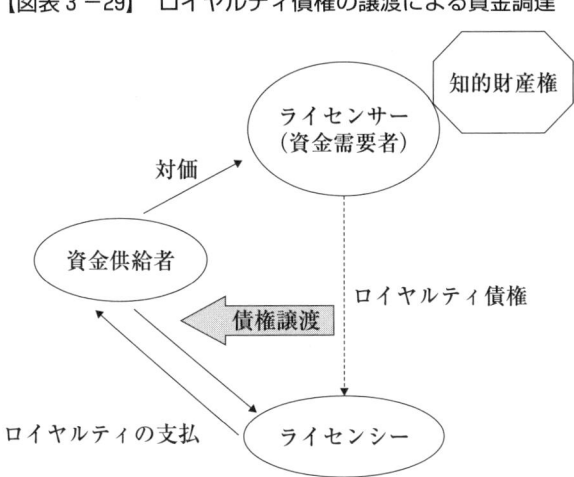

【図表3−30】 ロイヤルティ債権を担保とする資金調達

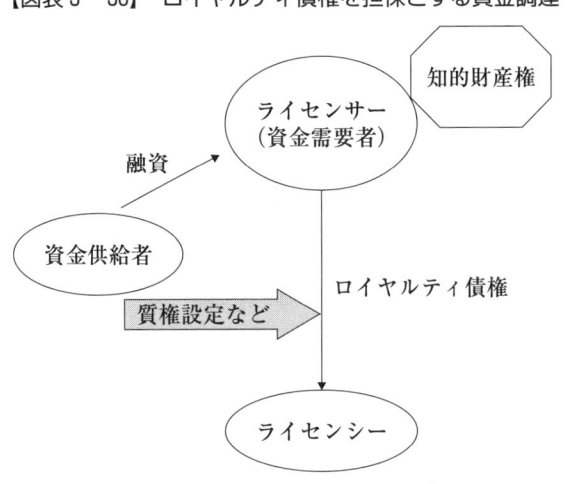

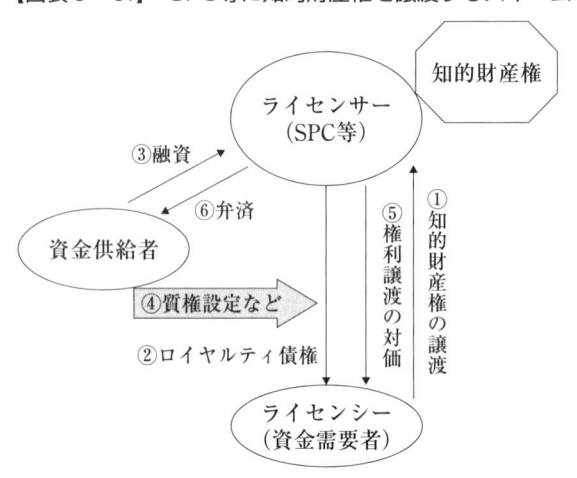

照）。また、ロイヤルティ債権を担保として、資金供給を行うことも可能であるということになる（図表3－30参照）。

　さらに、これらの方法の応用として、資金需要者の破綻リスクから知的財産権を切り離すため、資金需要者からSPCまたは信託の受託者等に知的財産権を移転し、SPC等から資金需要者に対して知的財産利用のライセンスを行い、資金需要者に対してSPC等が取得するロイヤルティ債権を引当てとして資金供給を行うことも考えられる（図表3－31参照）。金銭債権をSPC等に譲渡することにより、このような方法と証券化・流動化の手法を組み合わせたスキームも設計可能である。

5 知的財産権信託を用いる形態

　資金供給者が知的財産権を譲り受けたり、知的財産権に担保権を設定したりする方法では、資金供給者自身が知的財産権を処分する必要に迫られるおそれがある。また、資金供給者と資金需要者とが共同事業を行う方法では、

銀行のように業法上参加が困難な資金供給者もあるし（銀行を有限責任組合員とする投資事業有限責任組合が資金需要者と共同事業を行う形態が採用されることはある）、共同事業を行うことによるリスクを資金供給者が嫌うこともある。また、資金需要者と資金供給者とが共同事業体を構成することは、資金供給者が知的財産権の持分を取得することにつながりやすいから、資金供給者が、その知的財産権または持分を処分する必要に迫られるおそれが払拭できない。

ロイヤルティ債権などを媒介とするスキームにおいては、知的財産権が資金需要者の手元に残っていると、資金需要者のほかの債権者の手の届かないところに知的財産権を安全に確保しておくことができない（その対策として、知的財産権をSPC等に移転することが考えられるが、SPC等の仕組みコストが余計に必要となる）。また、ロイヤルティ債権そのものを分割して譲渡していくことが、実務上、困難であるし、資金需要者としても、支払先がまちまちになることは避けたいはずである。

これらの問題に対処する方法としては、資金需要者が、その有する知的財産権を、信託銀行、信託会社等に対して信託し、それによって得た受益権を資金供給者に対して譲渡するスキームが考えられる（図表3－32参照）。このスキームでは、知的財産権が資金需要者の債権者から安全に隔離されているし、信託銀行や信託会社を利用すれば新たなSPC等を設立して管理する必要がなく、信託の受益権については、ロイヤルティ債権と違って、信託銀行、信託会社等の商品設計次第で、分割して譲渡することがよりたやすいこと、また、その場合でも、資金需要者がロイヤルティの支払をする宛先が信託の受託者1つに限定されることが利点となる。

もっとも、知的財産権の信託による資金調達は、すでに知的財産権が存在することを前提としてのみ利用できる方法である。これから行う知的財産の創作に必要な資金を調達しようとする場合には、金銭信託をいったん介する必要がある（図表3－33参照）。たとえば、投資家が金銭を信託銀行や信託会

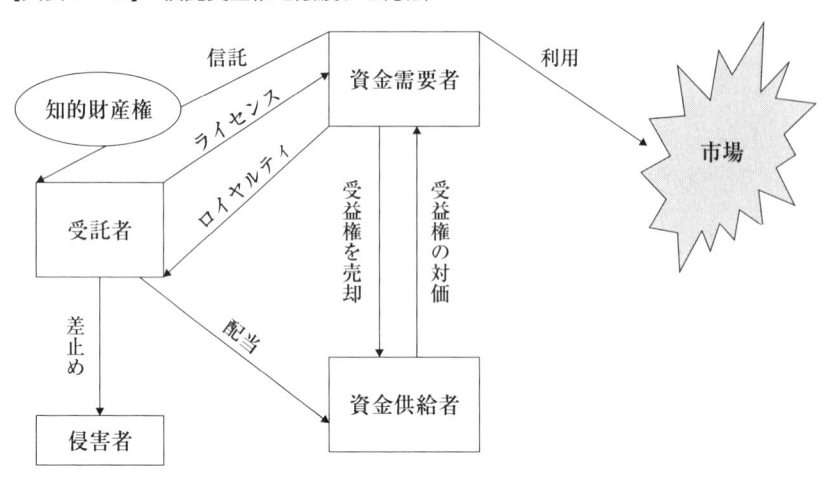

【図表 3 −32】 信託受益権を譲渡する方法

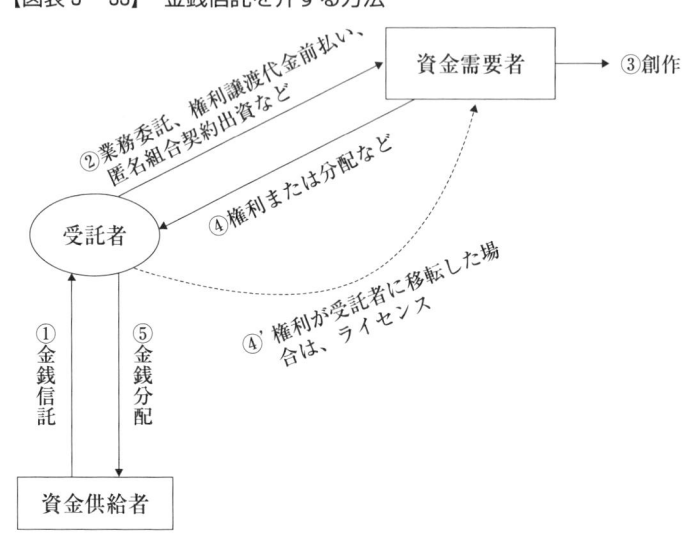

【図表 3 −33】 金銭信託を介する方法

社である受託者に信託し、受託者が金銭の運用方法として、資金需要者に対して匿名組合契約出資、知的財産権取得の対価の前払いその他の方法で資金供給を行うことが考えられる。

6 　資金需要者の株式その他のequityを取得する形態

　資金供給者が、資金需要者の保有する知的財産ないし知的財産権に注目し、その活用により得られる収益を引当てとしてファイナンスを行い、その収益からより多くのリターンを得ようとする場合、利息制限法などの金利に対する制限を避けることができ、かつ、しばしば非常な困難を伴う個々の知的財産ないし知的財産権の評価を行う必要がなく、また、知的財産権の移転に必要となる多額の登録免許税などの手続費用を節約できる方法として、資金提供の見返りに当該資金需要者の株式その他のequityを取得する方法は、最もシンプルかつ有益な方法である。実際、ベンチャー投資などにみられるように頻繁に行われている投資形態でもある。

知的財産権の移転

1 複数の種類の知的財産権の移転の必要性

　1つの製品または役務が複数の種類の知的財産権によって保護されている場合が、少なからずある。その典型的な例を、図表3-34に示す。知的財産権には、上場有価証券や不動産のように、盛んに売り買いされる組織的な、または事実上の市場が存在するわけではない。したがって、知的財産権に着目したファイナンスは、ほとんど常に、（知的財産権そのものの値上り益ではなく）知的財産を利用して提供される製品または役務による収益に期待したものとなる。

　ところが、このような製品または役務の提供に必要な知的財産権のすべてを資金供給者が直接または間接にコントロールできる状態を確保しておかないと、かかる期待が水泡に帰する可能性がある。たとえば、キャラクター商品に関する著作権に対するコントロールを資金供給者が確保したとしても、第三者がそのキャラクターの名称についてさまざまな指定商品および指定役務に関する商標権を取得してしまうと、資金需要者によるキャラクター商品の製造販売が当該第三者による差止請求を受けて中止せざるをえなくなったり、当該第三者に対するロイヤルティまたは損害賠償金の支払によって、当初において資金供給者が期待していた収益が得られないことすらありうる。なお、コントロールの確保の方法としては、権利譲渡（持分譲渡を含む）、担保権の設定、権利の信託が典型的なものとしてあげられる。

　知的財産権に着目した資金供給を行う場合には、このような諸々の知的財産権の存在を綿密に確認しておき、しかるべき対応策をとっておかなければ

【図表3－34】 複数の種類の知的財産権によって保護される商品または役務の例

商品または役務	商品または役務を保護するさまざまな知的財産権の例 （決して網羅的ではないことに注意すること）						
TVアニメおよび二次利用のキャラクター商品	原作漫画の著作権	原作漫画の著作者人格権	TVアニメの著作権	TVアニメの著作者人格権	キャラクター商品の原型の著作権	キャラクター商品の意匠権	出版物、TV放送、キャラクター商品等に関する商標権
医薬品	医薬品の化学物質に関する特許権	医薬品の製造方法に関する特許権	医薬品の商品名に関する商標権	医薬品または包装に関する意匠権	医薬品の製造方法に関する営業秘密について不正競争防止法上の保護を受ける権利		
野菜	植物に関する特許権	品種に関する育成者権	野菜の商品名に関する商標権	種子または苗を取得するための野菜の栽培方法に関する営業秘密について不正競争防止法上の保護を受ける権利	種子または苗の保存、運搬等に関する特許権、営業秘密について不正競争防止法上の保護を受ける権利		
生命保険	保険システムに関する特許権	保険システムの運用に関する営業秘密について不正競争防止法上の保護を受ける権利	役務の名称に関する商標権				

ならない。資金供給者が関連するあらゆる知的財産権に対する直接または間接のコントロールを確保できない場合も多い。そのような場合においては、資金需要者とそれらの権利者との間のライセンス契約が適切な条件で、かつ安定的なものとして締結されているか否かを確認していくことになる。たとえば、TVアニメの著作権に着目した資金供給を行う場合には、原作者と

TVアニメの制作者やディストリビューターとの間のライセンス契約の内容を確認する必要がある。

2　移転できる権利と移転できない権利

　知的財産権のなかには、移転することができないものがある。このような知的財産権については、前項で示唆したような、資金供給者が直接または間接のコントロールを確保するという手法が利用できない。

　このような知的財産権の典型例としては、著作者人格権（著作権法18条ないし20条）、各種の信用や営業秘密について保護を受ける権利を含む不正競争防止法上の諸権利（たとえば、情報が秘密に管理されているなどの事実状態を保護するものゆえ、事実状態ごと他社に移転しなければ、権利の譲渡ができない。事実状態も含めて他社に移転する営業譲渡のような場面では、譲渡されうる）、個人の肖像に関する人格的な権利などがある。これらについては、契約により、人格的な権利であれば不行使の約束を取り付け、また、不正競争防止法上の権利については、ライセンス契約を締結することが求められる。

3　各種の知的財産権の移転の手続

　以上のような観点からして、知的財産権の移転の手続、とりわけ、移転の効力要件または対抗要件を具備するための手続を確認しておくことは、知的財産権に着目したファイナンスを設計し、実行するためには、きわめて重要である。それぞれの知的財産権の移転の手続、手続の効果、手続を行う官庁を図表3-35に示す。特許権等においては手続が移転の効力要件であることに注意すべきである。

　なお、日本国法に基づく知的財産権の登録においては、登録の名義人は法人または自然人に限られている。したがって、組合が知的財産権を保有する

場合であっても、組合員全員の名義によって登録をなす必要がある。ただし、特許権、実用新案権、意匠権および商標権については、民法上の組合、有限責任事業組合または投資事業有限責任組合が保有する場合、各組合員の持分がこれら組合契約に基づくものであることを付記することができる（特許法施行規則様式第18、第26。実用新案法施行規則様式第１、第12。意匠法施行規則様式第２。商標法施行規則様式第２、第11）。著作権の登録においても登録申請において組合員が組合の組合員であることの肩書を付することが認められている。もっとも、種苗法上の登録については、このような配慮はなされていない。

　登録申請に要する手数料等については、改訂されることがあるから、案件のつど、弁理士に照会したり、特許庁のウェブサイト（http://www.jpo.go.jp）、文化庁のウェブサイト（http://www.bunka.go.jp）、農林水産省のウェブサイト（http://www.maff.go.jp）等で確認したりすべきである。

　なお、ライセンシーの地位の移転についても、説明しておく。基本的には、ライセンシーの地位は、知的財産権を保有するライセンサーと、知的財産を利用しようとするライセンシーとの間のライセンス契約を基盤とするものである。ライセンシーの地位の移転については、ライセンサーの承認を得て行うことになる。ライセンサーが知的財産権を第三者に移転した場合（ライセンサーの債権者が知的財産権を差し押さえたような場合を含む）において、ライセンシーが当該第三者に対して知的財産の使用権限を対抗するためには、前掲・図表３−35に示したような対抗要件を具備しておく必要がある。逆にいうと、同図表に対抗要件が示されていないようなライセンシーの権利（たとえば、著作物の利用に関するライセンシーの権利のうち、出版権以外のもの）については、第三者対抗要件を具備する手段がない、ということである。なお、前記242頁のとおり、特許権等に関する通常実施権については、当然対抗制度が創設されたため、ライセンシーは、ライセンサーから知的財産権の移転を受けた第三者に対し、登録などの特段の行為を要することな

根拠法	知的財産権	手続の法的効果	手続の所管	手続の内容	手続の法的効果の根拠法規	手数料（1件当り、かつ、一般的な第三者間の権利移転の場合）	手続費用の根拠法規	登録免許税（1件当り、かつ、一般的な場合）	登録免許税の根拠法規
特許法	特許を受ける権利（特許出願前）	対抗要件	特許庁	承継人による特許出願	特許法34条1項	15,000円（特許出願手数料）	特許法195条2項、特許法等関係手数料令1条2項表第1号		
	特許を受ける権利（特許出願後）	対抗要件	特許庁	権利承継の届出	特許法34条4項	4,200円	特許法195条1項、特許法等関係手数料令1条1項表第3号		
	特許権	効力要件	特許庁	登録	特許法98条1項1号			15,000円	登録免許税法2条、別表第一第13号（一）ロ
	通常実施権	対抗要件		確定日付のある証書による通知または承諾	民法467条				
	専用実施権	効力要件	特許庁	登録	特許法98条1項2号			3,000円	登録免許税法2条、別表第一第13号（四）ロ
実用新案法	実用新案登録を受ける権利（実用新案登録出願前）	対抗要件	特許庁	承継人による実用新案登録出願	実用新案法11条2項による特許法34条1項の準用	14,000円（実用新案登録出願手数料）	実用新案法54条2項、特許法等関係手数料令2条2項表第1号		
	実用新案登録を受ける権利（実用新案登録出願後）	対抗要件	特許庁	権利承継の届出	実用新案法11条2項による特許法34条4項の準用	4,200円	実用新案法54条1項、特許法等関係手数料令2条1項表第2号		
	実用新案権	効力要件	特許庁	登録	実用新案法26条による特許法98条1項1号の準用			9,000円	登録免許税法2条、別表第一第14号ロ
	通常実施権	対抗要件		確定日付のある証書による通知または承諾	民法467条				
	専用実施権	効力要件	特許庁	登録	実用新案法18条3項による特許法98条1項2号の準用			3,000円	登録免許税法2条、別表第一第14号（四）ロ
意匠法	意匠登録を受ける権利（意匠登録出願前）	対抗要件	特許庁	承継人による意匠登録出願	意匠法15条2項による特許法34条1項の準用	16,000円（意匠登録出願手数料）	意匠法67条2項、特許法等関係手数料令3条2項表第1号		
	意匠登録を受ける権利（意匠登録出願後）	対抗要件	特許庁	権利承継の届出	意匠法15条2項による特許法34条4項の準用	4,200円	意匠法67条1項、特許法等関係手数料令3条1項表第2号		
	意匠権	効力要件	特許庁	登録	意匠法36条による特許法98条1項1号の準用			9,000円	登録免許税法2条、別表第一第15号ロ
	通常実施権	対抗要件		確定日付のある証書による通知または承諾	民法467条				

法律	権利	効力要件・対抗要件	登録機関	登録	根拠法令	登録手数料	手数料の根拠法令	登録免許税	登録免許税法の根拠
商標法（商標登録出願前には商標法上認識される権利がないことに注意）	商標登録出願により生じた権利	対抗要件	特許庁	権利承継の届出	意匠法27条4項による特許法98条1項2号の準用	4,200円	商標法76条1項、特許法等関係手数料令4条1項表第1号	3,000円	登録免許税法2条、別表第一第15号（四）ロ
商標法（商標登録）	商標権	対抗要件	特許庁	登録	商標法35条による特許法98条1項1号の準用			30,000円	登録免許税法2条、別表第一第16号ロ
	通常使用権	対抗要件	特許庁	登録	商標法31条4項による特許法98条1項2号の準用			9,000円	登録免許税法2条、別表第一第16号（四）ロ
	専用使用権	効力要件	特許庁	登録	商標法30条4項による特許法98条1項2号の準用			9,000円	登録免許税法2条、別表第一第16号（四）ロ
著作権法	著作権（プログラムの著作物以外）の著作物	対抗要件	文化庁	登録	著作権法77条1号			18,000円	登録免許税法2条、別表第一第10号（一）ロ
	著作権（プログラムの著作物）の著作物	対抗要件	一般財団法人ソフトウェア情報センター	登録	著作権法77条1号、プログラムの著作物に係る登録の特例に関する法律5条	47,100円	プログラムの著作物に係る登録の特例に関する法律25条、プログラムの著作物に係る登録の特例に関する法律施行令2条	18,000円	登録免許税法2条、別表第一第10号（一）ロ
	出版権	対抗要件	文化庁	登録	著作権法88条1項1号			18,000円	登録免許税法2条、別表第一第11号（二）ロ
	著作隣接権	対抗要件	文化庁	登録	著作権法104条による特許法77条1号の準用			9,000円	登録免許税法2条、別表第一第12号（一）ロ
種苗法	育成者権	効力要件	農林水産省	登録	種苗法32条1項1号			9,000円	登録免許税法2条、別表第一第18号（一）ロ
	通常利用権	対抗要件	農林水産省	登録	種苗法32条1項2号			3,000円	登録免許税法2条、別表第一第18号（四）ロ
	専用利用権	効力要件	農林水産省	登録	種苗法32条5項			3,000円	登録免許税法2条、別表第一第18号（四）ロ
半導体集積回路の回路配置に関する法律	回路配置利用権	対抗要件	一般財団法人ソフトウェア情報センター	登録	半導体集積回路の回路配置に関する法律21条1項1号	36,100円（消費税別）	半導体集積回路の回路配置に関する法律49条2項2号	9,000円	登録免許税法2条、別表第一第17号（五）ロ
	通常利用権	対抗要件	一般財団法人ソフトウェア情報センター	登録	半導体集積回路の回路配置に関する法律21条1項3号	36,100円（消費税別）	半導体集積回路の回路配置に関する法律49条2項3号	3,000円	登録免許税法2条、別表第一第17号（五）ロ
	専用利用権	効力要件	一般財団法人ソフトウェア情報センター	登録	半導体集積回路の回路配置に関する法律21条2号	36,100円（消費税別）	半導体集積回路の回路配置に関する法律49条2項2号	3,000円	登録免許税法2条、別表第一第17号（五）ロ

く、その通常実施権を対抗できる。

　とりわけ、ライセンシーの権利について第三者対抗要件を具備する手段が
ない場合、または、それがあったとしてもコストや手間の問題などで具備し
づらい場合には、知的財産権そのものを安全な状態に確保するとともに、ラ
イセンス契約が不合理に解除されたりしないようにする必要がある。この手
段として、知的財産権を信託しておくことは、好ましい方法といえる。

知的財産権担保

1 知的財産権担保の意義

　知的財産権担保融資に限らず、知的財産の利用に関係してファイナンスが行われる場合には、資金供給者の債権を直接的に保全する目的のみならず、知的財産権またはそこから得られる収益が第三者の手に渡ることを防止する目的でも、知的財産権に担保権を設定することに意味がある。たとえば、ライセンス料債権を担保とした融資を行う場合でも、知的財産権そのものに担保権設定したり、資金需要者を営業者とする匿名組合契約における匿名組合員として資金供給を行う場合でも、匿名組合員の利益分配請求権や出資金請求権を担保するために営業者が有する知的財産権に担保権を設定したりすることが考えられる。

2 知的財産権担保の効力要件または対抗要件

　知的財産権担保の手法として譲渡担保を使う場合には、その対抗要件は、権利移転の対抗要件そのものである。質権設定の効力要件または対抗要件および手続費用等は、図表 3 - 36 に整理するとおりである。なお、登録免許税については、登録免許税法13条 1 項の規定により、同時の申請により、 1 つの債権を担保するために、複数の知的財産権に質権の設定登録をするときは、 1 個の質権の設定登録とみなして、登録免許税額を計算する。しかしながら、 1 つの債権を担保するためであっても、違う申請による場合は、申請ごとに登録免許税額が計算される。知的財産権のように、 1 つの事業に関連

【図表3−36】　各種の知的財産権に対する質権設定の効力要件または対抗要件

根拠法	対象となる知的財産権	手続の法的効果	手続の所管	手続の内容	手続の法的効果の根拠法規	手数料(1件当り、かつ、一般的な第三者間の権利移転の場合)	手続費用の根拠法規	登録免許税(1件当り、かつ、一般的な場合)	登録免許税の根拠法規
特許法	特許権	効力要件	特許庁	登録	特許法98条1項3号			被担保債権の金額の4/1000	登録免許税法2条、別表第一第13号（三）
	通常実施権	対抗要件		確定日付のある証書による通知または承諾	民法467条				
	専用実施権	効力要件	特許庁	登録	特許法98条1項3号			被担保債権の金額の4/1000	登録免許税法2条、別表第一第13号（三）
実用新案法	実用新案権	効力要件	特許庁	登録	実用新案法25条3項による特許法98条1項3号の準用			被担保債権の金額の4/1000	登録免許税法2条、別表第一第14号（三）
	通常実施権	対抗要件		確定日付のある証書による通知または承諾	民法467条				
	専用実施権	効力要件	特許庁	登録	実用新案法25条3項による特許法98条1項3号の準用			被担保債権の金額の4/1000	登録免許税法2条、別表第一第14号（三）
意匠法	意匠権	効力要件	特許庁	登録	意匠法35条3項による特許法98条1項3号の準用			被担保債権の金額の4/1000	登録免許税法2条、別表第一第15号（三）
	通常実施権	対抗要件		確定日付のある証書による通知または承諾	民法467条				
	専用実施権	効力要件	特許庁	登録	意匠法35条3項による特許法98条1項3号の準用			被担保債権の金額の4/1000	登録免許税法2条、別表第一第15号（三）
商標法	商標権	効力要件	特許庁	登録	商標法34条4項による特許法98条1項3号の準用			被担保債権の金額の4/1000	登録免許税法2条、別表第一第16号（三）
	通常使用権	対抗要件	特許庁	登録	商標法34条2項			被担保債権の金額の4/1000	登録免許税法2条、別表第一第16号（三）
	専用使用権	効力要件	特許庁	登録	商標法34条4項による特許法98条1項3号の準用			被担保債権の金額の4/1000	登録免許税法2条、別表第一第16号（三）
著作権法	著作権（プログラムの著作物以外）	対抗要件	文化庁	登録	著作権法77条2号			被担保債権の金額の4/1000	登録免許税法2条、別表第一第10号（二）
	著作権（プログラムの著作物）	対抗要件	一般財団法人ソフトウェア情報センター	登録	著作権法77条2号、プログラムの著作物に係る登録の特例に関する法律5条	47,100円	プログラムの著作物に係る登録の特例に関する法律25条、プログラムの著作物に係る登録の特例に関する法律施行令4条	被担保債権の金額の4/1000	登録免許税法2条、別表第一第10号（二）
	出版権	対抗要件	文化庁	登録	著作権法88条1項2号			被担保債権の金額の4/1000	登録免許税法2条、別表第一第11号（三）

分類	権利	要件	登録機関	登録	根拠法	費用		被担保債権	登録免許税
	著作隣接権	対抗要件	文化庁	登録	著作権法104条による著作権法77条2号の準用			被担保債権の金額の4/1000	登録免許税法2条、表第一第11号 (三)
種苗法	育成者権	効力要件	農林水産省	登録	種苗法32条1項3号			被担保債権の金額の4/1000	登録免許税法2条、表第一第18号 (三)
	通常利用権	対抗要件	農林水産省	登録	種苗法32条5項			被担保債権の金額の4/1000	登録免許税法2条、表第一第18号 (三)
	専用利用権	効力要件	農林水産省	登録	種苗法32条1項3号			被担保債権の金額の4/1000	登録免許税法2条、表第一第18号 (三)
半導体集積回路の回路配置に関する法律	回路配置利用権	対抗要件	一般財団法人ソフトウェア情報センター	登録	半導体集積回路の回路配置に関する法律21条1項4号	36,100円 (消費税別)	半導体集積回路の回路配置に関する法律49条2項2号	被担保債権の金額の4/1000	登録免許税法2条、表第一第17号 (四)
	通常利用権	対抗要件	一般財団法人ソフトウェア情報センター	登録	半導体集積回路の回路配置に関する法律21条1項4号	36,100円 (消費税別)	半導体集積回路の回路配置に関する法律49条2項2号	被担保債権の金額の4/1000	登録免許税法2条、表第一第17号 (四)
	専用利用権	対抗要件	一般財団法人ソフトウェア情報センター	登録	半導体集積回路の回路配置に関する法律21条1項4号	36,100円 (消費税別)	半導体集積回路の回路配置に関する法律49条2項2号	被担保債権の金額の4/1000	登録免許税法2条、表第一第17号 (四)

する複数の権利が存在し、これらがさまざまなタイミングで成立していくような場合に、権利成立のつど質権を設定していこうとすると、登録免許税が割高になってしまうことに注意すべきである。たとえば、新技術を行おうとする資金需要者に対して融資を行い、新技術に関する権利について質権を設定しようとしたとする。特許を受ける権利には質権が設定できない（特許法33条2項）から、新技術に関して複数存在するであろう特許出願のそれぞれについて、特許権が付与されるたびごとに質権を設定するのが権利保全の観点からすると安全ではあるが、登録免許税額が割高になる。この点、信託であれば、出願段階で設定できるから、質権よりも好ましい面があるということになろう。

知的財産権の信託

1 知的財産権信託の利用方法

　信託とは、信託法3条各号に掲げる方法のいずれかにより、「特定の者が一定の目的（専らその者の利益を図る目的を除く。同条において同じ。）に従い財産の管理又は処分及びその他の当該目的の達成のために必要な行為をすべきものとすること」である（信託法2条）。信託のこのような性質からして、譲渡可能な知的財産権であれば、信託を行うことができる。この点において、たとえば特許を受ける権利については設定することのできない質権との違いを見出すことができる。

　信託は、財産の保有および運用に係る実質的な利益を享受する者と、形式的な保有者を分離することができる。このことは、知的財産権に着目したファイナンスを設計するにあたり、資金需要者が有する知的財産権を安全に確保したり、資金供給者が獲得する権利の転々譲渡を可能にしつつ知的財産の利用関係は安定的に維持したりするといった目的を達成するためには有用である。

　たとえば、知的財産権を保有し、かつ、知的財産を利用する者に対する融資を行う場合を考えてみる。単純に考えると、資金供給者が資金需要者に対して融資を行い、知的財産権に担保権を設定させることになる。しかしながら、これでは、資金需要者が知的財産権の維持を怠ること[5]、知的財産権を

5　典型的には、特許料の支払を怠って権利を消滅させてしまうこと、無効審判への対応がおざなりで特許権が無効となってしまうこと、特許を受ける権利の場合、審査過程での審査官との対応が悪く、特許権の付与が受けられなくなってしまうこと等。

しかるべく行使せずその価値を毀損してしまうこと[6]を防ぐ手段が資金供給者にはないに等しい。また、他の債権者が知的財産権を差し押さえる可能性もある。この時、知的財産権を第三者に信託しておけば、当該知的財産権は資金需要者の債権者からは安全に切り離されていることになる[7]。信託された知的財産権に、さらに担保権を設定することも考えられる。

　また、知的財産権を共有する場合を考えてみる。すでに述べたように、知的財産権の共有は、資金供給者にとっては、資金需要者による知的財産の処分を制限することによって実質的な担保を確保する意味合いがある。もっとも、資金需要者側からすると、資金供給者の合併等によって、思わぬ性格（たとえば、競合する事業を行うなど）の共有者が出現するおそれがある。この時、知的財産権を、当事者双方が納得する者に対して信託しておけば、双方にとって安心感がある。

　さらに、知的財産権を組合が取得する場合を考えてみる。わが国の実務においては、法人格なき組合の名義による知的財産権の登録が受け付けられていないから、組合員全員の名義によって登録を行う必要がある[8]。そのため、組合員の変動のつど名義変更をしなければならず煩頃である。また、組合の解散時において、しばしば、組合の財産たる知的財産権を換価処分する必要があるところ、知的財産権の処分は簡単ではない（買い手を見つけるのが容易ではない）。資金供給者たる組合が知的財産権を資金需要者（もともとの知的財産権の保有者）に売り戻そうとすると、その値段の設定が問題になる[9]。資金需要者が知的財産権を信託して、その信託の受益権を組合が取得

6　典型的には、侵害者が現れても何もせず、権利を保有している意味がなくなってしまうこと。

7　とはいっても、たとえば、破産法160条以下に定める否認権などに服しうることには注意しておく必要がある。

8　特許権、実用新案権、意匠権、商標権、著作権については、組合の名称を併記できるが、組合員の名前を示した共有の登録となることに変わりはない。

9　とりわけ、組合が投資ファンドであるときは、ファンド・マネジャーの善管注意義務が問われる典型的な場面となってしまう。

するようにすれば、これらの問題は解消する。登録名義は信託の受託者に一本化できるし、組合の解散時においても、信託の受益権という金銭債権ならば、組合員に現物分配することも、第三者に売却することも、比較的容易となるからである。

匿名組合契約を用いたファイナンスが行われる場合は、とりわけ、資金需要者である営業者のもとに知的財産権が完全に帰属したままになるから、資金需要者の債権者による差押えや、資金需要者の破産に対して脆弱である。この時、資金需要者たる営業者の有する知的財産権が第三者に信託され、当該第三者から営業者に対してライセンスがなされるならば、匿名組合員はより安心することができる。

2 信託設定の効力要件または対抗要件

信託の設定においても、知的財産権の譲渡や知的財産権に対する担保権の設定と同様、効力要件または対抗要件の具備が重要な問題となる。信託法14条に「登記又は登録をしなければ権利の得喪及び変更を第三者に対抗することができない財産については、信託の登記又は登録をしなければ、当該財産が信託財産に属することを第三者に対抗することができない。」とあるから、知的財産権においても、登録可能な場合は、信託による権利移転の登録を行うことが対抗要件であるのが原則であるということになる。もっとも、個々の法律により、登録が効力要件とされている例もあるから注意が必要である。各種の知的財産権の信託設定の効力要件または対抗要件については、図表3－37に整理して示す。なお、信託を原因とする権利移転の登録に係る登録免許税については、登録免許税法7条1項1号の規定により、移転分と信託分が二重に課せられない（信託の登録に係る登録免許税のみ）となっている。

たとえば、特許権のように、登録が信託の効力要件とされている場合に

[図表3－37]　各種の知的財産権の信託設定の効力要件または対抗要件

根拠法	知的財産権	手続の法的効果	手続の所管	手続の内容	手続の法的効果の根拠法規	手続費用の根拠法規	手数料（1件当たり、かつ、一般的な第三者間の権利移転の場合）	登録免許税（1件当たり、かつ、一般的な場合）	登録免許税の根拠法規
特許法	特許を受ける権利（特許出願前）	対抗要件	特許庁	受益者による特許出願	特許法34条1項、信託法14条	特許法195条2項、特許法等関係手数料令1条2項表第1号	15,000円（特許出願手数料）		
	特許を受ける権利（特許出願後）	対抗要件	特許庁	権利移転の届出	特許法34条4項、信託法14条	特許法195条1項、特許法等関係手数料令1条1項表第3号	4,200円		
	特許権	効力要件	特許庁	登録	特許法98条1項1号			3,000円	登録免許税法2条、別表第一第13号（五）ロ
	通常実施権	対抗要件		登録その他の信託の公示を要しない	信託法14条参照				
	専用実施権	効力要件	特許庁	登録	特許法98条1項2号			3,000円	登録免許税法2条、別表第一第13号（五）ロ
実用新案法	実用新案登録を受ける権利（実用新案登録出願前）	対抗要件	特許庁	承継人による実用新案登録出願	実用新案法11条2項による準用、信託法14条	実用新案法54条2項、特許法等関係手数料令2条2項表第1号	14,000円（実用新案登録出願手数料）		
	実用新案登録を受ける権利（実用新案登録出願後）	対抗要件	特許庁	権利移転の届出	実用新案法11条2項の準用、特許法34条4項の準用、信託法14条	実用新案法54条1項、特許法等関係手数料令2条1項表第2号	4,200円		
	実用新案権	効力要件	特許庁	登録	実用新案法26条による準用、特許法98条1項1号の準用			3,000円	登録免許税法2条、別表第一第14号（五）ロ
	通常実施権	対抗要件		登録その他の信託の公示を要しない	信託法14条参照				
	専用実施権	効力要件	特許庁	登録	実用新案法18条3項による準用、特許法98条1項2号の準用			3,000円	登録免許税法2条、別表第一第14号（五）ロ
意匠法	意匠登録を受ける権利（意匠登録出願前）	対抗要件	特許庁	承継人による意匠登録出願	意匠法15条2項による準用、特許法34条4項の準用、信託法14条	意匠法67条2項、特許法等関係手数料令3条2項表第1号	16,000円（意匠登録出願手数料）		
	意匠登録を受ける権利（意匠登録出願後）	対抗要件	特許庁	権利移転の届出	意匠法15条2項による準用、特許法34条4項の準用、信託法14条	意匠法67条1項、特許法等関係手数料令3条1項表第2号	4,200円		
	意匠権	効力要件	特許庁	登録	意匠法36条による準用、特許法98条1項1号の準用			3,000円	登録免許税法2条、別表第一第15号（五）ロ
	通常実施権	対抗要件		登録その他の信託の公示を要しない	信託法14条参照				
	専用実施権	効力要件	特許庁	登録	意匠法27条4項による準用、特許法98条1項2号の準用			3,000円	登録免許税法2条、別表第一第15号（五）ロ

法律	権利	登録の効果	登録機関	権利移転の届出	根拠条文	手数料	手数料の根拠条文	登録免許税	登録免許税の根拠条文
商標法（商標登録出願により生じた権利（商標登録出願前には商標として認識される権利が認められることに注意））	商標登録出願により生じた権利	効力要件	特許庁	登録	商標法13条2項による特許法34条4項の準用、信託法14条	4,200円	商標法76条1項、特許法等関係手数料令4条1項表第1号		
	商標権	効力要件	特許庁	登録	商標法35条4項による特許法98条、信託法14条			3,000円	登録免許税法2条、別表第一第16号 ロ
	通常使用権	対抗要件	特許庁	登録	商標法31条5項、信託法14条			3,000円	登録免許税法2条、別表第一第16号 ロ
	専用使用権	効力要件	特許庁	登録	商標法30条4項による特許法98条1項2号の準用、信託法14条			3,000円	登録免許税法2条、別表第一第16号 ロ
著作権法	著作権（プログラムの著作物以外）	対抗要件	文化庁	登録	著作権法77条1号、78条1項、信託法14条			3,000円	登録免許税法2条、別表第一第10号 ロ
	著作権（プログラムの著作物）	対抗要件	一般財団法人ソフトウェア情報センター	登録	著作権法77条1号、78条1項、プログラムの著作物に係る登録の特例に関する法律5条、信託法14条	47,100円	プログラムの著作物に関する登録の特例に関する法律25条、プログラムの著作物に係る登録の特例に関する法律施行令4条	3,000円	登録免許税法2条、別表第一第10号 ロ
	出版権	対抗要件	文化庁	登録	著作権法88条1項1号、信託法14条			3,000円	登録免許税法2条、別表第一第11号 ロ
	著作隣接権	対抗要件	文化庁	登録	著作権法104条による著作権法77条1号の準用、信託法14条			3,000円	登録免許税法2条、別表第一第12号 ロ
種苗法	育成者権	効力要件	農林水産省	登録	種苗法32条1項1号			3,000円	登録免許税法2条、別表第一第18号 ロ
	通常利用権	対抗要件	農林水産省	登録	種苗法32条1項5号、信託法14条			3,000円	登録免許税法2条、別表第一第18号 ロ
	専用利用権	効力要件	農林水産省	登録	種苗法32条1項2号			3,000円	登録免許税法2条、別表第一第18号 ロ
半導体集積回路の回路配置に関する法律	回路配置利用権	対抗要件	一般財団法人ソフトウェア情報センター	登録	半導体集積回路の回路配置に関する法律21条1項1号、信託法14条	36,100円	半導体集積回路の回路配置に関する法律49条2項2号	3,000円	登録免許税法2条、別表第一第17号 ロ
	通常利用権	対抗要件	一般財団法人ソフトウェア情報センター	登録	半導体集積回路の回路配置に関する法律21条1項3号2号、信託法14条	36,100円	半導体集積回路の回路配置に関する法律49条2項2号	3,000円	登録免許税法2条、別表第一第17号 ロ
	専用利用権	対抗要件	一般財団法人ソフトウェア情報センター	登録	半導体集積回路の回路配置に関する法律21条1項2号、信託法14条	36,100円	半導体集積回路の回路配置に関する法律49条2項2号	3,000円	登録免許税法2条、別表第一第17号 ロ

は、委託者と受託者の間で信託契約を結び、それと同時に、信託による権利移転の登録の申請を特許庁に対して行ったとしても、その後、信託による権利移転の登録がなされるまでは、信託の効力が発生していないことになる点に注意が必要である。この申請から登録までの時間差について、委託者による第三者への権利譲渡や、第三者による差押えが発生する危険が払拭できない。また、この期間中は、委託者が、受託者や受益者のために、引き続き権利を管理していく責任を負わざるをえないが、委託者が信用できるのかどうかが、受託者や受益者にとっての大きな問題となる。便法としては、信託契約締結と同時に、委託者をして、受託者があらかじめ承認する弁理士に権利の管理を委任させ、当該弁理士をして、受託者の監視に服させる、という方法が考えられる。

また、信託設定を権利保全の手段として使うファイナンスにおいては、信託契約から信託設定の効力要件具備までの間に資金需要者たる委託者の債権者が権利を差し押さえてしまうリスクについて甘受するのか、それとも、効力要件具備まではファイナンスを実行しないこととするのか、主体的に判断しておく必要がある。

3 知的財産権信託の担い手

a 民事信託

信託業法の改正（平成16年法律第154号による）の前から、知的財産権の信託を民事信託の方法によって行うことが可能であった。信託会社および信託銀行等（金融機関の信託業務の兼営等に関する法律により信託業を行う銀行その他の金融機関のことを、ここでは、便宜上、「信託銀行等」と称する。以下同様）が知的財産権の信託を受託できるようになった現在では、民事信託を使わなければならない必要性は減少していると思われるが、信託会社または信託銀行等が、所望のスキームに参加できない場合には、依然として考慮に入れて

おくべき方法である。

　資金需要者、資金供給者双方にとって、民事信託の受託者は、業法による規制下にはないにもかかわらず、中立的であり、かつ誠実に信託の受託者としての業務を遂行する必要があるから、中間法人を設立し、その理事を会計士など専門家とすることによって中立性を確保することも考えられる。この種の受託者は、1個のファイナンス・スキームにつき、1ビークルというかたちでつくられることになろう。

b　信託会社および信託銀行

　かつての信託業法（大正11年法律第65号）は、その4条において、営業的な信託の引受をすることができる財産を、金銭、有価証券、金銭債権、動産、土地およびその定着物、ならびに地上権および土地の賃借権に限定していた。それゆえ、わが国において、平成16年12月3日法律第154号による信託業法改正前において、営業的な信託の担い手であった金融機関ノ信託業務ノ兼営等ニ関スル法律（昭和18年法律第43号）に従って信託業務を行ってきた信託銀行等が知的財産権の信託を引き受けることは、資産の流動化に関する法律（平成10年法律第105号）による特定信託による場合を除き、認められていなかった。

　新しい信託業法がこのような信託財産の限定を撤廃したことによって、信託銀行等が知的財産権の信託を引き受けることができるようになった。また、新しい信託業法は、信託銀行等以外の事業者が信託業に参入することを期待しているものと思われる。それゆえ、従前は、著作権等管理事業法（平成12年法律第131号）のもとで、使用料の徴収、ならびに差止請求権および損害賠償請求権の行使を主たる目的として著作権等管理事業者によって行われるにすぎなかった知的財産権の営業的な信託が、資金調達、M＆Aのサポート、相続対策、知的財産の効率的な利用のサポートを含めさまざまな目的のために、合法的なあらゆる信託条件によって引き受けられることが可能となった。

c 著作権等管理事業者

著作権等管理事業法2条1項は、

「この法律において「管理委託契約」とは、次に掲げる契約であって、受託者による著作物、実演、レコード、放送又は有線放送（以下「著作物等」という。）の利用の許諾に際して委託者（委託者が当該著作物等に係る次に掲げる契約の受託者であるときは、当該契約の委託者。次項において同じ。）が使用料の額を決定することとされているもの以外のものをいう。

一　委託者が受託者に著作権又は著作隣接権（以下「著作権等」という。）を移転し、著作物等の利用の許諾その他の当該著作権等の管理を行わせることを目的とする信託契約

二　委託者が受託者に著作物等の利用の許諾の取次ぎ又は代理をさせ、併せて当該取次ぎ又は代理に伴う著作権等の管理を行わせることを目的とする委任契約」

と定めている。そして、同条2項は、

「この法律において「著作権等管理事業」とは、管理委託契約（委託者が人的関係、資本関係等において受託者と密接な関係を有する者として文部科学省令で定める者であるものを除く。）に基づき著作物等の利用の許諾その他の著作権等の管理を行う行為であって、業として行うものをいう。」

と定める。さらに同法3条は、

「著作権等管理事業を行おうとする者は、文化庁長官の登録を受けなければならない。」

と定める。以上の規定にかんがみると、信託銀行等や信託会社が著作権の信託を受けて、ライセンス料について委託者のつどの指図を受けることなく第三者に対するライセンスを行うことは、一見、問題があるようにみえる。もっとも、この点については、一般的なファイナンス取引のスキームにおいて信託銀行等や信託会社が著作権の信託を引き受ける場合には、著作権等管理事業法の適用はないものと考えるべきである。その理由は、大略、次のと

おりである。官庁間の綱引きのために、異なる見解が官庁から提示される可能性はもちろんあるが、それらが打破されるべきものであることは、いうまでもない。

　そもそも、著作権等管理事業法は、信託業法によっては信託銀行等が知的財産権の信託を引き受けることが認められなかった時代において、信託業法の例外として、文化庁長官の登録を受けた者に対して、著作権等の信託の引受を認めたものである。前述のとおり信託業法の改正によって信託銀行等および信託会社による知的財産権の信託の引受が一般的に認められるようになったにもかかわらず、著作権等に限って信託の引受が制限されることは、もはや、さしたる理由がないことといえる。もっとも、著作権の信託の引受を行う者が、業界において、de facto（事実上の）の管理者たる地位につき、かつ、あらかじめライセンス条件を定めておく場合には、著作者としては、かかるライセンス条件が気に入らない場合でも、当該受託者に著作権の管理を委ねざるをえなくなるという危険がある。このような危険を制御するために、単に著作権等の信託を引き受けるのではなく、あらかじめ受託者がライセンス条件を定めておくような場合には、このような受託者を文化庁長官による監督や介入に服させることに重要な意味がある。この点において、信託業法の改正後も、著作権等管理事業法は、いささかも、意義を減じているわけではない。

　ファイナンス目的で著作権等の信託が行われる場合、受託者とライセンシーとの間のライセンス契約については、あらかじめ信託条件のなかで設定されていることもありうるが、受託者の裁量に委ねられることもありうる。後者の場合、一見、著作権等管理事業法2条1項柱書の「委託者（委託者が当該著作物等に係る次に掲げる契約の受託者であるときは、当該契約の委託者。次項において同じ。）が使用料の額を決定することとされているもの以外のもの」に該当するようにみえるかもしれない。しかしながら、ファイナンス目的で著作権等の信託が行われる場合には、一般的に、受託者があらかじめあ

まねくライセンスのための料金表を設定しておき、これに基づいて定型的に
ライセンスを行い、委託者がこれに従って信託契約を結ぶか否か（受託者経
由のライセンス活動ができるか、自ら苦労してライセンシーと個別に交渉してい
なければならないか）の二者択一を迫られるわけではない。委託者は、信託
契約締結の過程において、受託者の裁量権限をどのように設定するかについ
て、受託者と交渉する余地がある。また、受託者も、多数の委託者と多数の
ライセンシーの利害を調整すべく、それぞれの委託者に対して、また、それ
ぞれのライセンシーに対して、平等な条件で信託を引き受けたり、ライセン
スを行ったりする必要があるわけではない。むしろ、信託銀行等や信託会社
においては、ライセンス条件の設定について裁量権を与えられたときは、個
別の委託者および受益者のために、個々のライセンス契約の条件を設定して
いく必要があることが、著作権等管理事業法の想定する著作権等管理事業者
の業務とはまったく違っている。

　著作権等管理事業がそのような業務であることは、たとえば、著作権等管
理事業法11条１項により、あらかじめ著作権等管理委託約款を定めて文化庁
長官に対して届出をするものとされ、かつ、同条３項により「著作権等管理
事業者は、第１項の規定による届出をした管理委託契約約款によらなけれ
ば、管理委託契約を締結してはならない。」とされていることからもわか
る。要するに、著作権等管理事業者の引き受ける信託は、信託銀行等や信託
会社が引き受けるものと違って定型的なものであることが想定されているの
である。また、同法13条１項でも、著作権等管理事業者は、使用料規程を定
め、あらかじめ、文化庁長官に届け出なければならないものとされている
し、同条４項によれば、著作権等管理事業者は、同条１項の規定による届出
をした使用料規程に定める額を超える額を、取り扱っている著作物等の使用
料として請求してはならないものとされている。このことも、著作権等管理
事業者の業務が、信託銀行等や信託会社の一般的な業務とは方向性のまった
く異なるものであることを示している。著作権等管理事業法16条「著作権等

管理事業者は、正当な理由がなければ、取り扱っている著作物等の利用の許諾を拒んではならない。」も、同様な趣旨の規定である。

　また、著作権等管理事業者について、著作権等管理事業法26条は、信託業法３条の規定を適用除外としている。このことは、裏からいえば、同条の規定が適用されている信託銀行や信託会社については、同法を適用する理由がないことも示されている。

　結局のところ、信託銀行等や信託会社が著作権等の信託を引き受けるに際しては、あらかじめ、いずれの著作権等についても画一的な信託条件および利用条件を設定しておくような場合は別として、一般的な場合には、文化庁長官への登録は不要であると考えられる。むしろ、信託銀行等や信託会社が、著作権等管理事業者も兼ねる場合には、案件ごとに個性的な信託を扱う部門と、定型的な信託を行う部門との間で深刻な対立が発生する可能性を了解しておくべきである。

4 　権利の変容と信託

　特許権、実用新案権、意匠権、商標権、種苗法上の育成者権など、知的財産の創造とともに成立するのではなく、国家の機関への登録を経て成立する権利については、たとえば、発明について特許を受ける権利を信託した場合に、当該権利が登録を経て特許権に変容したときも当該特許権が信託されていることになるのか、補正や訂正を経て請求項が変わった場合にも補正や訂正後の権利も信託されているといえるのか、出願の分割があった場合に分割後のそれぞれの権利も信託されているといえるのか、特許権について訂正審判の審決がなされ、請求項が訂正された場合に、訂正後の権利も信託されているといえるのか、等の問題が議論されることがある。分割については、手続上は、新たに出願があったことにはなるが、だからといって、権利に連続性がないというわけではない。

これらの問題については、変容後の権利も信託されている[10]と考えれば足りるが、争いを避けるため、信託契約において、変容後の権利も信託の対象たることを確認的に示しておくこともある。

5 　信託できない権利

　すべての知的財産権を信託できるわけではないことに留意すべきである。信託とは、財産権の譲渡によって設定されるものであるから、譲渡することができない権利は、信託できないということになる。つまり、著作者人格権や、不正競争防止法上の権利の信託はできないということである。一部に、営業秘密について不正競争防止法上保護を受ける権利の信託ができるという見解もあるが、不正競争防止法に基づく差止請求権や損害賠償請求権は、事業と分離して移転することはできないと一般的に解されており、また、不正競争防止法も譲渡性があることを前提とする対抗要件等の規定を設けていないから、営業秘密のみを信託できると解することには無理があろう。

10　そもそも、信託された財産が変容するのは、金銭信託をして、金銭が有価証券に変容するなど当然のことではある。信託法16条1号も信託行為において信託財産に属すべきものと定められた財産のほか、「信託財産に属する財産の管理、処分、滅失、損傷その他の事由により受託者が得た財産」は、信託財産に属すると定めている。

倒産手続と知的財産の利用に関する
諸契約との関係

　知的財産権に着目したファイナンスを行う場合、知的財産の利用に関する
さまざまな契約が関連するのが一般的である。そこで、知的財産権に着目し
たファイナンスを行う場合には、常に、これらの契約において一方の当事者
が倒産した場合の帰趨を認識しておく必要がある。

1　知的財産ファイナンスに関連して発生する典型的な知的財産取引の例

(1)　請負契約（図表 3 − 38参照）

　請負契約が発生する場面はさまざまである。もっとも単純な知的財産権担
保融資の形態であっても、資金需要者が自ら知的財産のすべてをつくりあげ
るとは限らず、資金需要者がさらにその下請事業者に対して、知的財産の一
部の製作を委託している場合は多い。また、知的財産をつくりあげる事業を
観念的に資金供給者の事業であると構成したうえで、当該事業の遂行を資金
供給者から資金需要者に対して委託する場合には、資金供給者と資金需要者
の間で請負契約が発生する。

　請負契約においては、一般的に、受託者には請負人として成果物（有体
物、知的財産権）の引渡義務が発生し、委託者には注文者としての報酬支払
義務が生じる。

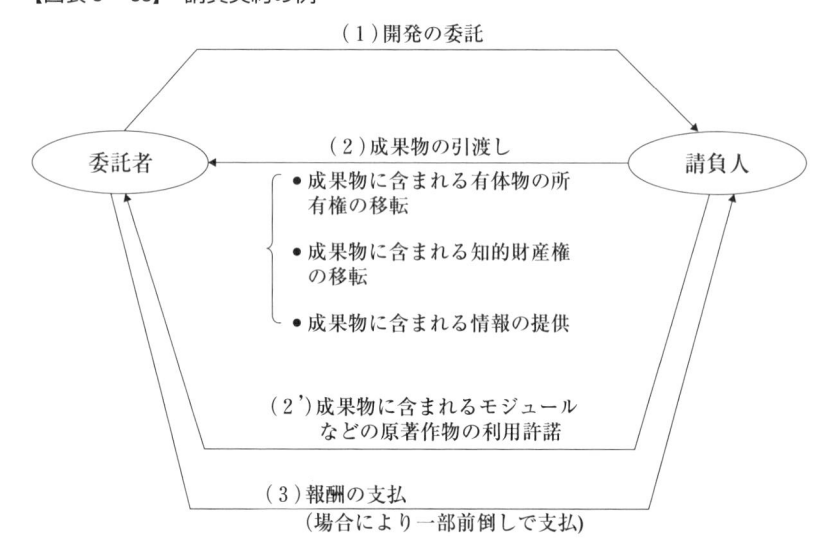

【図表 3 −38】 請負契約の例

⑵ **準委任契約**（図表 3 −39参照）

　準委任契約も、請負契約と同様、さまざまな場面で発生する。知的財産権担保融資における資金需要者が、知的財産創造の作業の一部を、第三者に対して、いわゆるTime & Material方式[11]や、期間契約[12]などで委託している場合、ここに、準委任契約が発生していることが多い。また、知的財産を利用する事業を観念的に資金供給者の事業であると構成したうえで、当該知的財産を利用して収益をあげることを資金需要者に対して委託する場合には、資金供給者と資金需要者の間で準委任契約が発生している。

　準委任契約においては、一般的に、受託者には継続的な役務提供義務が発生し、受託者には報酬支払義務が発生する。

11　成果物の完成を約させることなく、作業量および経費に応じて報酬を支払う形態。
12　一定期間中、成果物の完成を補助したり支援したりするかわりに、毎月など一定間隔ごとに報酬を支払う形態。

⑶　ライセンス契約（図表 3 − 40参照）

　ライセンス契約は、知的財産権を移転することによってファイナンスを行うスキームにおいては、ほぼ確実に発生する。

　たとえば、資金需要者が有する知的財産権を資金供給者（投資ファンドである場合も考えうる）に対して譲渡し、その譲渡代金をもって資金調達するような場合には、資金供給者が自ら知的財産を利用するわけにはいかないし、そもそも、調達した資金が知的財産の有効利用のために資金需要者によって利用されることが前提とされることが多い以上、資金供給者から資金

【図表 3 −39】　準委任契約の例

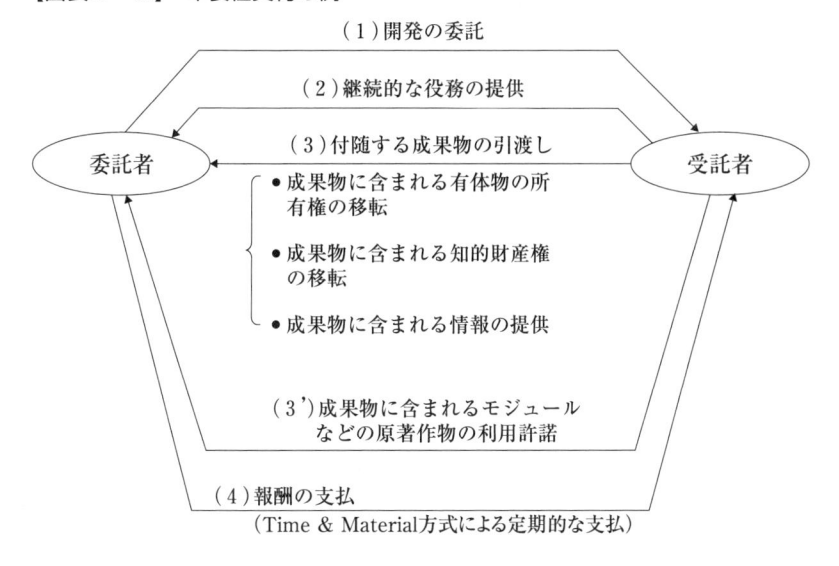

（1）開発の委託

（2）継続的な役務の提供

（3）付随する成果物の引渡し

委託者　　　　　　　　　　　　　　受託者

●成果物に含まれる有体物の所有権の移転

●成果物に含まれる知的財産権の移転

●成果物に含まれる情報の提供

（3'）成果物に含まれるモジュールなどの原著作物の利用許諾

（4）報酬の支払
（Time & Material方式による定期的な支払）

【図表 3 −40】　ライセンス契約の例

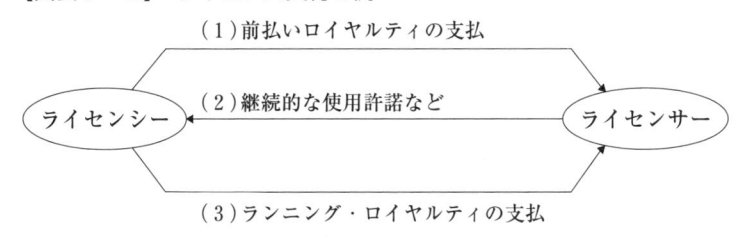

（1）前払いロイヤルティの支払

（2）継続的な使用許諾など

ライセンシー　　　　　　　　　　　ライセンサー

（3）ランニング・ロイヤルティの支払

需要者に対するライセンスが必要である（前掲・図表3−18参照）。

　また、実質的には資金需要者の業務である知的財産の創造を資金供給者の業務と構成し、資金供給者からの委託によって資金需要者が知的財産を創造するタイプのファイナンスにおいては、結果として創造された知的財産権が資金供給者に属するように仕組まれるから[13]、他方、資金需要者がその知的財産を利用できないと何のために資金調達をしたのかわからないから、資金供給者から資金需要者に対するライセンスが必要である。

　資金需要者がその有する知的財産権を信託して、受益権を資金供給者に対して売却するスキームにおいても、受託者から資金需要者に対する知的財産のライセンスが伴うのが一般的である（前掲・図表3−32参照）。

　いわゆる証券化・流動化の事例においても、知的財産権が特定目的会社に帰属した後、当該会社から資金需要者またはその他のサービサーに対するライセンスが行われる（前掲・図表3−13参照）。

　共同事業型の組合が資金需要者と資金供給者との間で構成され、当該組合が知的財産権を保有する場合であっても、常に当該組合があらゆる知的財産の利用を行うとは限らず、当該組合から資金需要者である組合員へ、または、第三者へのライセンスが行われるのが一般的である。

　匿名組合契約が利用される場合に、資金需要者＝営業者＝知的財産権保有者＝知的財産利用者ならば、ライセンス契約が発生しないが、資金供給者（匿名組合員側）が、営業者の他の事業によるリスクによって知的財産権が毀損すること（典型的には債権者による差押え）を嫌う場合には、いわゆるSPCを営業者として、この営業者が、知的財産権を取得するかたちをつくることになる。当該取得の方法としては、知的財産権の譲渡、業務委託などが考えられる。この場合には、先に述べたスキームと同様、営業者から資金需要者へのライセンスが発生する（図表3−41参照）。

13　知的財産権の性質上、それが原始的に資金供給者に属することは少ないから、契約によって、資金需要者から資金供給者に移転するようにされる。

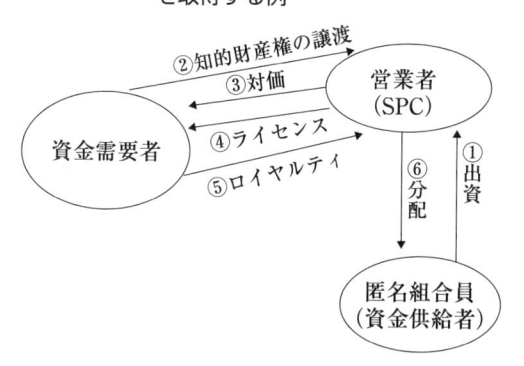

【図表3−41】 SPCを営業者として知的財産権
を取得する例

ライセンス契約において、ライセンサーには、ライセンシーの使用を受忍する義務が発生し、ライセンシーには、ロイヤルティの支払義務が発生している。

(4) 知的財産権の共有等

上記のほか、資金需要者と資金供給者が知的財産権を共有するかたちのスキームもしばしば採用される。この共有が、組合形式である場合には、一方の組合員の破産はその組合員の脱退という効果を招くだけであるし、組合財産は差押禁止財産を構成する。それに対して、単なる共有の場合は、倒産との関係をよく議論しておく意味がある。

(5) 共同開発契約

先に述べたように、資金需要者と資金供給者が共同して知的財産の創造を行うべく共同開発契約を締結する場合もある。かかる契約においては、資金需要者は、開発業務を行う義務が発生し、資金供給者には、共同開発のための資金を供給する義務が発生する。開発が完了した後に一方が倒産すると、前記(4)と共通する問題もある。

2 一方当事者の倒産（破産、会社更生、民事再生等）が契約等に与える影響の概説

一般的な知識の整理

　未履行の双務契約の処理について、知的財産権に関する契約の特殊性を捨象して原則論のみを記すと、図表3-42のようになる。また、複数の者で財産権を共有しているときに、一方の者が倒産した場合の処理については、「その共有に係る財産の分割の請求は、共有者の間で分割をしない旨の定めがあるときでも、することができる」とされつつ、他の共有者は、相当の償金を支払って倒産者の持分を取得することができる（破産法52条、会社更生法60条、民事再生法48条）というのが原則である。もっとも、知的財産権は、排他的権利として構成されているがために、分割のしようがない。そこで、単に倒産者以外の共有者が倒産者の持分を相当の償金を支払って倒産者の持分を取得することができると解釈するのか、そもそも、分割請求がありえないからそのような権利も発生しないと解釈するのかが、はっきりしないことになる。もっとも、倒産者側からすると、分割できない共有持分をもっていて、それを買い取ってくれる人を座して待っていても仕方がないから、結局は、共有者が相当の償金を支払って倒産者の持分を買い取れるという結論には変わりがなさそうではある。

　これらの原則論を参照しつつ、知的財産権に関連するさまざまな契約について、一方の当事者が倒産した場合の取扱いを、以下に整理する。

a　請負契約の場合

　双方未履行の双務契約の一般論が妥当する。なお、ライセンス関係、または、知的財産権の共有関係が伴う場合については、それぞれの項を参照されたい。前掲・図表3-39に示した具体的なスキームに基づいて想定される取扱いは、倒産者側は、請負契約を解除することも、解除せずに資金供給者側の履行を求めることもありうるということである。この場合も、資金供給者

【図表3－42】 一方または双方に未履行の債務がある双務契約の取扱い（原則のみを記載）

区分	破産法 取扱い	破産法 根拠条文	会社更生法 取扱い	会社更生法 根拠条文	民事再生法 取扱い	民事再生法 根拠条文
一方が未履行の場合：倒産者が未履行	相手方の債権は破産債権となる。履行ずみの給付は取り戻せない。	破産法97条以下	相手方の債権は更生債権となる。履行ずみの給付は取り戻せない。	会社更生法47条以下	相手方の債権は再生債権となる。履行ずみの給付は取り戻せない。	民事再生法84条以下
一方が未履行の場合：倒産者の相手方が未履行	破産管財人は相手方に履行を求めることができる。		管財人は相手方に履行を求めることができる。		再生債務者または管財人は相手方に履行を求めることができる。	
双方が未履行の場合：原則	破産管財人が履行または解除を選択することができる。	破産法53条	管財人が履行または解除を選択することができる。	会社更生法61条	再生債務者または管財人が履行または解除を選択することができる。	民事再生法49条
双方が未履行の場合：履行が選択された場合	相手方の債権は、財団債権として、破産債権に優先して、破産手続によらずに弁済を受けることができる。	破産法148条1項7号	相手方の債権は、共益債権として、更生債権に優先して、更生手続によらずに弁済を受けることができる。	会社更生法61条4項	相手方の債権は、共益債権（民事再生法49条4号）として、再生債権に優先して、再生手続によらずに弁済を受けることができる。	民事再生法49条4項
双方が未履行の場合：解除が選択された場合	解除により相手方に損害が生じた場合の賠償請求権は、破産債権となり、破産手続のなかで、支払われることとなる。	破産法54条1項	解除により相手方に損害が生じた場合の賠償請求権は更生債権となり、更生手続のなかで、支払われることとなる。	会社更生法61条5項	解除により相手方に損害が生じた場合の賠償請求権は、再生債権となり、再生手続のなかで、支払われることとなる。	民事再生法49条5項
双方が未履行の場合：解除が選択された場合	相手方が一部の履行をしている場合に、その目的物が破産財団に現存していれば、その返還を請求することができ、現存しないときは、その価額を財団債権者として請求することができる。	破産法54条2項	相手方が一部の履行をしている場合に、その目的物が更生会社に現存していれば、その返還を請求することができ、現存しないときは、その価額を共益債権者として請求することができる。	会社更生法61条5項	相手方が一部の履行をしている場合に、その目的物が再生債務者に現存していれば、その返還を請求することができ、現存しないときは、その価額を共益債権者として請求することができる。	民事再生法49条5項

側の立場からすると、倒産した資金需要者に対して資金の供給を続けること
は避けたいから、資金需要者側の財務状況の悪化、倒産手続開始の申立てな
どをトリガーとして、自動的に請負契約が終了するようにしておくことにな
ろう。

b　準委任契約

委任者または受任者の一方が破産すれば当然に終了する（民法656条、653
条2号）のが原則であるが、一般的には、当該契約が準委任契約であるか否
かの争いを避けるべく、請負契約の場合と同様のトリガーを決めておくこと
になる。

委任者または受任者の会社更生もしくは民事再生手続の開始については、
民法に特段の規定はない。よって、双務契約の一般原則に従う。

**c　ライセンス契約（資金供給者が資金需要者に対してライセンスしている場
　合）**

この場合は、ライセンシーの倒産をライセンスの終了原因となるような契
約にしておくのが通例である。このような条項の有効性については争いがあ
りうるが、だからといってそのまま知的財産を利用させ続けるという手はな
いだろう。

d　ライセンス契約（資金需要者が第三者に対してライセンスしている場合）

資金需要者の手元に知的財産権を残すタイプのスキームでは、資金需要者
自身による知的財産利用の収益だけではなく、あるいは、それよりも、資金
需要者が第三者に対してライセンスを行い、当該ライセンシーの収益が、資
金供給者にとって重要な資金回収手段であることも多い。ライセンス契約が
継続的なものである場合には、原則として、双方未履行の双務契約と考えら
れる。もっとも、破産法56条1項、会社更生法63条（破産法56条1項の準
用）、民事再生法51条（破産法56条1項の準用）によれば、ライセンシーの地
位が登録できる場合には、管財人、更生管財人または再生債務者側からの解
除はできない（なお、特許権等の通常実施権登録制度は平成23年の特許法等の改

正で廃止されているが、特許権者等が破産等した場合であっても、通常実施権を当然対抗できるときは、破産法56条1項等が適用され、ライセンシーは保護されるとされている）。もっとも、著作物のライセンスについては出版権設定以外は登録できないし、著作隣接権のライセンスについても登録できないし、営業秘密のライセンスについても登録できない（なお、以前はライセンシーが特許権等の成立前のライセンスを第三者に対抗する手段がなかったが、平成20年および平成23年の特許法等の改正により、特許権等の成立前のライセンスを仮専用実施権（登録による）および仮通常実施権（当然対抗）として、保護することが可能となった）。資金供給者が知的財産権について担保権を設定したり、ロイヤルティ債権について担保権を設定したりしていたとしても、管財人等がライセンス契約を解除してしまうと資金供給者としてはあてが外れることになる。そうならなかったとしても、解除できることを前提として、高値買取りを迫られるとしたらそれだけ交渉力がそがれることになる。それゆえ、資金需要者の倒産に備えるのであれば、知的財産権を外部に移して安全にしておくことが望ましいということになる。

e　共同開発契約の場合

　双方未履行の双務契約の一般論が妥当する。なお、ライセンス関係、または、知的財産権の共有関係が伴う場合、それぞれの項を参照されたい。図表

【図表3－43】　共同開発契約の場合

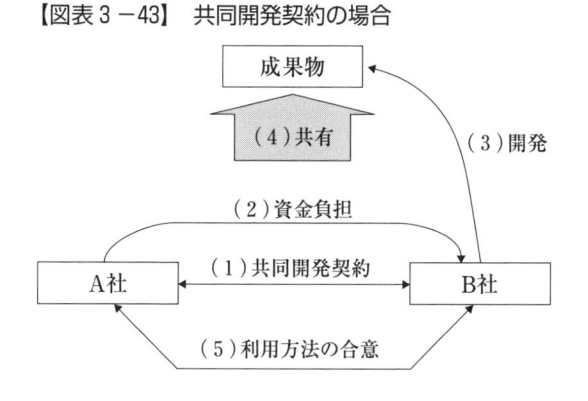

3 −43に示す具体的なスキームに基づいて想定される取扱いは、倒産者側は、共同開発契約を解除することも、解除せずに資金供給者側の履行を求めることもありうるということである。もっとも、資金供給者側の立場からすると、倒産した資金需要者に対して資金の供給を続けることは避けたいから、資金需要者側の財務状況の悪化、倒産手続開始の申立てをトリガーとして、自動的に共同開発契約が終了するようにしておき、双方未履行の双務契約が残らないようにすることになろう。

その他

知的財産権の会計処理については、会計の専門家の記述に委ねるべきことであるが、特に、自社開発の知的財産権は、資産として計上されていないか、あるいは、名目的な価額で計上されているのが一般的であるから、これを譲渡するかたちでファイナンスを行うと、多額の譲渡益が発生する可能性があることに留意すべきである。

知的財産権を信託した場合、その受益権のすべてを委託者が取得するのであれば、そこで譲渡益が認識されることはない。しかしながら、受益権を他に譲渡する場合、または、当初より第三者が受益権者として指定される場合には、知的財産権が譲渡された場合と同様に譲渡益が認識されるであろうことに留意すべきである。

会計に関して特に注意すべき事項を図表 3 – 44に示す。

【図表3−44】　知的財産権の会計について認識しておくべき基本的な事項

購入、合併などにより他から取得した知的財産権	当該取得の原価で評価して資産計上される。
社内での開発、創作に係る知的財産権	「研究開発費等に係る会計基準」（企業会計審議会）において、研究開発費はすべて発生時に費用として処理しなければならないとされている。また、出願料、特許料その他登録のために要する費用の額は、資産計上することもできるが、すべて費用処理することもできるため、資産として計上されていないことが多い（あるいは、せいぜい、名目的な金額で計上されているにすぎない）。そのため、譲渡時に、多額の譲渡金が認識されることになりうる。
コンピュータ・ソフトウェア	本来、社内での開発、創作に係る知的財産権の一種と考えられるにもかかわらず、市場販売目的のソフトウェアについては、ソフトウェア制作費のうち研究開発費（最初に製品化された製品マスターの完成までの費用）に該当しない部分について、無形固定資産として資産計上することとされている。
ライセンスにより得た権限	ランニング・ロイヤルティのみによるライセンスであると資産計上されないのが通例だが、前払いロイヤルティがある場合には、前払金相当額で資産計上するのが通例。
知的財産権を信託して、これに対応する受益権を取得した場合	知的財産権の価値と受益権の価値は変わらないから、そこで譲渡損益を認識しないのが通例と思われる。
知的財産権の信託に係る受益権を他に譲渡した場合	知的財産権を譲渡した場合と同様に考えられる。社内で開発、創作された知的財産権について資産計上していなかったり、名目的な価値でしか資産計上していなかったとすると、受益権譲渡の段階で、多額の譲渡益が認識されることになりうる。

事項索引

新しいファイナンス手法【第2版】
——プロジェクトファイナンス／シンジケートローン
　知的財産ファイナンスの仕組みと法務

平成27年 8 月27日　第 1 刷発行
（平成18年 4 月12日　初版発行）

編　者　西村あさひ法律事務所
発行者　小　田　　　徹
印刷所　三松堂印刷株式会社

〒160-8520　東京都新宿区南元町19
発 行 所　一般社団法人 金融財政事情研究会
編集部　TEL 03（3355）2251　FAX 03（3357）7416
販　売　株式会社 き ん ざ い
販売受付　TEL 03（3358）2891　FAX 03（3358）0037
URL http://www.kinzai.jp/

ISBN978- 4 - 322 - 12675- 4